Eine schöne Kindheit?

Für meine Söhne Dictys und Julián Daniel

Zeichnung auf dem Deckblatt: Barbara Wolbring-Biemann

Bibliographische Information der Deutschen Nationalbibliothek:
Die Deutsche Nationalbibliothek verzeichnet diese Publikation in der Deutschen Nationalbibliographie, detaillierte bibliographische Daten sind im Internet über http://dnb.dnb.de abrufbar

© 2016 Monika Krause-Fuchs
Herstellung und Verlag
BoD –Books on Demand, Norderstedt

Eine schöne Kindheit

Gestern habe ich mich aufgerafft, die schon längst vergessenen Papiermassen, die ich nach dem Tod meiner Mutter in mehrere Kartons gepackt hatte, in geduldiger Durchsicht zu ordnen. Ich brauchte Platz für meinen eigenen Krempel.

Was ich beim Ausrangieren fand, hatte ich nie zuvor richtig angeschaut. Wie kann man nur so viele Papiere aufbewahren! Fotos, Postkarten, Briefe, Kontoauszüge, ja sogar Kataloge für seniorengerechte Hilfsmittel, alte Quittungen und auch eine „Broschüre", die ich damals nicht beachtet hatte. Jetzt nahm ich mir die Zeit, sie mir genauer anzusehen. Und was lese ich! Es ist die Hochzeitszeitung meiner Eltern! Das Datum – das ist doch verrückt, das kann doch nicht sein! Aber hier steht es klar und deutlich: Sie haben am 26. März 1939 geheiratet! Auf den Tag genau sechzig Jahre später, am 26. März 1999, habe ich zum zweiten Mal geheiratet. Was für ein Zufall! Ich habe es ja immer gesagt: mein Leben ist eine unzählbare Anhäufung von Zufällen.

Diese 75 Jahre alte Hochzeitszeitung weckte Erinnerungen, die lange Zeit in der hintersten Schublade meines Gehirns gespeichert waren. Sie brachte mich auf den Gedanken, meine Kindheitserinnerungen aufzuschreiben. Schließlich war die Hochzeit meiner Eltern die Voraussetzung, dass es mich gibt. Ich sah auf einmal meine Mutter, wie sie mir vor dem Schlafengehen von sich, ihren Geschwistern und Eltern erzählte. Ich wollte alles wissen, und Mutti war geduldig. Von ihrer Geduld hätte ich mir eine dicke Scheibe abschneiden sollen!

Mit der Heirat meiner Eltern – 26. März 1939 – begann für meine Mutter, das wohlbehütete Nesthäkchen ihrer Familie, ein Leben, dessen Verlauf sie sich nicht einmal in den schlimmsten Albträumen hätte vorstellen können. Als Kind wohlhabender Eltern hatte sie die „Höhere Töchterschule" besucht, lernte Hochdeutsch – in der Familie sprach man Platt -, dazu Französisch und Englisch, und sie bekam Klavier- und Gesangsunterricht. Das waren nicht gerade die besten Voraussetzungen um zu heiraten, auf eigenen Beinen stehen zu können und jahrelang allein Kinder großzuziehen unter den schwierigen Verhältnissen des II. Weltkrieges, des Zusammenbruchs und der Nachkriegszeit.

Knapp ein halbes Jahr nach der Hochzeit begann der II. Weltkrieg.

Unmittelbar nach der Hochzeitsfeier hieß es für Mutter Koffer und Kisten packen, und die Neuvermählten zogen nach Arnswalde, einer kleinen Stadt in Pommern, wo Vater als Berufssoldat stationiert war. Am Standort, in der Nähe der Kaserne, hatten meine Eltern eine nagelneue Dienstwohnung in einer der für Militärangehörige gebauten Wohnsiedlungen zugewiesen bekommen. Der U-förmige Drei-Etagen-Wohnblock bestand aus modernen, komfortablen Wohnungen. Eine großzügig angelegte Treppe führte von den Hauseingängen auf die Straße, die noch keine war. Die Parkanlage war geplant, der Bau der Straße sollte ebenfalls schnellstmöglich erfolgen, aber der Krieg kam dazwischen. Das unmittelbare Umfeld der Wohnanlage war – je nach Wetter – eine Schlamm- oder eine Sandwüste. Für Kinder gerade wie geschaffen!

Der Umzug von Schwaan nach Arnswalde musste zügig erfolgen. Muttis gesamtes Hab' und Gut kam in die neue 3-Zimmerwohnung. Ihr Klavier war das einzige Trostpflaster in der Zeit der Eingewöhnung an das völlig andere Leben, das nun für sie begann. Das noble Instrument hatte kaum seinen Platz bekommen, als sich schon die erste Katastrophe für Mutti ereignete. Jeden Morgen beim Saubermachen hatte sie bemerkt, dass unter dem Klavier Holzspäne lagen, ja und dann gesellten sich zu den Spänen kleine schwarze Kügelchen. Und jeden Morgen das gleiche Theater! Bis sie den Klavierdeckel öffnete und, oh Graus, oh Schreck, ein Mäusenest entdeckte, in dem die Mäusemutter ihre Jungen säugte. Mutti hatte seit ihrer Kindheit panische Angst vor Mäusen – von Ratten ganz zu schweigen! Es gab ein furchtbares Trara, und der Kammerjäger wurde benachrichtigt. Er musste auf der Stelle die Klavierbewohner wegschaffen, und Mutti verlangte ihm die Bestätigung ab, dass kein Fremdling mehr in der Wohnung Unterschlupf gefunden hatte.

Kurz nach der Hochzeit, zwei Monate waren kaum vergangen, merkte Mutti, dass sie schwanger war. Eine harte Zeit brach an. Vater war so gut wie nie zu Hause, Mutti musste, ob sie wollte, ob sie konnte oder nicht, allein fertig werden. Kurz vor dem Geburtstermin reiste sie zu ihrer Schwester, die ihr bei der Geburt beistehen und während der ersten Tage danach helfen wollte.

Mein Bruder Harm wurde am 1. Januar 1940 geboren. Mit dem kleinen Stammhalter kehrte Mutti nach Arnswalde zurück, um in ihrem Zuhause das Baby zu versorgen und zu pflegen. Harm war ein ruhiges und zufriedenes Kind. Er gab Mutti die Möglichkeit, sich auf die neue Aufgabe als Mutter nicht nur eines, sondern später mehrerer Kinder allmählich und angstfrei vorzubereiten. Und dann kam ich auf die Welt – nur ein Jahr und drei Monate nach Harm.

Kurz vor dem Geburtstermin packte Mutti wieder den Koffer und reiste mit Harm und mir noch in ihrem Bauch nach Schwaan, einer Kleinstadt südlich Rostocks, ihrem Geburtsort. Meine Großeltern, Vaters Eltern (Muttis Eltern lebten nicht mehr), wohnten in Schwaan. Sie besaßen eine große Gärtnerei mit Wohnhaus, Blumengarten, Obstbäumen, Gemüseanbauflächen, Treibhäusern und einem Nebengebäude. Darin wurden Waren, Saatgut und Materialien gelagert. Eine Hälfte dieses Gebäudes diente als Stall, die andere als Waschküche. Der Heuboden war vollgestopft mit Heu und Stroh für die Haustiere. Das Wohnhaus - 6 Zimmer, Küche, Speisekammer, Flur und Keller - bot ausreichend Platz für eine Großfamilie. Mutti fand daher in Schwaan recht gute Bedingungen vor, um mich auf die Welt zu bringen und auch Harm zu betreuen. Drei Wochen nach meiner Geburt reiste Mutti mit uns beiden Kleinen nach Arnswalde zurück. Da war sie wieder völlig auf sich selbst angewiesen. Inzwischen waren schon alle Waren – ob Lebensmittel oder Haushaltsgegenstände oder Kleidung – rationiert. Auch eine völlig neue Erfahrung, denn in Muttis Familie war Üppigkeit in jeder Hinsicht normal gewesen. Das gehörte nun definitiv der

Vergangenheit an.

Harm und Monika – nunmehr der Lebensinhalt unserer Mutter – hielten sie ständig auf Trab. Harm war der Ruhepol, ich der Wirbelwind, die alltägliche Herausforderung für sie. Bevor ich laufen konnte, mag Muttis Alltag noch erträglich gewesen sein, aber sowie ich mich allein von einer Stelle zur anderen bewegen konnte, war' s vorbei mit der Ruhe. Ich war sehr neugierig, räumte alle Schränke aus. Wegen Mangels an Spielsachen benutzte ich alles, was ich auf meiner ständigen Suche nach Interessantem fand. Ich beobachtete Mutti bei ihren Tätigkeiten und versuchte, es ihr nachzutun.

Vater war auf Kurzurlaub, Mutti hatte für die Gelegenheit alle Zutaten für einen Topfkuchen aufbewahrt. Vati spielte mit Harm im Wohnzimmer. Auf dem Küchentisch standen die Mehl- und Zuckertüten, daneben lagen Eier, Backpulver, ein Stück Butter. Mutti begann gerade, die abgewogenen Mengen der Zutaten in die Rührschüssel zu schütten, als sie gerufen wurde. Jetzt wollte ich ihre begonnene Arbeit fortführen. Ich war aber zu klein, um auf den Stuhl zu klettern und am Tisch zu arbeiten, also stellte ich mich auf die Zehenspitzen, angelte nach der Mehltüte, zog sie runter, anschließend flog auch die Zuckertüte vom Tisch auf den Fußboden. Der Inhalt beider Tüten lag nun neben dem Tisch, und ich mischte Mehl und Zucker, drosch dabei mit beiden Händen auf meine Zutaten ein, so dass eine Mehlstaubwolke mich zum Husten brachte und Mehl und Zucker großflächig in der Küche verteilt wurden. Als Mutti in die Küche zurückkam, war sie entsetzt. Ihre für Vatis Besuch aufgesparten letzten Backzutaten lagen untrennbar vermengt auf dem Fußboden. Vati kam alarmiert in die Küche, er wollte sich totlachen. Nannte mich seinen „Dollbrägen". Für Mutti war es überhaupt nicht witzig. Sie konnte ja nicht einfach zum Kaufmann gehen und sich Ersatz beschaffen, alles, was ich gerade verdorben hatte, war rationiert, erst im nächsten Monat gab es Nachschub.

Mutti muss mir von dieser, meiner ersten „bedeutenden", eigenmächtigen Aktion des Öfteren erzählt haben, denn die Geschichte hat sich mir fest eingeprägt, und ich sehe mich geradezu neben dem Küchentisch, wie ich mit Begeisterung „Backe, Backe Kuchen" spiele und dann geknickt und traurig auf Mutti schaue, der die Tränen über die Wangen laufen.

Es muss im Herbst 1943 gewesen sein. Mutti hatte für mich ein Paar wunderschöne weiße Lederstiefelchen ergattert. Die letzte bedeutende Anschaffung für mich während des Krieges! Und auch in der Nachkriegszeit hat es nie wieder so schöne Lederschuhe gegeben. Ich war verrückt vor Freude. So schöne Stiefel hatte ich noch nie gesehen. Ich durfte sie aus dem Karton nehmen, Mutti erlaubte mir auch, sie ab und zu anzuziehen und damit durch die Wohnung zu stelzen. Immer begleitete mich dabei Muttis Hinweis: „Mit den Stiefeln darfst du jetzt nicht nach draußen gehen. Es ist viel zu schmutzig, du musst warten, bis der Schlamm getrocknet ist". Ich konnte aber nicht mehr warten. Ich wollte unbedingt mit meinen schönen weißen Stiefelchen draußen Spazieren gehen. Mutti war in der Küche beschäftigt. Ich zog mir den Mantel an, setzte mir die Mütze auf den Kopf und zog mir die neuen Stiefelchen an. Ich konnte noch nicht die Schnürsenkel korrekt zubinden, so dass die Schuhe locker an meinen Füßen hingen. Klammheimlich verließ ich die Wohnung und begann, durch die Schlammmassen zu stapfen. Bis zu den Knöcheln steckte ich im Dreck und geriet in Panik. Mit Müh und Not gelang es mir, die Füße aus dem Schlamm zu ziehen und wieder bis zur Haustür zu kommen, aber - oh Graus, oh Schreck – ich hatte nur noch ein Stiefelchen an, das andere war im Schlamm stecken geblieben. Mutti öffnete mir die Haustür und starrte entsetzt auf meine Füße. „Wie siehst du aus! Wo ist der Stiefel? Geh sofort zurück und such den Stiefel!" „Mami, ich weiß nicht, wo er ist. Er ist einfach vom Fuß gefallen, er ist im Schlamm stecken geblieben, und ich weiß nicht, wo er jetzt ist. Ich habe ihn gesucht und gesucht und gesucht, aber er ist weg". „Monika, du gehst jetzt raus und kommst erst wieder, wenn du den Stiefel gefunden hast!"

Mutti zog sich Regenmantel und Gummistiefel an, nahm mich an der Hand und zog mit mir los, den verlorenen Stiefel zu suchen. Wir haben ihn nicht gefunden. An den schönen weißen Lederstiefelchen habe ich weiß Gott keine lange Freude gehabt. Eine wahre Strafe für mich war dann noch, dass Mutti mal wieder weinte, und ich hatte die Schuld.

Im Dezember 1943 wurde Herwig geboren. Diesmal hatte Mutti keine Chance, bei Verwandten unterzukommen, um zumindest während der ersten Tage nach der Geburt Unterstützung zu erfahren, denn Herwig kam zwei Monate zu früh auf die Welt. Er war ein Winzling, wog weniger als ein Kilogramm, und laut Hebamme war das

Baby nicht lebensfähig. Mutti akzeptierte dieses Urteil nicht. Sie hatte sich entschlossen, um das kleine Kind zu kämpfen.

Im Dezember 1943 war die Schlacht um Stalingrad schon längst verloren. Luftangriffe gehörten inzwischen zu unserem Alltagsleben. Alle Fenster der Wohnung und des Treppenhauses waren nach Eintritt der Dunkelheit mit schwarzen Rollos zu verdunkeln. Das elektrische Licht durfte nicht angeschaltet werden. Mit Kerzen und Taschenlampe behalf sich unsere Mutter, das Allernotwendigste zu finden.

Um uns die Angst vor Dunkelheit und Sirenengeheul zu nehmen, erzählte sie uns stundenlang Märchen oder sang mit uns. Herwig war noch nicht einen Monat alt, als wir jeden Abend wegen drohender Luftangriffe in den Luftschutzkeller rennen mussten. Harm und ich schliefen schon seit Wochen nicht mehr im Pyjama, sondern wir behielten unsere Tageskleidung an. Nur die Schuhe mussten wir uns anziehen, bevor wir in den Keller stürmten. Wenn die Sirene heulte, schickte Mutti erst Harm, dann mich aufs Klo, um Pipi zu machen. Im Luftschutzkeller gab es kein Klo. Und jeden Tag machte ich das gleiche Theater. Kaum saß ich auf dem Klo, bekam ich eine Höllenangst, allein oben gelassen zu werden. Und das kleine Geschäftchen klappte einfach nicht. „Ich drück und drück, und es kommt nix! Bitte, bitte, nimm mich runter", flehte ich meine Mutter an. Kaum waren wir dann im Keller, wollte meine blöde Blase nicht dicht halten. Ich klemmte die Beine zusammen und versuchte mit der Hand, die auf die richtige Stelle drückte, zu verhindern, dass ich mir in die Hose pinkelte.

Es klappte jedes Mal, aber es bedeutete immer wieder eine furchtbare Anstrengung, und die Angst, es könnte daneben gehen, hat mich sicherlich von dem bedrohlichen Lärm, den die über uns nahenden Bombenflugzeuge verursachten, abgelenkt. Schrecklich! Ich denke, dass ich damit einen wirksamen Schutzmechanismus entwickelt hatte. Mit einer Angst jagt man die andere davon!

Wieder heulte die Sirene. Diesmal waren die Bomber schon fast über uns. Mutti musste noch ganz schnell die Wärmflaschen füllen und Herwig kältegeschützt verpacken. Einen Inkubator gibt es nicht. Es ist ja Krieg. Und unser Frühchen war ja sowieso nicht lebensfähig – also hätte Mutti sich all die Mühe ersparen sollen. Das war zumindest die Meinung des Arztes und der Hebamme. Aber Mutti gab nicht auf. Um Herwig ständig warm zu halten, hatte sie eine ganz besondere Technik entwickelt. Zwei Wärmflaschen wurden mit einer Windel um das Baby gebunden. Und dann legte sie den Kleinen auf ein großes Daunenkopfkissen, das sie ebenfalls mit einem Tuch so um ihn herum wickelte und befestigte, dass ein großes zylinderförmiges Bündel entstand, in dessen Mitte der Kleine wohlbehalten schlief.

Inzwischen hatten Harm und ich schon unsere Sitzung auf dem Klo hinter uns. Gestiefelt und gespornt waren wir abrufbereit, um die Treppe runter in den Luftschutzkeller zu rennen. Die Bomber dröhnten über uns. Mutti trieb uns zur Eile an. Wir rannten um unser Leben. Mutti stolperte, und das Bündel fiel ihr aus den Händen und flog die Treppe runter. Vor der Kellertür blieb es liegen. Herwig gab keinen Mucks von sich. Mutti geriet in Panik, grabschte nach dem Bündel und lief in den Keller. Erst jetzt hatte sie Zeit nachzuschauen, ob dem Jungen etwas passiert war. Herwig schlief. Er hatte nichts von dem schrecklichen Sturz mitbekommen. Keine Schramme, keine Beule, nichts. Muttis Erfindung erwies sich als äußerst sicher.

Einige Tage nach Herwigs Treppensturz wurden Harm und ich krank. Masern. Eine schier endlos scheinende Woche lang mussten wir im abgedunkelten Zimmer das Bett hüten, und endlich durften wir wieder aufstehen. Zu unserer großen Freude schien die Sonne, die Zeit der Tagesdunkelheit war vorbei. Im Wohnzimmer hatte Mutti das große Fenster geöffnet. Harm rückte einen Stuhl ans Fenster, stellte sich drauf und berichtete mir von den Schönheiten, die er von seiner Warte aus betrachtete: „Monika, wenn du wüsstest, wie schön es draußen ist! Es ist wuhuhuhunderschön!" „Los, steige runter, lass mich auf den Stuhl, ich will auch was sehen!" – befahl ich. „Nein, meine liebe Schwester, ich war zuerst auf dem Stuhl. Ich muss mir jetzt erst mal selber die schöne Welt ansehen. Wenn ich fertig bin, kommst du an die Reihe." „Komm da runter und lass mich rauf!", schrie ich ihn an. „Nein, Monika, du musst warten!" Ich versetzte meinem Bruder einen Stoß in den Rücken, er verlor das Gleichgewicht und flog vom Stuhl. Beim Versuch, sich irgendwo festzuhalten, stieß er den Milchtopf, der mit kochend heißer Milch zum Abkühlen auf dem Fensterbrett stand, runter. Die heiße Flüssigkeit schwappte über meinen rechten, zur Abwehr ausgestreckten Oberarm. Ein gellender Schrei. Ein unerträglicher Schmerz, Entsetzen und Angst machten mich kopflos. Ich war schuld, dass die Milch meines kleinen Bruders verschüttet war. Jetzt hatte er keine Milch mehr, und Ersatz gab es nicht. Von Panik getrieben rannte ich ins Badezimmer und verkroch mich zwischen Wanne und Klo. Wimmernd vor Schmerz und Angst klemmte ich den Arm an den Brustkorb. Ich hatte einen Wollpullover an. Die heiße Milch hatte die Wolle verfilzt, sie hatte sich regelrecht in die verbrannte Haut eingefressen. Ich hatte ungefähr zehn Quadratzentimeter große Verbrennungen dritten Grades an der Innenfläche des Oberarmes.

Mutti versuchte verzweifelt, mich aus dem Versteck herauszubekommen. Alles gute Zureden half nicht. Ich rührte mich nicht von der Stelle und wimmerte vor mich hin. Meine Tante Minna, Muttis Schwester, war mit Klaus, ihrem jüngsten Sohn, für einige Tage zu uns nach Arnswalde gekommen. Sie wohnte in Rostock und wollte ein wenig Abstand gewinnen von den schrecklichen Bombenangriffen auf die Hafenstadt, die zu dem Zeitpunkt schon zu einem großen Teil zerstört war. Sie konnte mich endlich aus der Klemme herausholen. Sie hatte eine wunderbare Gabe, schmerzgeplagte Menschen zu beruhigen. Sie legte mich Elendsbündel aufs Bett und strich mir mit der Handfläche über den Kopf und redete ganz leise auf mich ein. Ich beruhigte mich tatsächlich, und Mutti nahm mich auf den Arm und galoppierte mit mir ins Lazarett. Der Arzt musste den verfilzten Pullover aus der Wunde reißen. Es war eine höllische Prozedur. Jeden Tag musste ich zum Verbandswechsel. In der Zeit waren der Arzt und ich gute Freunde geworden. Er verstand es wunderbar, mich von der schmerzhaften Wundversorgung abzulenken und lobte mich, weil ich mich ohne zu heulen der alltäglichen

Folter aussetzte und kein Trara machte. Irgendwann war dieser Unfall vergessen, nur die große Narbe ist geblieben.

Noch gab es fast ausschließlich nur nachts Bombenangriffe. Tagsüber spielten wir Kinder bei gutem Wetter auf dem großen Platz vor dem Wohngebäudekomplex, bei Schmuddelwetter zu Hause. Harm erfuhr immer eine willkommene Abwechslung, wenn unser Cousin Klaus bei uns war. Dann kannte er seine kleine Schwester nicht. Klaus erfand ständig Ausreden, um nicht in die Schule gehen zu müssen. Er krümmte sich vor „Bauchschmerzen", die sofort verschwanden, wenn Tante Minna, seine Mutter, ihn vom Schulgang befreite. Dann entwickelte er seinen besonderen Erfindergeist. Mein Puppenwagen fiel ihm zum Opfer. Klaus behauptete, den Wagen in ein tolles Auto umbauen zu können. Meine Meinung wurde nicht gefragt. Er machte sich an die Arbeit mit Hammer, Kneifzange und Säge, die er im Handwerkskasten meines Vaters fand. Im Handumdrehen war der Puppenwagen ein Wrack. Der Rahmen mit den vier daran befestigten Rädern blieb für mich übrig. Ich wollte mich nicht damit abfinden, dass der Wagen kein Wagen mehr war und überredete Harm, mit mir nach draußen zu kommen. Er sollte sich in das Wagenwrack setzen, ich wollte ihn durch den Matsch Spazieren fahren. Harm saß in dem Rahmen fest. Seine Beine baumelten über dem Rand, mit den Händen versuchte er krampfhaft sich festzukrallen, der Hintern hing fast am Boden. Ich zockelte mit ihm durch Dreck und Pfützen. Das war Schwerstarbeit! Harm fing an zu schreien: „Halt an. Lass mich raus. Ich fall runter!" Ich antwortete nicht einmal.

Jetzt kam noch eine wunderbare große Pfütze, die musste ich noch schaffen. Harm konnte zwar noch schreien, aber das Malheur konnte er nicht verhindern. Er rutschte aus dem Rahmen und landete in der Pfütze. Von Kopf bis Fuß voller Matsch. Ein wahres Schlammbad! Au weh, jetzt gibt's ein großes Theater zu Hause. Ja, tatsächlich mussten wir bestraft werden. Zuerst kam Harm in die Badewanne, mit voller Montur, um ihn von den Schlammmassen zu befreien. Mutti hat es nie fertig gebracht, uns zu schlagen. Sie schrie auch nicht mit uns. Nein, sie hatte ihre eigenen Methoden, die wir beiden immer in kreative Beschäftigungen ummodelten. Je nach Delikt wurden wir eine viertel oder eine halbe Stunde im Badezimmer eingesperrt. Für solche Gelegenheiten hatte ich klammheimlich Im Schrank unter dem Waschbecken ein Päckchen Makkaroni gehortet. Die Tüte mit Waschpulver lag daneben. Somit hatten wir die Zutaten, eine Lösung anzurühren, um wunderschöne Seifenblasen in die Luft zu pusten. Wir öffneten das Fenster und riefen unsere Nachbarskinder, damit sie unsere Vorführung bestaunen konnten. Sie standen vor dem Fenster mit offenen Mündern, kreischten vor Begeisterung und wollten immer mehr. Die viertel- oder halbe Stunde verging wie im Fluge.

In der Etage über uns wohnte eine Freundin. Na ja, Freundin ist übertrieben. Magda war ein Jahr älter als ich und sehr launisch, rechthaberisch und egoistisch. Aber sie hatte einen Schatz, um den ich sie beneidete und den ich selber liebend gern gehabt hätte: eine Negerpuppe. Jedes Mal, wenn ich Magda bat, mir die Puppe für einen Augenblick zu leihen, forderte sie ein

Pfand. Es wurde immer schwieriger, ein geeignetes Pfand zu besorgen. Bei der Rationierung gab es ja rein gar nichts. Es kam der Tag, da hatte ich kein Pfand mehr anzubieten, und Magda verweigerte mir die Leihgabe. Ich musste eine andere Lösung finden. Ich beschloss, mich selber in eine Negerpuppe zu verwandeln. Oft genug hatte ich zugeschaut, wenn Mutti unsere Schuhe mit der farbechten Erdal-Schuhcreme, die mit dem Frosch auf dem Dosendeckel, einschmierte. Das war doch das perfekte Mittel, aus mir Bleichgesicht eine Schwarze zu machen! Gedacht - getan. Ich zog mich aus, öffnete die Dose. Das klappte erst nach dem dritten Versuch. Ich nahm den großen Lappen, der schon eine Menge schwarzer Flecken hatte und begann meine Arbeit. Mann, oh Mann war das anstrengend! Ich begann am Haaransatz. Sorgfältig ging es weiter um die Augen herum, dann kamen Ohren, Wangen, Kinn, Hals, Arme, Brust, Bauch, Beine und Füße nacheinander an die Reihe. Als ich gerade fertig war, kam Mutti und machte meinem Meisterwerk ein Ende. „Was hast du da gemacht?" – fragte sie, als ob man das nicht sehen konnte. „Um Gottes Willen, wie soll ich dich wieder sauber kriegen, die Schuhcreme ist farbecht, die geht nicht ab. Das ist ja schrecklich, Monika, wie konntest du nur so etwas machen?" „Mami, ich bin doch jetzt eine Negerpuppe. Ich sehe doch schön aus, genauso wie die von Magda." Mutti verstand gar nichts. Sie zog mich grob am Arm ins Badezimmer, hievte mich in die Wanne und begann, mich von Kopf bis Fuß einzuseifen. Die Wanne war bald schwarz, Muttis Arme und Hände ebenfalls, und ich blieb auch schwarz trotz des wiederholten Einseifens und Schrubbens mit dem Schwamm. Mutti war verzweifelt. Sie wusste nicht, wie sie mich wieder weiß machen sollte. Mit einfacher Seife erreichte sie nichts. Sie musste Waschpulver und heißes Wasser benutzen, was mir natürlich überhaupt nicht behagte. Sie tat mir weh, aber es gab keine andere Lösung. Ich begann zu schreien, und Mutti konnte wieder einmal den Tränenfluss nicht aufhalten. Sie war verzweifelt, denn die Schuhcreme musste unbedingt von meiner Haut verschwinden. Die ist nämlich nur für Schuhe geeignet, nicht für Menschenhaut. Noch tagelang nach meiner Umwandlung waren Erdal-Reste zu sehen, ganz besonders an solchen Stellen, die sehr empfindlich sind und an die man nicht leicht herankommt, wie an den Ohren und zwischen den Beinen.

Zum ersten Mal gab es jetzt auch Luftangriffe am helllichten Tag. Niemand war darauf vorbereitet, und als die Sirene anfing zu heulen, waren die Bomber schon über uns.

Alle Kinder unseres Wohnblocks, die laufen konnten, marschierten auf der Chaussee, angeführt vom Kinderkommandanten, der lauthals schrie: „Links, links, wenn der Hauptmann kommt, dann stinkt's". Sein Bataillon – das waren wir fünfzehn drei bis achtjährigen Jungen und Mädchen – war bewaffnet. Als Gewehre dienten Latten, die die größten Jungen unserer Truppe vom Zaun eines neben der Kaserne eingerichteten Gefangenenlagers abgerissen hatten. Wer Bindfaden organisieren konnte, befestigte sein Gewehr damit, wer keinen hatte, musste sein Gewehr ohne Gurt tragen. Wir Soldatenvolk wiederholten die Losung und versuchten, Gleichschritt zu halten. Unser Kommandant war nämlich sehr streng, wer aus der Rolle fiel, wurde bestraft, das bedeutete, er oder sie durfte nicht mehr mitmarschieren. Der Kommandant brüllte jetzt: „Parademarsch, Parademarsch, der Hauptmann hat ein Loch im Arsch! Und alle! Im Gleichschritt! Parademarsch, Parademarsch, der Hauptmann hat ein Loch im Arsch"! Der Kinderchor brüllte mit Wonne die Losung. Vor allem das letzte Wort war für uns ein Fressen, denn zu Hause durften wir nicht einmal wissen, dass es dieses schmutzige Wort gab. Wir marschierten weiter und entfernten uns immer mehr von unserem Wohnblock. Abwechselnd schrien wir Losung Nummer Eins und Nummer Zwei. Plötzlich kreisten mehrere Bomber direkt über uns. Sie flogen weg und kamen wieder zurück. Mehrmals. Das war spannend, nie zuvor hatten wir Flieger gesehen, wir hatten sie nur gehört und fürchteten uns entsetzlich vor den schrecklichen Geräuschen, die sie beim plötzlichen Sinkflug machten. Diese Flieger rasten nicht auf uns zu, nein sie umkreisten uns. Nach einigen Runden drehten sie ab – bis auf einen; der kreiste weiter über uns und kam dabei immer tiefer. Uns schien, als ob der Flieger in greifbarer Nähe war. Ich sehe heute noch den Piloten mit seinem ledernen Ohrenschutz – ich dachte, der hat Schnecken auf den Ohren, solche Schnecken wie sie meine doofe Freundin Magda hatte. Und das Steuer war ja kaputt, es war nur halbrund. Der obere Teil des Rades fehlte. Der Pilot hielt sich an beiden oberen Enden fest. Auf einmal neigte sich der Flieger ganz schief zur Seite, und da konnten wir den Piloten noch viel besser sehen. Wir winkten ihm zu, er drehte noch ein paar Runden, neigte sich wieder, lachte und winkte zurück. Und dann drehte er ab und verschwand. Wir marschierten weiter und kurz darauf sahen wir, wie unsere Mütter uns auf der Chaussee entgegen gerannt kamen. Sie schrien wie verrückt, und als sie uns eingeholt hatten, nahm jede Mutter ihr Kind am Schlafittchen und drosch und prügelte drauflos, als ob die Tollwut unter ihnen ausgebrochen wäre. Selbst Mutti, die uns nie geschlagen hatte, zerrte Harm und mich und schlenkerte uns hin und her, und dabei heulte sie wie von Sinnen. Im Trab und unter Gezeter und Geschrei wurden wir nach Hause getrieben.

Als die Sirene angefangen hatte zu heulen, waren unsere Mütter auf den Vorplatz gestürmt, um uns Kinder in Sicherheit zu bringen, aber wir waren nicht da. Nur die Kleinkinder lagen in ihren Kinderwagen, die an der Hauswand abgestellt waren. Die Sonne schien – kein Wunder, dass wir Soldaten zum Marschieren auf die Chaussee gegangen waren, obwohl es strikt verboten war. Kriegspielen war doch unsere Hauptbeschäftigung geworden. Als unsere Mütter uns nicht fanden, gerieten sie in Panik und rasten los. Sie hatten die Flieger gesehen. Sie wussten, was das bedeutete. Und sie waren sich sicher, dass wir das nicht überleben würden. Es hat lange gedauert, bis in jeder Familie wieder Ruhe eingekehrt war. Und ich habe mich immer wieder gern an den netten Piloten erinnert, der mir so freundlich Winke-Winke gemacht und mich angelächelt hat.

Die Negerpuppengeschichte war längst vergessen, als ich meiner Mutter eine neue Überraschung bescherte. Ich schaute beim täglichen Windelwechsel und Baden meines kleinen Bruders Herwig immer sehr interessiert zu und war fasziniert von der Zeremonie des Einölens, Eincremens und Puderns mit den angenehm duftenden Penaten-Produkten. Ich wusste nicht, dass die große hellblaue Cremedose mit dem Schäfer und dem niedlichen Lamm darauf die letzte war, die meine Mutter hatte ergattern können, was der Grund dafür war, sparsam damit umzugehen.

Herwig lag wieder nach Bad und Windelwechsel mit dazu gehörender Öl- Creme- und Puderanwendung in seinem Stubenwagen. Mutti beschäftigte sich in der Küche mit dem Kochen des Mittagessens. Jetzt wollte ich selber mal die wunderbare Penaten Creme und den Puder auf meiner eigenen Haut genießen. Das Öl interessierte mich nicht. Ich zog mich aus, holte Puder- und Cremedose aus der Schublade, legte sie griffbereit aufs Bett und begann, mich von Kopf bis Fuß einzucremen und einzupudern, mit der gleichen Ausdauer und Genauigkeit, wie ich sie auch angewendet hatte, als ich mich in eine Negerpuppe verwandelt hatte, nur dass diesmal die Farbe weiß war. Die Creme ließ sich nicht einfach auf die Haut schmieren. Bei Mutti ging das Ruckzuck, aber ich hatte Mühe, mein Unternehmen zu schaffen und war am Ende so kaputt, dass ich Nackedei, weiß wie Schneewittchen und alle Viere von mir gestreckt, auf dem Bett einschlief. Bei Mutti klingelten die Alarmglocken, weil ich so ruhig war, ich der Wirbelwind, der unruhige Geist der Familie. Sie rief nach mir, aber ich hörte sie nicht. Sie suchte mich, und als sie mich - bleich wie der Tod – auf dem Bett liegen sah, fuhr ihr der Schreck dermaßen in die Knochen, dass sie schrie und zur Nachbarin über uns rannte: „Monika ist tot, sie liegt auf dem Bett, splitternackt und ist tot!" „ O Gott, o Gott, wie konnte das passieren? Was ist geschehen?" war die Reaktion der Nachbarin, die nun mit Mutti in unsere Wohnung gelaufen kam. Von dem Lärm war ich aufgewacht und sah die beiden vor mir, die mich anstarrten, als ob ich ein Gespenst wäre. Die Nachbarin verzog sich schnell, und Mutti hatte wieder einmal einen Weinanfall, was ich wiederum überhaupt nicht verstand.

Anfang August 1944 wurde Oma Krause 50 Jahre alt. Alle Familienangehörigen, die sich nicht an der Front befanden, waren verpflichtet, zu Omas Ehrentag auf der Matte zu erscheinen. Also machte sich auch Mutti mit uns drei Kindern auf die Reise von Arnswalde nach Schwaan. Was für eine verrückte Unternehmung! Es war sehr heiß, die Züge waren überfüllt mit Fronturlaubern und Verwundeten. Mutti hatte nur das Allernötigste eingepackt. Herwig lag im Kinderwagen, Harm und ich mussten uns rechts und links an der Wagenstange festhalten und durften ja nicht loslassen, damit wir im Gedränge auf dem Bahnsteig nicht verloren gingen. Im Zug war es stickig, es stank, es war heiß. Mutti bekam einen Sitzplatz. Harm und ich saßen abwechselnd auf ihrem Schoß. Die Fahrt ging über Stargard, Stettin und Rostock. Wir näherten uns Stettin, da begannen die Sirenen zu heulen. Fliegeralarm. Der Zug hielt an, alle Passagiere mussten aussteigen, schnellstens in den Tunnel, der als Luftschutzbunker diente, rennen und dort ausharren, bis der Bombenangriff vorbei war. Panik, Angst und Schrecken machten sich breit. Uns bot sich das inzwischen schon gewohnte Bild – Mutti konnte den Tränenfluss nicht stoppen, und wir schauten sie bedrückt an. Es ging wieder weiter. Harm und ich langweilten uns fast zu Tode. „Mutti, ich will meine Julischka haben", forderte ich. Julischka war meine einzige Puppe, die ich geliebt habe. Eine Kunsthandwerkerin hatte sie in liebevoller Arbeit aus Stoff genäht. Eine wunderschöne Puppe! „Monika, deine Julischka ist zu Hause geblieben, jetzt kannst du sie nicht haben, aber wir fahren ja bald wieder zurück, dann hast du sie wieder", versuchte Mutti, mich abzulenken. „Nein, Mutti, ich will nicht so lange warten, ich will meine Julischka jetzt haben!" „Monika, es geht nicht. Komm, sei ruhig, wir sind bald bei Oma und Opa. Da kannst du im Garten spielen. Da gibt es Hühner und Apfelbäume und Pflaumen- und Kirschbäume und viele, viele Blumen", war Muttis erneuter Versuch, mich auf andere Gedanken zu bringen. „Will ich aber nicht, ich will meine liebe Julischka jetzt, jetzt, jetzt!", trotzte ich zurück. Der Rest der Reise war für uns alle eine Tortur. Fix und fertig kamen wir in Schwaan an. Mutti brauchte einen ganzen Tag, um sich von den Strapazen zu erholen. Meine Julischka habe ich nicht wieder gesehen, denn wir konnten nicht nach Arnswalde zurück. Die Russen näherten sich Ostpreußen, die ersten Bewohner dieser Region begaben sich auf die Flucht, und auch in Arnswalde war kein Verbleib mehr möglich. Nur mit Sommerkleidung und einem kleinen Köfferchen, in den Mutti die notwendigsten Reiseutensilien gepackt hatte, waren wir aufgebrochen. Wir hatten alles, alles verloren, dafür blieb uns aber die Flucht erspart.

Verglichen mit Arnswalde war Schwaan eine Idylle. Ein riesengroßer Gemüse- und Blumengarten, mehrere Treibhäuser, mit Glasfenstern bedeckte Frühbeete, die zur Anzucht von Zier- und Gemüsepflanzen dienten, Apfel-, Pflaumen- und Kirschbäume, ja es gab sogar einen Pfirsichbaum, den Opa allen Befehlen zum Trotz nicht abgesägt hatte. (Pfirsichbäume mussten vernichtet werden. Den Grund weiß ich nicht mehr so genau. Irgend eine Krankheit solle er übertragen, meine ich verstanden zu haben). Erdbeeren, Johannis- und Stachelbeeren – das alles gab es in unserem unmittelbaren Umfeld. Und mittendrin ein uraltes mecklenburgisches Wohnhaus, das mit sechs Zimmern, Küche, Speisekammer, Keller, Dachboden und Flur genügend Platz bot für die Schwaaner Familie, Tante Erika, Vaters Schwester, und ihre Kinder, Tante Hertha, Opas Schwester, und Tante Evchen, Vaters Schwägerin aus Berlin. Eine beeindruckende uralte Kastanie spendete dem Haus Schatten im Sommer und Schutz vor Kälte im Winter. Zwei ebenfalls schon alte Walnussbäume, die direkt vor dem Haus zur Straßenseite wuchsen, lieferten reichlich Nüsse zur Advents- und Weihnachtszeit. Zur Gärtnerei gehörten auch noch eine Obstplantage mit dutzenden verschiedenen Apfel-, Pflaumen- Birnen- und Kirschsorten, ein großes Bienenhaus, eine Spargelplantage und ein Ackerstück, auf dem hauptsächlich Schnittblumen wuchsen.

Seitlich des Wohnhauses war ein Nebengebäude oder Wirtschaftsgebäude. Darin hatte Opa in der vorderen Hälfte sein „Kontor" eingerichtet. Ein Schrank, der aussah wie ein Apothekerschrank, mit Dutzenden von Schubfächern, diente als Saatgutlager. Drei verschiedene Waagen, eine für schwere Lasten, eine für Produkte bis zu zehn kg und eine Brief- oder Präzisionswaage gehörten zum Inventar des Kontors. Und die Honigschleuder, mit der Opa aus den Honigwaben den Honig rausschleuderte. An der rechten Ecke des Hauses waren zwei Plumpsklos eingerichtet.

Im hinteren Bereich befand sich die Waschküche mit großer Badewanne, einer Zinkwanne, zwei beheizbaren enormen Waschkesseln aus Kupfer und ein Arbeitstisch. Die rechte hintere Gebäudehälfte war der Stall. Das gesamte Obergeschoss war der Heuboden, auf dem neben dem Viehfutter auch Gerätschaften und Arbeitsmaterialien für die Binderei aufbewahrt wurden. Der Heuboden übte auf mich eine magische Anziehungskraft aus. Einerseits überkam mich dort eine panische Angst, wenn eine Maus oder gar – oh Schreck – eine Ratte mir zu sehr in die Nähe gekommen war, und andererseits bot mir der Boden das ideale Versteck, wenn mein Bruder Harm und meine Cousins mich beim beliebten Versteckspiel suchten. Später, als ich schon lesen konnte, war dieser Platz der einzige, an dem ich vor Omas Argusaugen geschützt war, wenn sie mich bei meiner sündhaften Lieblingsbeschäftigung, dem Lesen, aufspüren wollte. Sie konnte wegen eines schlecht verheilten Bruchs eines Oberschenkelhalses nicht die Bodentreppe hinaufsteigen, blieb vor dem Tor stehen und schrie nach oben: „Monika, komm sofort runter. Du hast zu tun!" Ich antwortete nicht, vergewisserte mich, dass sie ihren Spähposten aufgegeben hatte, lief die Treppe runter und verschwand durch den Stallausgang. Für Oma war Lesen Zeitverschwendung, und sie war ständig hinter mir her, um mir die verschiedensten, alle durchweg langweiligen Beschäftigungen zuzuteilen. Staubwischen, Unkrautjäten, Socken stricken, Strümpfe stopfen – gibt es ein einziges Kind, das sich dabei wohlfühlen kann? Ich versuchte häufig, diesen lästigen Verpflichtungen zu entkommen.

Nur einige Wochen nach unserer Ankunft in Schwaan hatten wir uns so gut an unser neues Umfeld gewöhnt, dass wir Arnswalde fast vergessen hatten. Natürlich war auch Schwaan nicht vom Kriegsgeschehen verschont, aber es ging verhältnismäßig ruhig zu. Nicht eine einzige

Bombe fiel auf Schwaan.

Neben einem großen Gehege mit überdachtem Hühnerstall am Rande des Grundstücks war ein Luftschutzbunker ausgegraben und mit Pfosten stabilisiert worden. Auf seinem Dach wuchs Rasen. Von außen und von oben konnte man nicht erkennen, dass es sich um einen Unterschlupf handelte. Die gesamte Familie und unsere Nachbarn hatten sich hier zu verkriechen, wenn Luftangriffe drohten. Opa war verantwortlich für den Zivilschutz in unserer Straße. Er musste regelmäßig der Deutschen damals bekanntestes Radio, die Göbbelschnauze, anstellen und die Bewegungen der feindlichen Flieger registrieren, um nötigenfalls die Bauchsirene zum Heulen zu bringen. Die große Sirene auf dem Dach der Feuerwehr wurde dafür nicht aktiviert. Warum? Weiß ich nicht. Ich fand es spannend, wenn Opa sich die Sirene um den Bauch schnallte und mit martialischem Schritt und wichtiger Miene die Güstrower Straße hoch und runter marschierte. Er war der einzige Mensch, der bei herannahenden feindlichen Fliegern auf der Straße sein durfte, ja sogar musste. Alle Einwohner hatten sich schnellstmöglich in die Luftschutzanlagen zu begeben. Diese interessante Atmosphäre musste ich unbedingt schnuppern. Ganz vorsichtig um mich schauend und sicherstellend, dass mich niemand bemerkt hatte, schlich ich mich auf die Straße. Opa ging gerade an mir vorbei. Ich hinterher! Meinen Schritt versuchte ich an seinen anzupassen. Das war sehr anstrengend, schließlich waren Opas Beine doppelt so lang wie meine. Er kurbelte die Sirene auf Hochtouren. Es heulte und heulte und heulte wie verrückt. Ich schlug mit beiden Händen den

Takt dazu, und dann bemerkte er mich. „Verdammte Göre, hau ab in den Luftschutzkeller! - schrie er mich an und versetzte mir einen Tritt in den Hintern. Nie zuvor hatte mich mein Opa angeschrien, und nie zuvor hatte er nach mir getreten. Ich war entsetzt, ich konnte nicht verstehen, was da gerade passiert war und meine Enttäuschung über meinen sonst doch so lieben Opa war langanhaltend in mein Gedächtnis eingraviert.

Opa saß jetzt fast den ganzen Tag vor der Göbbelschnauze und verfolgte mit immer größer werdender Besorgnis das Kriegsgeschehen. Das fatale Ende zeichnete sich schon längst ab, aber Opa konnte und durfte es nicht glauben, dass der Traum vom Dritten Reich nicht in Erfüllung gehen sollte. Er klammerte sich an jede alle Realität verleugnende Nazivoraussage, selbst wenn sie noch so hanebüchen war, schlug mit den Fäusten auf den Tisch und verkündete: „Ihr werdet es erleben! Die V-Waffen werden die Wende bringen. Dagegen kann keiner an!" Zur gleichen Zeit traf er allerdings Vorkehrungen, um auf das Schrecklichste vorbereitet zu sein.

Es muss Anfang April 1945 gewesen sein. Die erwachsenen Familienangehörigen wurden informiert, dass der wertvolle Familienbesitz, Gold, Silberbestecke und -kandelaber, leinene Tischwäsche und Bettwäsche aus feinster Baumwolle, das Sonntagsporzellan und die Kristallgläser und –vasen, vor dem Feind sicher vergraben werden sollte. Ein großes Loch in der Nähe des Holzschuppens, am oberen Rand des Grundstückes, wurde ausgehoben, ein großes Wachstuch war als Isolierung vor Schmutz und Feuchtigkeit auf dem Boden des Loches ausgebreitet. Plastikplanen gab es noch nicht. Die heimliche Aktion startete gegen 20°° Uhr. Mutti hatte mich zuvor ins Bett gebracht, mir noch ganz kurz meine Gute-Nacht-Geschichte erzählt und war zum Ort des Geschehens geeilt, um an der Operation Schatzvergrabung helfend teilzuhaben. Ich konnte nicht schlafen und wurde von ungewöhnlichen Geräuschen wachgehalten. Die Neugier trieb mich ans Fenster, und da sah ich die ganze Familie – Oma, Opa, Tante Edi, Tante Evchen und Mutti – neben dem Holzschuppen. Das musste ich mir unbedingt ansehen. Alle Erwachsenen standen im Halbkreis um das Loch und packten Gegenstände hinein. Das war ja komisch. Die Sachen gehörten doch gar nicht in das Loch. Warum stopften sie aber das alles da hinein? Ich hatte mich hinter Opa platziert, der mit gegrätschten Beinen vor mir stand. Ich konnte zwischen seinen Beinen geradezu aufs Loch schauen. Ach, du meine Güte, was war nur in die Erwachsenen gefahren, was machten die da für dummes Zeug? Ich war mit meinen Gedanken bei den vielen schönen Sachen, die so mir nichts dir nichts im Loch landeten, als Opa – natürlich wieder er! – mich bemerkte. Jetzt waren alle ganz aufgeregt. „O, Gott, o, Gott, Berti, bring sie schnell wieder ins Bett und lenk sie von dem Geschehen ab!", wurde Mutti beauftragt. Auf dem Weg ins Schlafzimmer bohrte ich: „Mutti, was habt ihr da vergraben? Warum habt ihr all die schönen Sachen ins Loch gepackt? Waruuum, Mami? „Monika, komm, du musst jetzt ins Bett gehen, es ist schon spät, dir fallen die Augen schon zu, du bist ja todmüde", verstand es Mutti, mich auf den Schlaf einzustellen. Sie sang noch ein schönes Schlaflied und blieb an meiner Seite, bis ich fest schlief. Am nächsten Morgen, vor dem Frühstück rannte ich zum Holzschuppen, um mir das magische Loch noch einmal ganz genau anzusehen. Da war kein Loch. Mutti kam hinter mir her und fragte mich: „Monika, was suchst du?" „Mami, gestern Abend war da ein Loch, und ihr habt da viele, viele schöne Sachen reingepackt. Mami, wo ist das Loch jetzt?" „Monika, du hast wieder mal was ganz Komisches geträumt. Hier war doch kein Loch!" „Doch, Mami, hier war ein Loch. Ich hab es gesehen und ihr habt da viele Sachen reingesteckt!" „Nein, Monika, hier war kein Loch und hier haben wir auch nichts reingesteckt!" „Und doch, und doch, und doch!" „Monika, wenn hier ein Loch war, zeig mir doch genau, wo es gewesen sein soll!", forderte mich meine Mutter auf. „Das Loch war da, wo immer die Johannisbeerbüsche standen", antwortete ich trotzig, aber auch etwas verunsichert. „Schau mal, Monika, da stehen die Johannisbeerbüsche, siehst du sie? Sie stehen da, wo sie immer gestanden haben, und dort haben sie auch gestern Abend gestanden. Du hast geträumt. Im Traum hast du ein Loch gesehen. Du hast geträumt, dass wir viele Sachen in das Loch gestopft haben, die doch gar nicht in ein Loch gehören. Verstehst du jetzt, dass es nur ein Traum war? Denn warum sollten wir all die schönen Sachen in ein Loch packen?" Ja, meine Mutter konnte mich davon überzeugen, dass ich die ganze Geschichte geträumt hatte, und alle Beteiligten an der illegalen Vergrabung waren heilfroh darüber, dass ich nicht mehr auf das Thema zu sprechen kam.

Im April 1945 sahen wir wieder einmal, wie nach großflächiger Bombardierung Rostocks der Abendhimmel sich rot färbte. Die ganze Familie stand auf der Straße und starrte in den Himmel. „Um Gottes Willen, Rostock brennt schon wieder! Hoffentlich ist Tante Minna (Muttis

Schwester), Onkel Fritz, Lotti, Peter und Klaus nichts passiert! Wie lange soll dieses Entsetzen noch gehen? – Muttis Stimme zitterte, und die Tränen rannen ihr schon wieder die Wangen runter. Ich war fasziniert von dem wunderschönen knallroten Himmel. Und dass das ein Feuerball über Rostock sein sollte, das konnte ich mir beim besten Willen nicht vorstellen. Ich genoss einfach das herrliche Spektakel.

Opa hat in den letzten Nachrichten gehört, dass die Russen schon in Rostock sind und sich auf den Weg nach Schwaan gemacht haben. Der letzte Befehl der Nazibehörde lautete: die Warnowbrücke der Eisenbahnstrecke Rostock-Berlin und die Warnowbrücke der Stadt Schwaan sind unverzüglich zu sprengen. Der Befehl wurde umgehend ausgeführt. Die Stadt Schwaan war somit in zwei Hälften geteilt, und die Bahnverbindung von Schwaan nach Rostock und von Rostock nach Schwaan für lange, lange Zeit unterbrochen. Die Sprengung der Warnowbrücke der Stadt sollte den Einmarsch der Russen in Schwaan verhindern. Was für eine absurde Maßnahme! Die Russen trafen einige Stunden später als geplant in Schwaan ein. Die zerstörte Brücke war nur ein geringes Hindernis für die Russen. Sie wurde durch eine Pontonbrücke, die im Handumdrehen von den Russen gebaut wurde, ersetzt. Bald wurde das Ponton-Provisorium durch eine Holzbrücke ausgewechselt. Sie diente den Einwohnern von Schwaan jahrelang als Ersatz für die gute alte zerstörte Brücke, die ein Meisterwerk der Technik war.

Die Holzbrücke bescherte uns Kindern so manch gute, aber auch schlechte Erlebnisse. Gute, wenn wir auf dem

Weg zur Schule an der Brücke Halt machen mussten, weil sie zur Seite geklappt wurde, um einem Schiff Platz zur Durchfahrt frei zu machen. Wir warteten glücklich und zufrieden, in der Hoffnung, es würde so richtig schön lange dauern, bis wir in die Schule kamen. Schlecht war es allerdings, wenn wir von der Schule kommend nach Hause wollten. Dann verfluchten wir diese blöde Brücke, die schuld daran war, dass wir kaltes Mittagessen bekamen. Und es dauerte eine halbe Ewigkeit, bis der Durchgang wieder hergestellt war.

Unruhe und Angst machten sich breit in unserer Familie, als die Ankunft der Russen geradezu zu riechen war. Opa band sich die Armbanduhr am Fußgelenk fest. Seine goldene Taschenuhr wurde versteckt, und Opa hoffte, dass sie so von den Russen nicht gefunden würde. Als ob das alles wichtig wäre! Oma rannte wie eine Klucke hin und her. Mehr als „O, Gott, o, Gott" brachte sie nicht hervor. So hatte ich sie nie zuvor erlebt, sie, die Generalin, die Befehlshaberin, die Organisatorin, die Starke, die Herrin der Familie.

Gegen Nachmittag näherte sich die russische Vorhut unserem Grundstück. Die Offiziere saßen zu Pferd, die Muschkoten kutschierten mehrere bis zum Rand mit Lebensmitteln vollgepackte Pferdefuhrwerke. Bei den Bauern in unserem Umfeld hatten sie alles, was sie finden konnten und für nützlich hielten, aufgeladen – Schinken, Wurst, Brot, Gemüse, Mehl, Butter, getrocknete Hülsenfrüchte, Kartoffeln, Möhren und Rüben.

In unserem Haushalt arbeitete eine junge Polin. Sie

sprach auch gut Russisch. Mutti hatte sich von Anfang an ihrer angenommen, ihr Deutsch beigebracht und sie entgegen der Anordnung der Nazibehörden wie ein Familienmitglied behandelt. Mutti und Maria standen gleichermaßen unter Omas Fuchtel. Für Mutti war es selbstverständlich, sich mit Maria zu solidarisieren. Das kam uns nun allen zu Gute, denn nachdem die Russen den Zaun runtergewalzt und die Pferde an Bäumen festgemacht hatten, kamen sie ins Haus. Maria ging ihnen entgegen und hielt vor ihnen eine Rede. Sie erklärte ihnen, dass in diesem Haus eine gute Familie lebe, die sie anständig behandelt habe.

Wir alle – mittlerweile waren wir zwölf Personen, die bei Oma und Opa Unterschlupf gefunden hatten – wurden ins Wohnzimmer geschickt. Matratzen wurden auf den Fußboden gelegt, und alle notwendigsten Sachen durften wir aus den anderen Zimmern holen, um sie ebenfalls im Wohnzimmer, das jetzt alleiniger Raum für diese erweiterte Familie war, zu deponieren. Das war aufregend. Und was für ein Gewühle und Getue! Die Offiziere richteten in unserem Haus und in dem Nachbarhaus, dem der Familie Fröhlingsdorf, den Stab ein. Die Muschkoten mussten im Wirtschaftsgebäude kampieren.

Mutti hatte Müh' und Not, alle unsere Kindersachen und ihre eigenen aus dem Schlafzimmer im Obergeschoss zu holen. Sie rannte rauf und runter, wobei ihr die Angst so zu schaffen machte, dass sie eines vernünftigen Gedankens kaum Herr war. Sie war sich sicher, dass sie, ohne vergewaltigt zu werden, nicht davon kommen würde. Als sie endlich aufatmen konnte, weil alles noch einmal glimpflich vonstattengegangen war, merkte sie, dass Harms Schuhe oben geblieben waren. Die musste sie noch unbedingt holen. Aber sie war vor Angst gelähmt, stand an der Treppe und weinte und traute sich nicht, auch nur einen Schritt vorwärts zu gehen. Einer der jungen Offiziere kam ihr entgegen: „Frau, warrrum weinen? Waaas iiist?" Mutti: "Die Schuhe von meinem Sohn sind noch oben im Schlafzimmer!" „Nu, dawai, dawai, ge choch und chole Schuche, nu, bistra!!!" Mutti rührte sich nicht vom Fleck, die rechte Hand behielt sie auf der Türklinke, bereit, sofort wieder von der Stelle zu verschwinden. Der Russe merkte, dass sie vor Angst nichts machen konnte. Er nahm ihre Hand und zog Mutti die Treppe hinauf. Sie wäre fast gestorben, ihr schlotterten die Knie, sie versagten ihr beinahe den Dienst. Im Schlafzimmer angelangt, ließ er sie los: „Nu, chol Schuche, bistra!" Mutti grapschte sich die Schuhe und rannte die Treppe wieder runter und brachte sich in Sicherheit. Vor versammelter Großfamilie erklärte sie, was ihr widerfahren war und was sie oben im Schlafzimmer gesehen hatte. Im großen Ehebett und in Harms und Monikas Bett lagen sechs Russen in voller Uniform und sogar mit Stiefeln an den Füßen und schliefen. In Herwigs Gitterbettchen schnarchte ein Offizier. Er war so lang, dass seine Beine und Arme über dem Gitter hingen. Seine Mütze diente als Kopfkissen. Er muss sich so „komfortabel" gefühlt haben wie in einem Gurkenfass, aber die Erschöpfung, die Müdigkeit waren sicherlich stärker als jeglicher Anspruch auf Bequemlichkeit.

Im Blumengarten, Omas ganzem Stolz, hatten einige Soldaten ein großes Loch ausgehoben. Der größte, schönste, ertragreichste Pflaumenbaum unseres Gartens wurde abgehackt. Einige Äste dienten als Halterung für einen Kessel, in dem für etwa dreißig Personen – Russen und Großfamilie Krause – eine deftige Bohnensuppe gekocht wurde. Die Zutaten - Kartoffeln, Sellerie, Porree, Zwiebeln, Bohnen und Schinken – hatten die Russen den Bauern bei ihrem Zug durch die Schwaan vorliegenden Dörfer abgenommen. Es war ein Festessen. Seit Monaten hatte es so ein reichhaltiges und wohlschmeckendes Mahl nicht mehr gegeben. Und wir alle bekamen reichlich davon ab.

Unser Haus war kaum von den Russen beschlagnahmt, da bekamen wir die Krätze. Ein besonderes Geschenk von den Russen. Wer weiß, wie lange es her war, seit sie sich das letzte Mal waschen und frische Kleidung anziehen konnten. Und uns ging es ja nicht besser. Wir hatten keine Seife, kein Waschpulver, kein fließendes Wasser, und wir, die Schwaaner Krause-Familie, dazu noch Tante Erika (Vaters Schwester) mit Kika, Hans-Richard und Baby Annegret, sowie Tante Evchen (Vaters Schwägerin)aus Berlin und Opas Schwester aus Rostock, lebten alle zusammen in nur einem Raum. Idealzustände für diese grässliche, bei fehlender Hygiene sich schnell vermehrende Plage. Der ganze Körper, aber vor allem Arme und Beine juckten zum Verrücktwerden. Es war nicht auszuhalten. Wir wurden alle mit einer nach Teer stinkenden schwarzen Salbe eingeschmiert. Danach brannten alle aufgekratzten Stellen wie Feuer, aber es juckte nicht mehr. Nach einigen Tagen war der Spuk vorüber. In der Zwischenzeit hatten Oma und Mutti die gesamte Bettwäsche und alle kochfesten Kleidungsstücke im großen Kupferkessel in der

Waschküche gekocht, in der Warnow gespült und an der gleißenden Sonne getrocknet. Krätze ade, dein Scheiden tut gar nicht weh!

Glücklicherweise war der Sommer 1945 sonnig und warm. Wir Kinder verbrachten die meiste Zeit draußen, erkundeten unser Umfeld und besuchten auch des Öfteren die Russen, obwohl man es uns verboten hatte. Aber die Erwachsenen hatten so viel zu tun, um das tägliche Überleben einigermaßen in den Griff zu bekommen, dass sie für uns Kinder kaum Zeit fanden und wir Kleinen uns meist selbst überlassen waren. Ich sehe noch heute, wie Harm und ich einen tollen Schatz fanden, nämlich Stapel von Bögen mit eingestanzten Lackbildern und Briefmarkenbögen mit Adolfs Konterfei auf jeder Marke. Das waren Hunderte von Briefmarken, und wir durften sie behalten und damit spielen, und die Lackbilder – Blümchen, Schmetterlinge, bunte Vögelchen – nahmen wir aus den Bögen heraus, und unserer Phantasie freien Lauf lassend erfanden wir wunderbare Spiele damit. Ganz in unserer Nähe, am Bahnhof, fanden wir Bagelitkisten, die mit unterschiedlich großen Fettdosen und Ölflaschen gefüllt waren, die zum Einfetten von Waffen und Maschinen dienten. Wir schmierten uns von oben bis unten mit diesen Fetten und Ölen ein in der festen Überzeugung, es handele sich um Körperpflegemittel. Wir stanken wie frisch geölte Maschinen, aber das störte niemanden. Es gab schon lange keine Seife mehr, es gab auch keine Penaten-Creme, kein Shampoon, kein Waschpulver, da war es doch besser, wir stanken nach Maschinenöl und nicht nach Dreck.

Die russischen Offiziere hatten geradezu einen Narren gefressen an uns Kindern. Sie schenkten uns Weißbrotschnitten und erzählten uns Geschichten in ihrem urkomischen Deutsch. Ein junger Offizier hatte mich auf den Arm genommen. Er schenkte mir eine riesengroße Schnitte Weißbrot, die ich im Handumdrehen verschlang, und als Nachtisch bekam ich ein Stückchen Schokolade. Das war das allergrößte, das kostbarste Geschenk im Sommer 1945, an das ich mich erinnern kann. Ich kannte keine Schokolade, und dieses kleine Stückchen machte Lust auf mehr! Der Offizier, für mich der schönste Mann der Welt, erzählte mir irgendetwas, und dann fragte er mich: „Nu, malenkaja devutschka, willst du kommen mit mir nach Hause?" Ich klammerte meine Arme um seinen Hals, schmiegte mich an ihn und rief begeistert: „Ja"! Ich hatte nicht gemerkt, dass meine Mutter hinzugekommen war. Sie stand neben uns, und – wie so oft – strömten ihr die Tränen in Sturzbächen aus den Augen. Sie konnte kein Wort hervorbringen, nur weinen. Der Russe sah sie verdutzt an, riss mich von sich los und drückte mich in Muttis Arme und ging davon. Das habe ich ihm nie verziehen. Es war der erste von einem Mann an mir begangene Verrat, es war meine erste große Liebe, die, bevor sie begonnen hatte, kaputt ging. Und das auch nur, weil Mutti mal wieder weinen musste!

Die Russen zogen einige Wochen nach ihrer Ankunft ins Rathaus um. Wir durften wieder unser zu Hause in Besitz nehmen.

Opa bekam ständig „Besuch" von der sowjetischen Militärverwaltung. Ein Major kontrollierte regelmäßig die

Gemüseanbauflächen in den Treibhäusern und in den mit Glasfenstern bedeckten großen Frühbeeten. Er zählte akribisch die Tomaten, Salatköpfe, Gurken und Tabakpflanzen und notierte sorgfältig alle Daten in einem extra dafür eingerichteten Notizbuch. Anschließend kamen seine Untergebenen, um die reifen Tomaten, Gurken und Salatköpfe, die Opa unter Aufsicht erntete, einzupacken und mitzunehmen. Selbst die einzeln abgepflückten Tabakblätter wurden gezählt, und Opa musste sie sachgemäß trocknen und dann abliefern. Opa schaffte es immer, den Major bei seiner Kontrolle ein wenig abzulenken, so dass einige Tomaten, Gurken und der eine oder andere Salatkopf bei uns auf dem Tisch landeten. Dieser Major war für Oma und Opa eine Respektperson. Wenn er ankam, rannte Oma los, um ihm irgendetwas Besonderes zu servieren. Zu dessen Leckerbissen gehörte auch die wunderbarste Delikatesse, die in Omas Speisekammer aufbewahrt wurde: Erdbeerkonfitüre, allerbeste Hausmacherkost, die keiner von uns auch nur angucken, geschweige denn essen durfte. Der Major bekam jedes Mal ein ganzes Glas vorgesetzt, und wir Kinder standen daneben und sahen mit immer größer werdenden Augen zu, wie der Russe das Glas in die linke Hand nahm, den Teelöffel in die rechte und im Ratz-Fatz das Glas leer löffelte. Wir konnten nicht begreifen, wie Oma das zulassen konnte. Erdbeerkonfitüre gab es für die Familie an besonderen Feiertagen, streng rationiert, und ein Glas musste mehrere Wochen halten.

An einem heißen Augusttag war der Major schwitzend und ächzend zu seinem Kontrollgang erschienen. Er trug einen Kosakenanzug aus weißem Leinen, den

Rundkragen und die seitliche Knopfleiste verzierte eine bestickte Borte. Für mich war klar, der Russe trug am helllichten Tag einen Schlafanzug. Einen sehr schönen Schlafanzug! Er saß auf einem Klappstuhl, mitten auf dem Rasen, die Beine von sich gestreckt, die Arme hingen von der Lehne runter, der Schweiß rann ihm von der Stirn, und er stöhnte. Ich stand daneben, fasziniert beim Anblick dieser normalerweise Respekt einflößenden Person. Der hatte doch tatsächlich einen Schlafanzug an. Ich rannte weg, um die ganze Rasselbande – Harm, Hans, Kika - zu suchen, und ihnen die tolle Nachricht zu verkünden. Wir rannten allesamt zum Major, stellten uns vor ihm in Position, und ich zeigte mit dem Finger auf ihn und sagte laut und deutlich: „Guckt mal, der hat einen Schlafanzug an!" Oma war dazu gekommen und warf mir einen drohenden Blick zu, der mich fast erstarren ließ. Mir war, als ob sie mich auffressen wollte, aber sie traute sich nicht, auch nur ein Wort zu sagen. Der Major war überhaupt nicht in Spiellaune und viel zu erschöpft, um darauf zu reagieren, und wahrscheinlich kannte er das Wort Schlafanzug nicht, denn er würdigte uns keines Blickes. Er döste weiter, und nachdem er seine Siesta beendet hatte, begann er seinen Kontrollrundgang. Abends beim Zubettgehen erklärte mir Mutti, was es mit dem angeblichen Schlafanzug auf sich hatte. Sie wusste, dass es sich um einen typisch russischen Sommeranzug handelte. Als sie von Oma über meine erneute naseweise Aktion erfahren hatte, hatte sie wieder einmal einen Riesenschreck erlitten.

Längst hatte sich ein Zustand des dauernden Hungers eingestellt. Die gelegentlichen Weißbrotschnitten, die wir von den Russen geschenkt bekamen, reichten nicht hin und nicht her. Opa machte sich regelmäßig auf den Weg zu den Bauern der umliegenden Dörfer und versuchte, Gebrauchsgegenstände, die nicht unbedingt zum Überleben nötig waren, gegen etwas Essbares einzutauschen. Teppiche und diverse Vasen hatten schon den Besitzer gewechselt, der Hunger blieb, denn was sollten die Bauern mit den angebotenen Sachen anfangen? Sie brauchten sie nicht und waren kaum dazu zu bewegen, Lebensmittel zum Tausch dafür herauszurücken. Wochenlang aßen wir jeden Morgen mit einigen Roggen- und Gerstenkörnern angereicherte Wassersuppe. Die Getreidekörner konnte man an den zehn Fingern beider Hände abzählen. Manchmal schwammen gehäckselte Brennnesseln zwischen den Körnern. Sonntags gab es Hafermehlsuppe, die mit Ziegenmilch gekocht wurde. Das Hafermehl war ranzig und schmeckte gallebitter, die Ziegenmilch war für mich ein Gräuel. Mir wurde kotzübel davon, trotzdem wurde ich gezwungen, die Suppe auszulöffeln. Diese Prozedur wurde begleitet von Omas drohenden Worten: „Willst du lieber verhungern? Willst du sterben? Wenn du die Suppe nicht isst, ergeht es dir wie dem Suppenkasper". Dabei zitierte sie mit erhobenem Zeigefinger die letzten Verse immer und immer wieder und wurde nicht überdrüssig, den Schlusssatz ganz besonders emphatisch zu betonen: „…und war am dritten Tage tot!" „Genauso wird es dir ergehen, wenn du deine Suppe nicht isst. Also los, hopp, hopp. Halt dir die Nase zu, dann geht's einfacher!" Die Sonntage der Hafermehl-mit-Ziegenmilch-Suppe habe ich gehasst wie die Pest.

Typhus machte sich breit in Schwaan. Auch unsere Familie wurde nicht davon verschont. Meine kleine neun

Monate alte Cousine Annegret erkrankte, und es gab keine Möglichkeit, das Schlimmste zu verhindern. Weder Medikamente noch Nahrung waren auffindbar. Ich sehe heute noch meine Tante Erika mit Annegret auf dem Arm. Ihr tiefste Verzweiflung ausdrückender Blick und das noch nicht einmal ein Jahr alte Kind, das leblos mit herunter hängenden Armen und Kopf von seiner Mutter getragen wurde. Am Tag nach Annegrets Tod wurde die Kleine in eine winzige mit Samt ausgepolsterte Holzkiste gelegt, die im Hausflur auf einem Tisch stand. Annegret sah aus wie eine Puppe. Oma hatte ihr das Taufkleid der Familie angezogen. Ich konnte nicht anders, ich musste ständig auf das schöne Baby schauen, das so ruhig, von Samt umhüllt, zu schlafen schien. Und es geschah etwas Außergewöhnliches: Oma forderte uns Kinder auf, Blumen zu pflücken und sie auf den offenen Sarg zu legen. Blumen pflücken, das war doch absolut verboten! Omas Schatz durfte nie angerührt werden. Nur sie schnitt die Blumen, die sie höchstpersönlich aussuchte, sonst niemand! Und auf einmal galt das Verbot nicht? Was war des Rätsels Lösung? Ich verstand es nicht. Also wartete ich. Und da begann Kika, Annegrets Schwester, in den Garten zu rennen. Sie pflückte Blumen rechts und links und hinter sich und vor sich, bis ihre Arme proppenvoll waren. Dann streute sie das große Bündel über Annegret aus. Oma ordnete die Blumenpracht. Dann wussten wir – Harm, Hans und ich – dass wir tatsächlich Blumen pflücken durften, ohne bestraft zu werden und taten es Kika gleich. So viele Blumen hatte ich noch nie zusammen gesehen, geschweige denn selber gepflückt. Als Annegret unter dem Blumenmeer zu verschwinden drohte, sagte Oma: „So, jetzt ist's genug! Schluss! Keine Blumen mehr!" Wir waren geradezu verrückt vor

Begeisterung, Annegret mit Blumen zuzudecken, obwohl wir nicht verstehen konnten, wozu das sein sollte. Aber jetzt war das Vergnügen zu Ende. Die Erwachsenen haben eben manchmal ganz eigenartige Einfälle. Daraus kann man doch nicht klug werden!

Annegrets Beerdigung haben die Erwachsenen vor uns Kindern geheim halten können. Die hölzerne Kiste, in dem das schöne schlafende Baby mit dem schneeweißen Spitzenkleidchen bekleidet inmitten eines Blumenmeeres gelegen hatte, war verschwunden. Ich wollte aber unbedingt wissen, wo Annegret abgeblieben war und nervte meine Mutter mit meinen Fragen. Als es schon dunkel war, ging Mutti mit mir nach draußen, zeigte auf den sternenklaren Himmel und sagte zu mir: „ Siehst du die vielen Tausend Sterne, die am Himmel leuchten? Einer von ihnen ist Annegret. Sie ist jetzt im Himmel und schaut jeden Abend auf uns runter". Ich brauchte gar nicht einmal meine Phantasie anzustrengen, um mir vorzustellen, wie wunderbar es da oben auf einem Stern sein müsste. Und ich wollte auch dorthin. Ich wollte auch so viele schöne Blumen bekommen, ich wollte auch so ein bezauberndes weißes Spitzenkleidchen anhaben, und ich wollte von da oben auf alle herunter schauen. Ich beneidete Annegret und fragte Mutti: "Warum darf sie da oben auf dem Stern sein und ich nicht?" – was wieder einmal Muttis Tränenfluss in Gang setzte. Das verstand ich zwar nicht, aber es hielt mich davon ab, Mutti weiterhin mit Fragen darüber zu nerven. Und bald gab es so viele neue Erlebnisse, dass ich darüber Annegret vergaß.

Die ständigen Überlebensprobleme, mit denen die

Erwachsenen zu kämpfen hatten, nahmen wir Kinder glücklicherweise überhaupt nicht wahr. Wir kannten nichts anderes. Es gab kaum etwas zu Essen. Zum Waschen gab es nur noch Tonseife. Alle von Oma gehorteten Reserven normaler Seife waren längst aufgebraucht. Die Tonseife schäumte gar nicht, und sie war mit Tausenden von Sandkörnern durchsetzt. Das sollte Seife sein? Sich damit zu waschen war eine Strafe, als ob die Haut mit Schmirgelpapier eingerieben wurde, und sauber wurden wir damit auch nicht. Protestieren half nicht, wir mussten es über uns ergehen lassen.

Jeder Nachkriegswinter war für die Erwachsenen eine schier übermenschliche Herausforderung. Lebensmittel waren so knapp, dass wir alle – Groß und Klein – ständig unter Hunger litten. In beiden Kellern – einer unter dem Wohnhaus, der andere unter dem Verwaltungsgebäude - wurden im Herbst Karotten, Wrucken, Sellerieknollen, Porree und Kartoffeln, wenn denn welche aufgetrieben werden konnten, gelagert. Harm und Monika bekamen von Oma und Opa die scheußliche Aufgabe, regelmäßig in die jeweils bestimmten Keller zu kriechen und die für eine Woche erforderlichen Mindestmengen nach oben zu holen. Ich hatte immer furchtbare Angst, in die stockdunklen Keller zu müssen, denn Mäuse oder Ratten, die sich in den Mieten einnisteten und von den gelagerten Leckerbissen lebten, versetzten mich in Angst und Schrecken.

Während der ersten zwei Nachkriegswinter war selbstgekochte Rübenmarmelade aus geschnitzelten Zuckerrüben und Möhren der einzige Brotaufstrich. Es schmeckte furchtbar, aber wir hatten Hunger und keine andere Wahl. Oma hielt regelmäßig ihre Predigt über die vielen Vitamine und Nährstoffe, die sich angeblich in der Rübenmarmelade befanden und versuchte so, uns davon zu überzeugen, dass wir diesem Produkt unser Überleben verdankten. Rübenmarmelade zum Frühstück und Rübenmarmelade zum Abendbrot! Monatelang!

Wruckensuppe mit Möhren, Porree und Sellerie war lange Zeit das Hauptgericht zum Mittag. Sonntags gab es ab und zu Hühnersuppe. Ein Hühnchen für sieben bis neun Personen, die davon satt werden wollten! Das arme Hühnchen konnte das nicht schaffen. Noch heute höre ich Mutti: „Ich nehme den Hals, der ist das Beste vom Huhn!". Und sie bekam immer und immer wieder ihren Hühnchenhals und nagte an jedem Halswirbel, als ob das die kostbarste Delikatesse wäre. Opa erhielt eine Keule oder ein Stück von der Brust. Und die anderen Teile, die etwas Fleisch hatten, wurden den übrigen Erwachsenen, die ja schließlich hart arbeiten mussten und dafür Energien brauchten, zugeteilt. Harm und ich bekamen je einen Flügel. Ab und zu gab es ein richtiges Festessen zum Sonntag, einen Kaninchenbraten. Opa züchtete Kaninchen und besorgte auch so manch einen tollen Braten, wenn seine Jagd mit Hilfe meines Lieblings Schnipp, unseres Langhaardackels, der für die Jagd auf Wildkaninchen trainiert war, Erfolg hatte. Nur fünf Minuten Fußweg von zu Hause entfernt gelangte man in einen dichten Mischwald, in dem Wildkaninchen sich munter und zahlreich vermehrten. Ich glaube, Opa musste die Erlaubnis des Försters einholen, und wahrscheinlich war es ihm nicht häufig erlaubt, Wildkaninchen zu jagen, denn allzu oft kam es nicht vor, dass Opas Jagdergebnisse auf dem Teller lagen.

Allmählich begann die Versorgung mit Lebensmitteln wieder über die vorhandenen früheren Läden. Alles außer der berühmten Rüben-Möhren-Marmelade war streng rationiert. Es reichte alles nicht aus, unseren permanenten Hunger zu stillen. In unserer Straße gab es zwei alte Lebensmittelläden. „Kolonialwaren, Kaffee, Tabak, Spirituosen" stand in großen schwarzen Buchstaben über dem Schaufenster des Ladens gemalt, gegenüber, auf der anderen Straßenseite. Mami hat mir erklärt, was das bedeutet, aber ich habe es nicht verstanden. Es war ja auch gleich, ob ich es verstand oder nicht, denn das, was der Ladenbesitzer jetzt verkaufte, hatte mit der alten Vorkriegs-Reklame nichts mehr zu tun, es gab keine Kolonialwaren mehr. Ich erinnere mich nur an ein zylinderförmiges Fass aus Hartpappe, in dem Zehn Kilo Einheitsmarmelade, von der Fabrik geliefert, zum Verkauf bereitstand. Das war lange Zeit das einzige Produkt, das bei Kaufmann N. zu haben war. Ich musste fast immer bei ihm Marmelade kaufen. Mit einem Schüsselchen in der einen und zwei Zehn-Pfennig-Münzen in der anderen Hand ging ich in den Laden. Herr N. stellte das Gefäß auf die Waage, nahm einen großen Portionierlöffel zur Hand, holte die geschätzte Menge Marmelade aus dem Fass und wog sie ab. Ich gab ihm die zwanzig Pfennige und ging mit meinem Einkauf nach Hause. Diese Einheitsmarmelade war das Motiv eines Gassenhauers, den wir kleinen Kinder von den größeren lernten und mit Begeisterung lauthals sangen, obwohl uns der Inhalt nicht klar war: "Mitschurin hat festgestellt, dass Marmelade Fett enthält. Holladrihi, Holladriho. So futtern wir jetzt alle Tage nur noch fette Marmelade, Holladrihi, Holladriho!" Erst viele Jahre später, in der fünften Klasse, im Biologieunterricht, erfuhren wir, wer dieser sowjetische „Zauberer" Mitschurin war, der die Schietmarmelade zum fettreichen Leckerbissen gemacht hatte und noch eine Reihe anderer Wunder vollbrachte – Dank der „glorreichen sowjetischen Wissenschaftler"! So gab es sage und schreibe Weizen, der in der Wüste wuchs und Maiskolben, die einen halben Meter lang und dick wie Leitungsrohre waren!

Um die sehr spärliche Lebensmittelration aufzubessern, wurden wir Kinder angehalten, Kartoffeln und Rüben zu stehlen. Einerseits hatte man uns eingebläut, dass Klauen verboten ist, andererseits wurden wir gelobt, wenn wir eine beachtliche Beute mit nach Hause brachten. Wir mussten uns schon ziemlich früh auf die ständigen Widersprüche der Erwachsenen einstellen, obwohl wir sie nicht verstehen konnten.

Während der Kartoffel- und Rübenernte fuhren Bauern der nahe gelegenen Dörfer vor unseren Nasen mit ihren vollbeladenen, von Pferden gezogenen Fuhrwerken zur zentralen Ablieferungsstelle, wo die Ladungen gewogen und zum Weitertransport in Güterwaggons geschüttet wurden. Die Bauern mussten ihr Soll abliefern. Ohne Wenn und Aber. Ich war die Kleinste und die Gelenkigste unserer Diebesclique und musste auf den hinteren Teil des vorbeifahrenden Fuhrwerkes klettern und – je nach Ladung – Kartoffeln oder Rüben runterwerfen. Die größeren Kinder lasen das Diebesgut auf und lieferten es zu Hause ab. Die Bauern kannten verständlicherweise kein Pardon mit uns Kindern, denn schließlich mussten sie eine vorgeschriebene Menge abliefern. Wenn das Soll nicht erfüllt wurde, die Waage also ein Defizit aufzeigte, wurden die Bauern bestraft. Deshalb passten sie auf, und wenn ein Kind beim Klauen erwischt wurde, schlug der Besitzer der Ladung mit der Lederpeitsche auf den „Teufel" ein, der hinten auf dem Fuhrwerk hockte und seine kostbare Fracht dezimierte. Ich konnte immer erfolgreich den Peitschenhieben entfliehen.

Auch Mutti hatte „ihr" Soll zu erfüllen. Etwa Hundert Meter von unserem Grundstück entfernt verlief die Bahnlinie Rostock-Berlin. Auf einer Rampe, neben dem Bahnhofsgebäude, wurden Kohlen abgeliefert, die für die Lokomotiven bestimmt waren. Mit einem Weidenkorb ausgerüstet musste sich Mutti im Dunkeln zur Rampe schleichen, den Korb mit Kohlen füllen und die Beute nach Hause bringen. Sie hat jedes Mal Todesängste ausgestanden. Zum einen fürchtete sie die Dunkelheit, ihre Phantasie ließ sie schreckliche Szenen erleben. In ihrem Kopf spukten Russen, die die Kohlen bewachten, sie beim Klauen erwischten und sie vergewaltigen wollten. Oder sie glaubte, andere Wachleute, die sie auf frischer Tat erwischten, würden sie anprangern oder ihre Wachhunde auf sie hetzen. Zum anderen hatte sie ständig Gewissensbisse, denn Stehlen war Sünde. So etwas machte man nicht! Und dazu auch noch mit ansehen müssen, wie die eigenen Kinder zum Stehlen von Nahrungsmitteln angehalten wurden, das war schrecklich, das war erbärmlich.

Den ersten Nachkriegswinter erinnere ich nur vage. Es war furchtbar kalt, es gab wenig zu essen, das Feuerholz musste aus dem Wald geholt werden. Kohle, ausgenommen die wenigen Mengen, die Mutti und Opa am Bahnhof „organisieren" konnten, gab es überhaupt noch nicht, und wir drei Geschwister hatten kaum etwas anzuziehen. Wir waren ja im Sommer 1944 nach Schwaan gekommen, in Muttis Köfferchen befanden sich nur einige Teile Unterwäsche, Sommerkleidung und einige Hemdchen und Höschen, aber hauptsächlich Windeln für Herwig. Ich kann mich nicht erinnern, wie Mutti und Oma es schafften, für Harm, Herwig und für mich wärmende Kleidung zu besorgen.

In unserem Haushalt arbeitete ein Dienstmädchen. Ich saß der Armen ständig auf der Pelle, sah ihr bei der Arbeit zu, quasselte ununterbrochen, nervte sie mit meinen nicht enden wollenden Fragen nach dem Warum all dessen, was sie in Angriff nahm. Ich wollte „helfen" und vor allem von ihr unterhalten werden. Nun wurde sie ja nicht dafür bezahlt, mich bei guter Laune zu halten. Sie hatte täglich ein anstrengendes Pensum zu bewältigen, und ich störte sie dabei. Die bösen Blicke aus Omas Argusaugen gaben ihr mehr als einmal zu verstehen, dass sie zu arbeiten hatte und nicht zum Spielen mit mir bei ihr beschäftigt war. Und mich schickte Oma nach draußen. Aber Erna mochte mich und ich mochte Erna. Erna hatte schnell herausgefunden, womit sie mich in Schach halten konnte, ohne ihre Arbeit zu vernachlässigen. Sie erzählte mir Märchen. Sie musste sie so oft erzählen, bis ich sie auswendig kannte, und dann kam meine reiche Phantasie mit ins Spiel. Ich erlebte die Märchen, war mal Rotkäppchen, mal Rapunzel, obwohl ich doch gar keine langen Haare hatte. Ich wagte es sogar, mich in Aschenputtel zu verwandeln. Bald reichte es mir nicht mehr, nur Märchen erzählt zu bekommen, die ich ja inzwischen alle auswendig wiedererzählen konnte. Ich brauchte neue Geschichten, gruseligere, spannendere und ich wollte auch Bilder sehen, wollte mir auf der Stelle die Gruselszenen anschauen können und dann weiter ausbauen. Mutti hatte ein riesengroßes, riesendickes Märchenbuch ergattert, in dem jedes Märchen mit großen, jeweils eine ganze Seite umfassenden farbigen Bildern ausgestattet war, was meine Phantasie geradezu anstachelte. Erna legte das Buch auf den Arbeitstisch, setzte mich daneben und schälte Kartoffeln, putzte Gemüse und bereitete das Mittagessen vor. Ich konnte allein nicht vom Tisch runterkommen. Ich saß oben wie auf einem Thron. Meine Beine baumelten vom Tisch. Der Abstand zum Fußboden erschien mir abgrundtief. Das Buch war viel zu groß und zu schwer, um es in die Hände nehmen und selbst darin blättern zu können. Erna schlug die Seite auf, deren Illustration zu dem Märchen gehörte, das sie mir gerade erzählte, und ich hörte fasziniert zu und starrte auf das bunte Bild. Ich malte mir aus, wie meine Helden kämpften, um aus größtem Schlamassel wieder rauszukommen, wie sie die Bösen austricksten, wie sie schöne Prinzessinnen befreiten, wobei meine eigene Geschichte mit der, die Erna erzählte, meistens nicht mehr viel zu tun hatte.

Tagsüber bereiteten mir die gruseligen Märchen und die dazu gehörenden Bilder keine Probleme. Ich lebte in meiner von mir erschaffenen wunderbaren Welt. Am Tag konnte ich mein Umfeld sehen, es waren Menschen um mich herum, da gab es keinen Platz für böse Geister, Gespenster und Ungeheuer. Aber die Nächte waren ein nicht enden wollender Albtraum. Sobald es dunkel war, füllte sich das Schlafzimmer mit Kinder fressenden Monstern, die nach mir griffen, deren Blicke mich in Panik versetzten. In Angstschweiß gebadet, wie zu einer Kugel zusammengerollt wartete ich nur darauf, die Krallen des vor mir stehenden Gespenstes zu spüren zu bekommen. Und so eine Nacht voller Panik, Entsetzen, Angst und Bedrohung wollte und wollte nicht zu Ende gehen. Oft versuchte ich, zu Harm ins Bett zu kriechen, um vor Unheil geschützt zu werden, aber Harm wollte seine Ruhe haben, wollte schlafen und nicht von mir gestört werden. Er konnte nicht begreifen, dass ich in Lebensgefahr steckte, dass mich die bösen Geister verfolgten und umbringen wollten. „Hör auf zu spinnen. Hier gibt es keine Monster. Geh in dein Bett und schlaf!" „Da, vor uns, da steht es doch! Jetzt kommt es näher! Harm, es will nach mir grapschen!", antwortete ich mit vor Angst zitternder Stimme. „Nein, Monika, hör endlich auf und lass mich schlafen!" Manchmal schaffte ich es, Harm zu beschwichtigen, und er ließ mich in seinem Bett schlafen, aber die Nächte, in denen ich allein in meinem Bett zubrachte, waren bisweilen die schlimmsten meiner Kindheit.

Mit fünf Jahren war ich zum ersten Mal im Kino. Es war eine Kindervorstellung in einem für mein damaliges Verständnis riesengroßen Saal voller lärmender, kreischender und tobender Kinder. Plötzlich wurde es dunkel, und das Märchen „Der Wolf und die sieben Geißlein" begann für mich Wirklichkeit zu werden. Alles geschah jetzt tatsächlich vor mir. Ich hatte so schreckliche Angst um die sieben Geißlein. Ich rief ihnen zu „Nicht die Tür öffnen! Er hat Kreide gefressen, und seine Pfote weiß gemacht, aber es ist der Wolf! Nein,

nein, nein, liebe Geiß, mach nicht die Tür auf!" Aber es kam genauso wie im Märchen. Die Geiß öffnete die Tür und was geschah? Der grimmige Wolf kam ins Zimmer. Er schaute nach rechts, nach links, leckte sich mit seiner langen Zunge das Maul, verdrehte dabei die Augen und begann, die Geißlein zu suchen. Eins nach dem anderen fand er und schluckte er runter. Sein Bauch wurde immer dicker, er ging schon etwas langsamer und strich sich dabei über seinen kugelrunden, prallen Wanst, in dem schon sechs Geißlein verschwunden waren. „Ha, ha, jetzt fehlt nur noch eins! Es waren doch sieben! Na, warte, du kleines siebtes Geißlein! Ich werde dich finden!" Er guckte im Zimmer herum, in jede Ecke, unter den Tisch, in die Schubladen, aber da war das Geißlein nicht. Ich schrie „Geißlein, bleib im Uhrenkasten! Rühr dich nicht von der Stelle! Bitte, bitte, bleib da, wo du bist". Ich glaubte, der Wolf hatte meine Schreie gehört, denn er ging schnurstracks zur Standuhr, öffnete die Tür und zog das vor Angst und Schrecken zitternde siebte Geißlein aus dem Uhrenkasten heraus. Mit einem breiten Grinsen von Ohr zu Ohr hob er das Geißlein hoch und ließ es in seinem Maul verschwinden. Ich war wie gelähmt und starrte auf den bösen Wolf. Der war von der großen Anstrengung, sieben Geißlein gesucht, gefunden und verschluckt zu haben so müde geworden, dass er sich mitten im Zimmer auf den Fußboden legte und auf der Stelle einschlief. Er schnarchte so laut wie eine Dampflok. Ich musste schrecklich weinen. Jetzt waren alle sieben Geißlein im Bauch des Wolfes. Keines von ihnen hatte sich retten können. Aber es geschah ein Wunder. Genauso wie im Märchen! Der Förster kam mit einer großen Schere, schnitt dem Wolf den Bauch auf und ließ alle sieben Geißlein herauskommen. Eins nach dem anderen! Der Förster packte sieben große Wackersteine in den Wanst des Wolfes und nähte ihn wieder zu. Als der Wolf aufwachte, stöhnte er „ Oh, oh, ich dacht ich hätte sieben Geißlein verschluckt, aber mir ist, als seien es lauter Wackersteine" Das waren seine letzten Worte. Dann war er mausetot. Die Geißlein bildeten einen Kreis um den Wolf herum und tanzten und sangen „Der Wolf ist tot, der Wolf ist tot, jetzt sind wir wieder richtig froh!" Und auch ich war glücklich und froh. Als der Kinomann das Licht wieder einschaltete, war ich von neuem in der richtigen Welt. Noch benommen und zutiefst beeindruckt – ich hatte ja tatsächlich miterlebt, wie der böse Wolf die Geißlein verschlungen hatte – ging ich in Begleitung meiner Tante und meiner Cousins nach Hause. Ich habe mir mein Erlebnis mit dem Wolf noch tagelang aus dem Gedächtnis geholt und so die ganze Geschichte noch und noch und nochmal wiedererlebt.

Oma hatte mehrere Jahre als Zofe einiger Gräfinnen gearbeitet. Ihr oblag die Bedienung der jeweiligen adligen Dame. Dazu gehörte auch das Anfertigen von Hüten, das Frisieren, das Nähen von Pariser Modekleidern, die dann von der jeweiligen Gräfin vor deren Besuchern als Pariser Originale vorgeführt wurden. Oma konnte also eine Menge sehr nützlicher Sachen nähen, sie hatte auch eine uralte Adler-Nähmaschine, die noch gut in Schuss war und die für die Anfertigung von Kleidungsstücken für uns Kinder Omas wichtigstes Werkzeug war. Oma konnte auch Wolle spinnen und färben. Sie konnte stricken, häkeln, sticken. Und alle diese Fähigkeiten brachte sie mir bei. Das alles hat mir selten Spaß gemacht, aber darauf konnte Oma keine Rücksicht nehmen.

Oma beschaffte noch nicht verarbeitete, rohe, verschmutzte Schurwolle. Der Haufen wurde gewaschen, getrocknet und mit Zwiebelschalen oder im Herbst mit Walnussschalen gefärbt. Die jetzt braune Wolle musste wieder getrocknet werden. Das dauerte mehrere Tage. Und dann spann Oma strickfertige Wolle daraus. Ich fand es faszinierend, wie Oma am Spinnrad das Schwungrad, die Spindel, den dabei entstehenden Faden – alles gleichzeitig bediente und bald einen Berg gesponnener, strickfertiger Wolle neben sich anhäufte. Harm und ich mussten helfen, die Wolle aufzuwickeln. Das war eine langweilige Arbeit. Harm und ich wechselten uns ab. Zuerst wurde die Wolle über die ausgestreckten Unterarme gewickelt. Anschließend wickelte Oma oder Mutti daraus die Knäuel.

Mit fünf Jahren war ich noch zu klein, um Oma beim Strümpfestricken zu helfen. Aber ich war gerade sechs Jahre alt, da wurde ich Omas Lehrling. Anfangs hatte ich Schals zu stricken. Mit zwei Nadeln schaffte ich bald beachtliche Längen, und der sichtbare Erfolg meiner Arbeit spornte mich an. Dann ging's weiter mit fünf Nadeln. Was für eine Fummelei! Meine Hände waren noch sehr klein, und die fünf Nadeln versuchten immer wieder rauszurutschen. Alle Augenblicke verlor ich Maschen und sah mit Entsetzen, wie eine Laufmasche immer länger wurde. Und dann kam Oma, kontrollierte mein Werk und – oh, wie gemein! – reppelte alles wieder auf, und ich musste von vorne anfangen. Stumpfsinn und Frust, aber Oma erlaubte kein Meckern. Meine Lehrzeit als Strumpfstrickerin war anstrengend und langweilig. Wie gerne wäre ich auf die Straße gegangen, um mit den Nachbarskindern draußen Verstecken oder Greifen oder

Völkerball zu spielen. Nein, ich musste in der Stube hocken und meinen Kampf mit der Strickarbeit weiterführen, bis endlich ein Paar lange Wollstrümpfe fertig war. Und das war erst der Anfang. Wir Kinder brauchten lange Wollstrümpfe. Meine verhasste Pflicht hatte ich zu erfüllen. Wochenlang. Anschließend kam noch Schlimmeres! Wir mussten uns diese Strümpfe anziehen. Aber es war nicht auszuhalten, diese verhassten Strümpfe konnte man auf keinen Fall auf der nackten Haut tragen. Die Wolle war voller winzig kleiner Unreinheiten – Spelzen und andere stachelige Pflanzenreste. Als ob die Wolle mit Stacheldraht vermischt wäre! Die fertigen Strümpfe wurden an Strapsen, die an einem ebenfalls aus Wolle gestrickten „Leibchen" befestigt waren und bis zu den Oberschenkeln reichten, festgeknöpft. Das sah nicht nur lächerlich aus, nein, die Wollstrümpfe kratzten dermaßen, dass kein Mensch das aushalten konnte. Es war eine Tortur, zum Verrücktwerden. Für Oma war unser Jammern kein Grund, etwas zu unternehmen. Mutti fand eine Lösung. Sie hatte – woher auch immer – für jeden ein Paar lange braune Baumwollstrümpfe besorgt. Die zogen wir zuerst an, und darüber streiften wir die dicken Wollstrümpfe. So kam es, dass wir die tatsächlich gut wärmenden Wollstrümpfe bei eisiger Kälte ohne Murren trugen. Sie kratzten nicht mehr.

Es muss im schrecklich kalten Winter 1946 gewesen sein. Ich hatte keine Schuhe. Mutti hatte mir ein Paar aus Wollresten gehäkelt und geflochtenes Stroh als Sohlen daran befestigt. Jedes Mal, wenn ich draußen spielte, im Schnee tobte oder auf Schlittenfahrt mit anderen Kindern im Wald war, wurden die Strohsohlen nass und lösten sich vom Schuh. Mutti war verzweifelt, aber sie kannte keine andere Lösung, als die Strohsohlen immer wieder zu ersetzen. Ich bekam Frostbeulen an den Füßen. Das tat schrecklich weh, und der Arzt schnitt sie regelmäßig auf. Wenn sie erst mal geöffnet waren und der Eiter abfloss, konnte ich die Schmerzen gut ertragen – bis zum nächsten Aufschneiden. Frostbeulen, Hunger, kaum dem Winter angemessene Kleidung, keine Spielsachen, eine von Angst, Schrecken, ja oft von Verzweiflung erfüllte Atmosphäre charakterisierten unser tägliches Umfeld.

Mutti war in ständiger Sorge um den Verbleib unseres Vaters. Sie hatte erfahren, dass er in einem sowjetischen Gefangenenlager interniert war. Das galt natürlich nicht als Garantie, dass er noch am Leben war. Nachricht von ihm kam sehr selten, und wenn endlich eine Postkarte, rationiert und mit einer maximalen Anzahl von Wörtern beschrieben, vom Postboten abgeliefert wurde, bedeutete es auch nicht, dass er noch lebte. Oma und Opa sorgten sich um ihre drei Söhne – meinen Vater, dessen Zwillingsbruder, von dem seit über einem Jahr keinerlei Lebenszeichen zu ihnen gelangt waren, und um ihren jüngsten, von dessen Verbleib auch schon ein Jahr lang nichts bekannt war. Richard, Vaters Zwillingsbruder, galt schließlich als vermisst; bis heute hat die Familie über sein Schicksal nichts erfahren. Und Horst, Omas „Nesthäkchen", fiel in Belgien, einige Tage vor der Kapitulation.

Die gehäkelten Schuhe mit Strohsohlen waren definitiv im Winter nicht zu gebrauchen. Mutti musste sich etwas anderes einfallen lassen. Ein Paar ausgediente Stiefelchen, die irgendwo lagerten, deren Sohlen total abgenutzt und durchlöchert waren, kamen zum Schuhmacher, der Sohlen aus Holz vom Tischler bekam. Er befestigte die Holzsohlen mit Drahtkrampen, weil er keine Nägel hatte. Um die Holzsohlen am oberen Teil der Schuhe befestigen zu können, brauchte er einen etwa einen Zentimeter breiten Saum von der Schuhkappe. Das bedeutete, dass meine Stiefelchen zwar eine stabile Holzsohle bekommen hatten, aber meine Füße hatten nicht mehr genug Platz darin. Ich musste ständig die Zehen einziehen. Immer taten mir die Füße weh. Ich musste diese viel zu kurzen Schuhe ein ganzes Jahr lang tragen. An die ständigen Schmerzen in beiden Füßen gewöhnte ich mich ziemlich schnell. Die nächsten Schuhe waren zwar lang genug, aber sie hatten eine Zwischensohle aus Pappe, die Decksohle war also an einer Pappsohle festgenagelt. Beim Schlittschuhlaufen auf Brökers Teich, wo sich seit zwei Tagen bei Tauwetter Pfützen auf der noch sehr stabilen, dicken Eisfläche gebildet hatten, erlebte ich eine Katastrophe. Die an den Sohlen festgeschraubten Schlittschuhe trennten sich von den Schuhen. Ich watschelte im eiskalten Wasser. Ich konnte nicht verstehen, was passiert war. Ich sah nur, wie meine Schlittschuhe mitsamt den Sohlen vor mir in der Pfütze lagen. Ich geriet in Panik. Ich hatte meine Schuhe ruiniert und traute mich nicht, so nach Hause zu gehen. Diese Angst vor Strafe wegen der ruinierten Schuhe war unerträglich. Ich weinte während des Heimwegs, ohne mir eine Verschnaufpause zu gönnen. In meinem Kopf spukten schreckliche Szenarien. Ich würde nicht mehr zum Schlittschuhlaufen oder zum Rodeln nach draußen gehen dürfen, ich würde noch andere Strafen dazu bekommen und vor der ganzen Familie beschimpft werden, weil ich nicht einmal auf meine Schuhe aufpassen konnte. Es kam aber ganz anders. Selbst Oma sagte kein böses Wort, sie lamentierte nur, dass es ja wohl ein Unding sei, Pappe als Schuhsohle zu benutzen. Ja, und Mutti – wie immer weinte sie und tröstete mich, ich hätte ja nicht die Schuld an dieser Misere. Nur davon hatte ich aber noch lange keine brauchbaren Schuhe. Der Schuster reparierte meine Schuhe. Womit? Na klar, wieder mit einer Pappsohle! Bis zum nächsten Aufweichen der Pappe, und der gleiche Vorgang wiederholte sich. Im Frühjahr 1947 gab es dann die Sensation! Da bekamen Harm und ich Igelit-Schuhe. Bei warmem Wetter wurde diese Fußbekleidung butterweich und stank erbärmlich. Die Füße darin schwitzten wie im Backofen, und es bildete sich unvermeidlich ein übel riechender Ausschlag. Bei Kälte wurden die Igelit-Schuhe glashart. An den Knöcheln und an den Fersen bildeten sich schmerzhafte Hautabschürfungen, die sich häufig bös entzündeten. Was für eine Qual! Und als ob das nicht schon genug wäre, bekamen wir beide Igelit-Regenmäntel. Die waren, ähnlich wie die Schuhe aus gleichem Material, steif wie aus Glas. An Hals und Handgelenken bekamen wir Schürfwunden. Wir versuchten, diese Pein zu vermeiden, indem wir unsere Hälse reckten und die Arme ausstreckten und strengten uns an, sie nicht zu bewegen, aber das ging überhaupt nicht. Kurzum, Igelit-Schuhe und –mäntel waren für uns regelrechte Folterbekleidung. Und weil es nichts anderes gab, mussten wir die Qual erdulden.

Am 1. Juni 1947, dem ersten Internationalen Kindertag der Nachkriegsgeschichte, gab es ein „Kinderfest". Alle Schulkinder bekamen einen Bückling! (Das einzige verfügbare Lebensmittel, von der Fischverarbeitungsfabrik für die Schüler der Schwaaner Ossenschaul (Ochsenschule) gestiftet!) Harm, als Schüler der ersten Klasse, hatte ein Anrecht auf diesen Leckerbissen. Ich sollte ja erst im September eingeschult werden, also bekam ich keinen Bückling. Ich hatte schrecklichen Hunger und jammerte ununterbrochen und bettelte: „Harm, gib mir was von dem Bückling ab!" „Nein, meine liebe Schwester, das geht nicht. Nur Schulkinder haben einen Bückling bekommen. Du musst bis zum nächsten Jahr warten, dann kriegst du auch einen Bückling". „Ich kann aber nicht mehr warten. Jetzt hab ich Hunger und nicht im nächsten Jahr! Gib mir ein Stück ab!", kreischte ich. Harm tat, als ob er nichts gehört hätte und roch genüsslich an seinem Bückling. Vorsichtig, um nichts zu vergeuden, zupfte er die Schwanzflosse ab, legte seinen Kopf in den Nacken und aß den Fisch langsam, sehr langsam auf. Ich starrte auf den Bückling, sah, wie immer weniger von ihm noch nicht in Harms Mund abgetaucht war, und als nur noch der Kopf fehlte, um in seinem Schlund zu verschwinden, sprang ich hoch und riss Harm den Bücklingskopf aus der Hand, stopfte ihn mir in den Mund und schluckte ihn unzerkaut runter. „Gib ihn mir sofort zurück! Der gehört mir, du hast noch kein Anrecht darauf! Los, gib ihn mir wieder!" schrie Harm. Genüsslich streichelte ich meinen Bauch und erwiderte: „Der ist jetzt hier drin, versuch doch mal, ihn raus zu kriegen! Ätsch, jetzt hab ich auch von dem Bückling was abgekriegt. Hat prima geschmeckt!". Harm war jetzt echt wütend geworden. Seine Schwester hatte ihn bestohlen, das durfte nicht ungestraft bleiben. Mutti versuchte, uns streitende und keifende Geschwister zu beruhigen und – wie so oft – rannen ihr die Tränen übers

Gesicht. Was für ein blöder Kindertag!

Harm und ich, wir beiden Großen, waren zwar erst sieben und sechs Jahre alt, aber wir hatten schon eine Reihe von Verpflichtungen aufgebürdet bekommen. Das war in jenen Zeiten unmittelbar nach Kriegsende normal. Auch für uns Kinder war es normal, wir kannten ja nichts anderes.

Eine der unangenehmsten Aufgaben, die Harm und ich täglich gestellt bekamen, war das Milchholen. Säuglinge und Kleinkinder erhielten eine begrenzte Milchration – Vollmilch und Magermilch - die täglich im Milchladen, mal von Harm, mal von mir abgeholt werden musste. Vor dem Milchladen wartete immer eine lange Menschenschlange. Ganz gleich, ob es noch früh oder schon etwas spät war, immer mussten wir geduldig warten, bis die Verkäuferin unsere Ration in die Vollmilch- und Magermilchtöpfe schüttete. Dazu benutzte sie Schöpfkellen, in die ein halber Liter oder ein Viertelliter passte – je nach Ration, die uns zustand. Und die Milch befand sich in drei großen Metallfässern – eins für Vollmilch, eins für Magermilch und eins für Molke, die es manchmal ohne Rationierung gab. Es kam vor, dass die Milchfässer leer waren, wenn Harm oder ich an der Reihe war. Dann gab es zu Hause immer ein schreckliches Theater. „Du hast zu lange rumgebummelt" oder „Warum bist du nicht früher zum Milchladen gegangen?"

Um den langen Weg bis zum Milchladen abzukürzen, nahmen Harm und ich den „schwarzen Weg", der parallel zum Bahngleis verlief. Rechts des Weges war die

Mauer neben den Gleisen, und links wuchs eine durchgehende, etwa zweihundert Meter lange Hecke, die jeglichen Blick auf die dahinter liegenden Schrebergärten, Gartenlauben und Wohnhäuser versperrte. Ein ideales Angriffsrevier für unsere grausamen Jäger. Wir konnten zwar viel schneller in den Laden kommen, als wenn wir den Umweg über die Stadt nahmen, aber es lauerten ständig große Gefahren auf uns. Es gab wohl keinen Tag, an dem nicht mehrere große Kinder uns auflauerten und uns schikanierten. Mit Knüppeln bewaffnet oder einfach durch grimmige Gesten erreichten sie ihr Ziel, uns in Panik zu versetzen. Sie rissen uns die Milchtöpfe aus den Händen, tranken einen großen Teil der Milch aus oder sie jagten hinter uns her und zwangen uns, in Todesangst nach Hause zu wetzen, oder sie schlugen uns, wobei die kostbare Milchration immer in Gefahr war, ausgeschüttet zu werden. Am schlimmsten war es, wenn ich allein die Milch holen musste. Davor graute mir, denn die bösen Angreifer warteten nur auf so eine günstige Gelegenheit. Ein sechsjähriges Mädchen, das sich vor Angst fast in die Hose machte und drei große starke Jungen, die sich daran ergötzten, es zu quälen.

Der Krieg war zwar schon zwei Jahre vorüber, aber wir Kinder spielten immer noch Krieg oder richtiger gesagt, wir wurden dazu gezwungen. In unsrer Nähe wohnten mehrere kinderreiche asoziale Familien. Die Jungen waren es auch, die uns beim Milchholen schikanierten. Alle waren sie älter als Harm und ich. Sie vertrieben sich die Zeit damit, uns den Krieg zu erklären und an uns ihre sadistischen „Spielchen" auszukosten. Glücklicherweise hatte diese Bande noch andere Aktionsreviere, so dass sie uns nicht jeden Tag heimsuchte.

Wir verbrachten auch wunderbare Zeiten beim Spielen auf der Straße. Es gab keine Autos, Pferdefuhrwerke bewegten sich langsam, so dass wir rechtzeitig die Straße räumen konnten, wenn sich so ein Gefährt näherte. Auf der Straße spielten wir Völkerball. Dazu brauchten wir allerdings den Besitzer des einzigen Balls in unserer Nachbarschaft. Der bestimmte dann natürlich auch, wer zu seiner Mannschaft gehören durfte. Ich musste immer bis zum Ende der Wahl warten. Ich war ja nur ein Mädchen, dazu noch die kleinste von uns allen. Ich konnte froh sein, wenn ich überhaupt mitspielen durfte. Der Ballbesitzer hatte dann seine Freude daran, mich mit grausam scharfen Ballwürfen zu bombardieren. Wenn so ein Wurf ins Gesicht oder in die Magengegend sauste, hatte ich schlimme Schmerzen auszuhalten. Aber das hielt mich nicht davon ab, immer wieder zum Völkerballspielen auf der Matte zu stehen.

Im Frühjahr spielten wir Brummkreisel-Tanzen- lassen. Das Problem war nur, wir hatten keinen Brummkreisel. Daher zogen Harm und ich in den Wald und suchten eine Menge uns geeignet scheinender Kiefernzapfen. Wenn wir Glück hatten, konnte der eine oder andere davon tatsächlich tanzen. Das andere Problem war – wir hatten keinen Bindfaden, um eine geeignete Peitsche anzufertigen. Es gab nur Papierband. Das war nicht nur sehr dick und steif, sondern es löste sich auch ganz schnell in Wohlgefallen auf. Nach vier oder fünf Versuchen, den Tannenzapfen zum Tanzen zu bringen, riss das Papierband entzwei, und das Spiel war aus.

Ebenfalls im Frühling spielten wir „Trünnelreifen". Blechreifen von Heringsfässern oder Felgen – super! - eines ausrangierten Fahrrades waren unsere Reifen. Zum Rollen brachten wir sie, indem wir mit einem Stock vom Haselnussbusch gegen den Reifen schlugen. Mit den rollenden Reifen an unserer Seite rasten wir die Straßen hoch und runter, bis wir keine Puste mehr hatten und Seitenstechen uns zwang, eine Pause zu machen. Das spielten wir stundenlang.

Murmeln spielen war auch ein großer Frühlingsfavorit. Es gab noch keine bunten Glaskugeln. Unsere Murmeln waren hellgraue mit etwas Rot und Blau gesprenkelte Kugeln aus gebranntem Ton. Davon gab es zwei Größen: die kleinen, mit etwa einem Zentimeter Durchmesser, waren einen Pfennig wert, die großen, etwa doppelt so großen, wurden mit fünf Pfennig bewertet. Zwei Kinder spielten gegen einander. Ein etwa zehn Zentimeter tiefes und ebenso breites Loch war das Ziel. Eine Strecke von vielleicht zwei Metern wurde mit einer Startlinie abgezeichnet. Da hatten die Spieler sich hinzustellen. Dann galt es, eine Murmel so dicht wie möglich an das Loch zu werfen. Bei Glück schaffte man es, mit dem ersten Wurf die Murmel ins Loch zu bugsieren. Das kam aber sehr, sehr selten vor. Der Spieler, der begonnen hatte, musste nun versuchen, die Murmel des anderen ins Loch zu stoßen. Quatsch, so war es nicht! Ich hab's tatsächlich vergessen, wie das Murmelspiel ging. Ich weiß nur noch, dass ich tagelang eine dicke Erdkruste am rechten Zeigefinger hatte, jeden Abend nach Spielende mit Nagelbürste und Tonseife die Dreckschicht bearbeiten musste, um die Hände wieder sauber zu bekommen und dass ich fast immer eine reiche Beute mit nach Hause brachte. Ich war eben sehr geschickt beim Murmelspielen. Und als es dann die ersten wunderschönen bunten Glaskugeln gab, gehörte ich zu den reichsten Kindern unseres Reviers, obwohl ich gar keine Glaskugeln als Einsatz besessen hatte. Ich konnte die schönsten Glaskugeln Dank meiner Geschicklichkeit gewinnen. Manchmal gab es ein grässliches Gezanke und Gezeter beim Murmelspielen, wenn zum Beispiel der Verlierer seine Schätze im Murmelbeutel des Gegners verschwinden sah und den Verlust einfach nicht ertragen konnte. Dann hieß es: „Du hast geschummelt! Gib mir meine Murmeln zurück!" So manch unglücklicher Verlierer vergoss Krokodilstränen, rannte nach Hause und kam mit seiner Mutter zurück an den Ort des Geschehens, die dann die Rückgabe der Murmeln verlangte. Nicht immer waren solche Reklamationen erfolgreich, die meisten Mütter hatten anderes zu tun, als ihren jammernden Söhnchen die verlorenen Murmeln zurückzuholen.

Auch das Angeln von Stichlingen war eine unserer beliebten Sommerbeschäftigungen. Dazu sammelten Harm und ich Regenwürmer, beschafften uns jeder eine schöne lange Haselrute und befestigten daran etwa einen Meter lange Papierbänder. Angelhaken und richtige Angelschnüre und –ruten gab es ja nicht. Wir legten je einen Regenwurm in eine Öse des dicken, steifen Papierbandes, am Ende dieser einzigartigen „Angelschnur". Man konnte mit unserem zur Angelschnur umfunktionierten Papierband keinen Knoten knüpfen. Der Regenwurm blieb in der Öse. Wir mussten nur aufpassen, dass die Enden des Wurmes gleich lang aus der Öse heraushingen. Innerhalb einer halben Stunde hatten wir unser großes, aus Omas Lager heimlich entwendetes Weckglas mit Dutzenden von Stichlingen gefüllt. Sie bissen sich an den Regenwurmenden fest, und wir konnten sie mühelos aus dem Wasser holen. Ein einziger Regenwurm brachte uns mindestens zehn Fische. Stichlinge angelten wir grundsätzlich nur an „Brökers Teich", einer ehemaligen Tongrube, die zu einer seit langem still gelegten Ziegelei gehörte. Die Grube hatte sich im Laufe der Jahre mit Wasser gefüllt. Sein Wasser war klar und sauber, und Stichlinge gab es zu Tausenden. Es ging die Sage, der Teich sei furchtbar tief und Kinder, die es wagten, dort zu spielen oder gar in ihm zu baden, würden in die Tiefe gezogen und kämen nie wieder raus. Ich glaube, man erzählte uns Kindern solche Geschichten, damit wir nicht am Teich spielten oder sogar reinsprangen und schwammen. Aber mit dem Badeverbot in „Brökers Teich" erreichten unsere Eltern natürlich ganz das Gegenteil von dem, was sie bewirken wollten. Wir badeten in dem Teich, wir angelten in ihm Stichlinge, und wir kullerten kopfüber vom etwa dreißig Meter hohen, sehr steilen Abhang bei der Obotritenhöhe runter. Dieser „Koppheister-Berg" aus reinstem, feinem, hellgelbem Sand endete direkt an der angeblich tiefsten Stelle. Da war der Teich „abgrundtief", sagte man uns. Einen schöneren Spielplatz konnten wir nirgends finden. Nach dem stundenlangen Koppheisterschießen, bei dem wir kreischten und grölten wie die Verrückten, waren wir von Kopf bis Fuß voller Sand. Auf den Köpfen sammelten sich die größten Sandmengen an – wie gepuderte Perücken - und eine beachtliche Menge fanden wir in den Schuhen und im Bett. Natürlich gab es wieder Schimpfe, wenn überall Beweise unserer illegalen Spiele zu finden waren, aber Muttis Schimpfe taten nicht weh.

Und Vater bekam Gott sei Dank nichts davon mit.
Ich weiß nicht mehr, wann die Springseilzeit war. Ob an warmen Frühlingstagen oder im Frühherbst, aber sicher ist, dass wir tagelang nichts anderes spielten als Seilhüpfen. Es gab keine Springseile zu kaufen, also schnitten wir ein Stück von der Wäscheleine ab. Das war natürlich nicht erlaubt, wir durften uns nur nicht erwischen lassen. Und wir wurden nicht erwischt. Stundenlang hüpften wir auf der Straße um die Wette. Es gab eine Reihe von unterschiedlichen Sprüngen – auf beiden Beinen, mit überkreuzten Beinen, auf einem Bein, rückwärts und vorwärts, mit überkreuzten Armen und viele andere.

Eigenartig! Unsere Spiele waren fast immer Wettkämpfe. Wir wetteiferten, wer am schnellsten laufen konnte, die meisten Murmeln gewann, mit dem „Trünnelreifen" am schnellsten ins Ziel rannte, die meisten Stichlinge angelte, den Brummkreisel die längste Zeit zum Tanzen brachte, beim Völkerball die meisten Bälle fangen konnte, am schnellsten mit dem Roller, Fahrrad oder mit den Rollschuhen raste...

Auf Stelzen liefen wir ebenfalls immer nur während einer bestimmten Jahreszeit. Nur wenige Kinder unserer Straße besaßen Stelzen. Diejenigen, die keine hatten, bekamen welche ausgeliehen. Das ging problemlos. Und alle, die mitmachen wollten, kamen irgendwann an die Reihe. Und selbstverständlich wetteten wir, wer am schnellsten auf Stelzen laufen konnte, wer es schaffte, auf einem Bein mit der Stelze zu hüpfen, rückwärts zu laufen, vom Trottoir auf die Straße zu springen. Ich mochte jede Art von Wettkämpfen. Fast immer hatte ich gute Chancen, zu den Gewinnern zu gehören.

Zu Sommerende und Herbstanfang bauten mehrere Bauern auf dem riesengroßen Platz neben Brökers Teich Hochhaus-Strohdiemen. Diese Strohtürme waren tatsächlich so hoch wie unser Schwaaner Kirchturm. Zumindest kam es uns so vor. Wenn so ein Diemen mehrere Etagen hatte, gab es für uns Kinder kein Halten mehr. Wir kletterten auf die höchste „Etage" und schossen koppheister bis zur untersten Strohballenschicht. Ich konnte nicht genug davon bekommen. Je höher desto besser. Es kribbelte im Bauch, wenn ich von soweit oben nach unten sprang, und ich musste ganz schnell wieder bis zur Turmspitze klettern und runtersausen. Hoch – runter, hoch – runter. Stundenlang. Wenn die Erwachsenen das gewusst hätten, ich glaube wir würden allesamt so eine Tracht Prügel bekommen haben, dass wir es nie wieder gewagt hätten, von den Strohdiemen runter zu springen. Oder vielleicht doch?

An Tagen, die zwar trocken aber nicht warm genug waren, um in der Badeanstalt unsere Freizeit zu verbringen, spielten wir „Wer fürchtet sich vorm schwarzen Mann?" Oder „Häschen in der Grube", oder „Taler, Taler, du musst wandern". Die Jungen machten dabei natürlich nicht mit. Das waren Mädchenspiele. Ich fand sie auch ziemlich langweilig. Ich brauchte Spiele, bei denen ich meine überschüssigen Energien abarbeitete. Ich musste rennen, springen, klettern, turnen, aber auch singen und Theater spielen. Die letzten schönen Haarschleifen aus „Friedenszeiten" gingen dabei verloren. Meine total glatten Harre boten ihnen keinen Halt. Haarspangen, die die Haare und die Schleife hätten zusammen halten können, gab es nicht. Also rutschten die Schleifen, ohne dass ich es merkte, ganz von alleine raus, waren nicht wieder zu finden, und zu Hause gab es Schimpfe. Oma hielt ihre Strafpredigt und zeterte. „Du bist doch kein Junge, kein Raufbold! Du bist ein Mädchen! Es schickt sich nicht, immer mit Jungen zu spielen!"

Ich hasste die Sonntagskleider. Jeden Sonntag verdarben sie mir den Spaß. Ich durfte nämlich sonntags nicht toben, nicht klettern, nicht rennen. Das Sonntagskleid könnte ja schmutzig werden oder es könnte ein Loch, ein Riss entstehen, wenn ich trotz des Verbotes meine Klettersucht nicht bremsen konnte. Wenn ich dann wieder einmal an einem Sonntag mit zerrissenem Kleid nach Hause kam, hielt mir Oma ihre gewohnte Predigt, in der sie mir meine unanständige Wildheit vorwarf und mir den Rat gab, ich solle mir doch ein Beispiel an meiner Cousine Erika, der Tochter von Vaters Zwillingsbruder, nehmen, die so ruhig, so gesittet, so lieb, so häuslich und artig war. Na ja, Omas Liebling. Das fehlte gerade noch! Ich sollte wie Erika sein? So was Langweiliges! Nicht auszuhalten! Wenn Erika bei uns zu Besuch war, beschäftigte sie sich mit all den Hausarbeiten, die mir ein Graus waren. Eine Miniatur-Hausfrau! Sie hatte nie einen Riss im Kleid, Sie kletterte nie auf einen Baum. Als sie zufälliger Weise mal beim Versteckspiel mitmachte, fiel sie doch glattweg in die Jauchegrube. Ihr schönes weißes Kleid war kackbraun.

Oh, Gott, wie sie stank! Nur gut, dass das Malheur im

Sommer passierte. Es war warm. Eine große Zinkwanne voller Wasser stand auf dem Rasen. Eigentlich sollten wir Kinder nach unserer Toberei darin baden. Nun wurde Erika in der Wanne von der Jauche befreit. Zwei Mal musste das Badewasser gewechselt werden, bis sie wieder die saubere, schöne, in Hausarbeiten verliebte Erika war.

Erika hatte dicke, lange Zöpfe. Meine Haare konnten nur mit einer Bubikopf-Frisur einigermaßen in Schuss gehalten werden. Oma wollte, dass ich auch meine Haare wachsen lassen sollte, um Zöpfe zu haben, wie es sich für ein gutes Mädchen gehört. Mein rebellischer Kopfschmuck ließ Omas Wunschvorstellung von Monika mit „Erikazöpfen", bald platzen.

Meine Haare waren schon lang genug, um sie zu flechten, aber ganze Haarsträhnen rutschten einfach aus dem Geflecht heraus. Mutti versuchte es mit einem Trick: sie flocht auf jeder Kopfseite zwei Zöpfchen und band sie an ihrem Ende jeweils zu einem zusammen. Ich hatte zwei Paar abstehende Rattenschwänzchen, und auch die blieben nicht lange Zeit geflochten. Sie lösten sich auf, und das sah furchtbar aus. Ich versuchte, meinen Zöpfchen auf die Sprünge zu helfen. Vor dem Spiegel zog ich an ihnen mit so einer Wut, dass der Kopf wehtat. Ich hoffte, die Rattenschwänze würden länger werden, wenn ich nur ausreichend an ihnen zerrte. Nach mehreren erfolglosen Versuchen gab ich mich geschlagen. Monika und Zöpfe – das ging gar nicht! Kurz entschlossen holte ich Muttis Nagelschere und zipp-zapp schnitt ich die unansehnlichen Rattenschwänze ab. Im Spiegel sah ich mich, oh Schreck, mit vier runden, kahlen

Stellen auf der Kopfhaut. Als Mutti mich so sah, fing sie – wie so oft – wieder an zu weinen. „Aber Monika, was hast du da getan!" Als ob man das nicht sehen konnte! „Ich habe die hässlichen Zöpfchen abgeschnitten!" „Wie siehst du aus? Das ist ja furchtbar! Was sollen wir jetzt mit dem verhunzten Kopf machen?" Mutti schickte mich zu Frisör Stein, dem Familienhaarschneider. Herr Stein schüttelte nur mit dem Kopf. „Also ich weiß nicht, was ich machen soll. Ich bin ja kein Zauberer. Die vier Löcher werden erst wieder verschwunden sein, wenn Haare über die glattrasierten Stellen gewachsen sind. Das wird ein paar Wochen dauern". Ich musste tatsächlich den Spott aller Spielkameraden ertragen, aber das machte mir nicht allzu viel aus. Sie gewöhnten sich bald an meine sonderbare Frisur.

Seit Kriegsende wartete Mutti ständig auf Nachricht von unserem Vater. Auch der Radio-Suchdienst des Deutschen Roten Kreuzes wurde von Oma, Opa und Mutti regelmäßig abgehört. Schließlich waren noch zwei Söhne meiner Großeltern verschollen, und von meinem Vater erhielten wir so selten Nachrichten, dass Mutti jedes Mal, wenn eine Karte von ihm ankam, nicht sicher sein konnte, ob er überhaupt noch lebte. Die Post aus der russischen Gefangenschaft war Monate lang unterwegs. Es war immer ein Hoffen und Bangen. Der letzte Brief, den Mutti von ihm bekam, war eigentlich kein Brief, sondern eine Karte. Ein Mitgefangener hatte Vater gezeichnet. Mit Bleistift. Mutti war ganz aus dem Häuschen und – wie so oft – weinte vor Freude und Angst. War er noch am Leben, als die Karte kam? Und auch der Text auf der anderen Seite der Karte war mit Bleistift geschrieben. Mit einem sehr angespitzten

Bleistift, denn sonst hätte man die winzig kleinen Buchstaben nicht entziffern können.

Eines Tages im September oder Oktober 1947, es war gegen vier Uhr morgens, wurden wir Kinder von großem Lärm aus dem Erdgeschoss, wo Oma und Opa wohnten, geweckt. Oma rief ein ums andere Mal: „Herwig ist da! Er ist zurück! Oh, mein Gott, er ist zurück!" Zu ihren Jubelrufen gesellten sich die von Mutti. Harm und ich standen oben an der Treppe und konnten uns keinen Reim auf das Geschrei von unten machen. Herwig, erst vier Jahre alt, schlief trotz des Lärms weiter. Und dann kam Mutti die Treppe hochgestürmt. „Kinder, kommt schnell runter, Vati ist wieder da!" Wir kamen nach unten und sahen einen Mann, dessen Kopf aussah wie ein kugelrunder Kürbis mit einem Zentimeter kurzen Haaren. Ein langer Lulatsch, bekleidet mit einem bis zu den Knöcheln reichenden Russenmantel. Am rechten Fuß trug er einen Holzschuh, dessen Oberteil mit Sackleinwand-Flicken zusammen geschustert war, am linken Fuß trug er einen Schaftstiefel. Den rechten hatte man ihm im Zug, als er vor Erschöpfung eingeschlafen war, vom Fuß gezogen. Einfach geklaut. Vielleicht hatte der Dieb nur ein rechtes Bein und besorgte sich einen guten Stiefel dafür. Den gestohlenen Stiefel tauschte er durch den Holzschuh aus. Er hatte Glück gehabt, denn Vater war nicht aufgewacht.

Das ganze Theater sah zum Erschrecken aus. Dieser Mann nahm Harm und mich abwechselnd in den Arm, und dann ging er die Treppe rauf ins Schlafzimmer, wo Herwig noch in seinem Kinderbettchen schlief. Er sah ihn sich an – der erste Blick auf sein Kind, das er noch nie gesehen hatte. Unser Vater ging wieder nach unten. Es musste ja noch so furchtbar viel geredet werden. Alle Angehörigen, die in der Nähe wohnten, Nachbarn und Freunde kamen, um die Rückkehr meines Vaters aus dreijähriger Gulag-Gefangenschaft zu erfahren, ihn zu begrüßen, ihn sich anzuschauen und die gute Botschaft schnellstens und lauthals weiter zu verkünden.

Vati brachte Harm und mir ein wunderbares Geschenk mit: ein Buch mit schönen bunten Bildern. Harm konnte schon lesen, und mit Engelsgeduld las er mir aus dem Buch vor. Die Geschichte handelte vom Fuchs und dem Igel, wobei der Fuchs trotz seiner Schläue, Größe und Schnelligkeit immer wieder vom Igel ausgetrickst wurde. Das gefiel uns außerordentlich. Obwohl ich die Geschichte nun schon kannte, wollte ich, dass sie mir immer und immer noch einmal vorgelesen wurde. Harm und ich spannen bald die Handlung weiter aus, und dann hatte der Igel so viel Erfolg, dass der Fuchs uns manchmal schon richtig leidtat.

Vati hatte uns noch ein anderes Geschenk mitgebracht: eine kleine Konservendose, bis zum Rand mit braunem Rohzucker gefüllt. So viel Zucker für uns allein hatten wir noch nie gehabt. Harm und ich beschlossen, den Zucker nicht auf einmal und auch nicht jetzt gleich zu verschlingen, dann wäre er ja ganz schnell aufgegessen. Nein, wir wollten jeden Tag ein wenig vom Zucker genießen.

Wir ließen die Zuckerdose im Schlafzimmer, auf einem Regal über Herwigs Bettchen. Herwig hatte seinen Mittagsschlaf beendet, und da weder Mutti noch Harm oder ich ihn rausholten, spielte er erst mal ein Weilchen. Dann fiel sein Blick auf die Zuckerdose. Er reckte sich nach ihr, bekam sie zu fassen, setzte sich und futterte den kostbaren Zucker auf, ohne auch nur ein Körnchen in der Dose zurück zu lassen. Die war ratz-fatz leer! Harm und ich waren dermaßen aufgebracht, wütend und außer Kontrolle geraten, dass Mutti Herwig beschützen musste und dann all ihre Geduld und Überzeugungskraft aufbrachte, um uns beide wieder zur Vernunft zu bringen. Es hat lange gedauert, bis wir der Wunder-Zuckerdose nicht mehr nachtrauerten.

Zur Feier des Tages opferte Opa ein Huhn. Mit Rückkehrern aus russischer Gefangenschaft war in Sachen Ernährung Vorsicht geboten. Die Kunde ging um, dass unterernährte, von Wassersucht gezeichnete Ex-Gefangene wie unser Vater, den Tag nach der Rückkehr nicht überlebten, weil sie viel zu fettes und schwerverdauliches Essen in Unmengen gegessen hatten und ihre total überforderten Körper kollabierten, was den Tod zur Folge hatte. Mit unserem Vater durfte so etwas nicht passieren. Oma und Mutti putzten Möhren, Sellerie, Porree, Petersilienwurzel, und Zwiebeln, alles aus eigener Ernte. Mutti präparierte das Huhn und kochte eine wunderbare Suppe, die Vati gut bekam. Nach und nach wurde aus dem Wasserkopf ein normaler Schädel, die Ödeme an Armen, Beinen und Rumpf verschwanden, und unser Vater war wieder ein ganz normaler Mann. Zumindest das Sichtbare war wieder normal.

Für uns Kinder begann eine harte Zeit mit unserem Vater. Er ertrug weder das laute Kinderlachen noch das

Herumtoben. Und wir lachten sehr häufig und tobten mit Leidenschaft. Irgendwie musste der kindliche Bewegungsdrang doch erschöpft werden! Es gab keine Spielsachen. Unsere Phantasie musste an deren Stelle eingesetzt werden. Aber wir hatten Schätze, die man nicht zu kaufen braucht und die uns immer zur Verfügung standen. Wir fühlten uns wie die Besitzer des großen Gartens mit seinen vielen Bäumen, Büschen, und dem großen Lagerhaus mit seinen vielen dunklen Räumen und dem Heuboden. Da waren die Gartenlaube, der Hühnerstall, der Holzschuppen – alle boten wunderbare Möglichkeiten uns auszutoben. Wenn uns dies alles nicht reichte, zogen wir in den Wald. In nur zehn Minuten zu Fuß konnten wir ihn erreichen, Wir trafen uns mit unseren Spielkameraden an den nahe gelegenen Teichen oder am Warnowufer und schufen uns unsere eigene Welt. Aber vor allem hatten wir Kinder der Familien Krause und Dreyer den großen Garten vor, hinter und ums Haus herum. Dazu auch noch die Straße, die mangels Autoverkehr – es gab keine Autos, höchstens Pferdefuhrwerke, die bei uns vorbei fuhren – hervorragende Möglichkeiten bot, uns auszutoben, unserer Phantasie freien Lauf zu lassen und die entbehrungsvolle Zeit der ersten Nachkriegsjahre trotz aller Knappheit ziemlich unbeschadet zu verbringen.

In der Nähe unseres Vaters durften wir nicht toben. Spielen in den Treibhäusern: Verboten! Reden oder Lachen am Mittagstisch: Verboten! Es fiel uns schwer, uns an Vaters Dasein und die neue Ordnung zu gewöhnen. Er etablierte eine Militärdiktatur in unserer Familie. Ich war sechs, Harm sieben und Herwig noch keine vier Jahre alt. Herwig, der als Frühchen geboren war und oft kränkelte, hatte am meisten darunter zu leiden, denn Vater konnte nicht akzeptieren, dass sein Sohn nicht kerngesund wie wir beiden Großen war, dass er unruhig schlief und dadurch Vaters Schlaf störte, dass er an Muttis Rockzipfel hing und oft weinte.

Pünktlich um 12°°Uhr hatten wir Großen vor dem Esstisch wie kleine Rekruten stramm zu stehen, unsere Hände zur Kontrolle der Sauberkeit vorzuhalten, und wehe, die Spuren unseres Spiels im Dreck waren noch an den schmutzigen Fingernägeln zu erkennen! Es gab Dresche. Das waren wir nun gar nicht gewöhnt. Mutti konnte uns nicht schlagen. Sie verstand es immer, uns zur Raison zu bringen, ohne auch nur eine Hand gegen uns zu erheben. Ihre Methode war von Geduld und überzeugendem Erklären unseres Fehlverhaltens geprägt. Vaters Methoden waren die des Kasernenhofes. Harm und ich und später auch Herwig wurden angeschrien und bei jeder auch noch so banal scheinenden Übertretung der Regeln geschlagen.

Ich weiß nicht, wie oft ich vom Esstisch aufstehen musste, nicht weiter essen durfte, weil ich einen Lachkrampf nicht stoppen konnte. Ich wusste genau, dass ich bestraft werden würde, aber je mehr ich mich anstrengte, nicht zu lachen, desto lauter prustete ich in die vorgehaltenen Hände, bis das Lachen in Weinen endete. Oft passierte es, dass Harm und ich zusammen den Tisch verlassen mussten. Wir saßen uns gegenüber, schauten uns an, und schon übermannte uns ein Lachkrampf, den wir einfach nicht abstellen konnten. Vater packte uns am Kragen oder am Haarschopf, versetzte uns beiden eine deftige Ohrfeige und befahl uns zu verschwinden. Wir rannten aus dem Esszimmer, setzten uns bedeppert in eine Ecke auf dem Flur und trauerten dem entgangenen Essen nach. Mutti hat uns fast immer die verpasste Mahlzeit aufbewahrt und klammheimlich gegeben, wenn Vater nicht in der Nähe war. Gegen Vaters cholerische Anfälle, sein Gebrüll und die Schläge, die er an uns verteilte, konnte Mutti nichts, aber auch gar nichts ausrichten. Sie hatte ihr gesamtes Hab und Gut im Krieg verloren, sie und ihre Kinder hatten bei Oma und Opa, ihren Schwiegereltern, Unterschlupf gefunden, und sie musste ihre untergeordnete Stellung akzeptieren. Eigenständigkeit, Selbstbestimmung, eigene Wünsche gab es für sie nicht.

Die Sommerferien waren immer das Schönste am Schulleben. Die meisten Ferientage verbrachten wir in der Schwaaner Badeanstalt. Die Warnow, der Fluss, der in Rostock-Warnemünde in die Ostsee mündet, bildete dort, wo die Badeanstalt eingerichtet wurde, eine Bucht. Das Ufer der Bucht wurde begradigt, die Böschung mit schönen Blumen und kurzen Hecken bepflanzt. Ein breiter, mit Ostseesand aufgeschütteter Weg, verlief parallel zu der rechteckigen Uferbefestigung. Von diesem Weg aus führte seitlich ein etwa dreißig Meter langer Steg in das Wasser, an dessen Ende ein Sprungturm mit Sprungbrettern von einem, drei und fünf Metern Höhe errichtet war. Von der Mitte des Weges aus führte ein weiterer Steg von gleicher Länge ins Wasser. Zwischen diesen beiden Stegen war der flache Bereich noch mit Meeressand aufgeschüttet, damit die Nichtschwimmer sich gefahrlos in diesem Revier tummeln konnten. Der Nichtschwimmerbereich war mit mehreren zusammengeketteten Pfählen vom tiefen Wasser abgegrenzt. Parallel zum Mittelsteg, genau fünfzig Meter davon entfernt, also am anderen Ende des Weges, war ein dritter Steg. In diesem fünfzig Meter langen Bereich fanden Schwimmwettkämpfe statt, und die Schwaaner Wasserballmannschaft lieferte sich hier Schlachten mit Spielern aus der Region.

Auf einer Anhöhe, genau in der Mitte der Anlage, umringt von sehr alten Kiefern, befand sich ein Restaurant, in dem wir unsere letzten gesparten Pfennige für Fassbrause ausgaben. Die schmeckte wunderbar.

Unsere Badeanstalt hatte auch sehr praktische Umkleidekabinen, die wie kleine Reihenhäuser aussahen. Für 20 Pfennig konnte man eine Kabine mieten. Um nicht so viel bezahlen zu müssen, teilten wir uns den Betrag unter vier Kindern auf. Bezahlen musste aber nur einer. Der Bademeister erlaubte nicht die Benutzung der Kabinen für eine Gruppe. Jeder einzelne sollte die 20 Pfennig bezahlen. Wir durften uns nicht erwischen lassen. Das schafften wir immer.

Ich war noch nicht sieben Jahre alt, als ich schon Schwimmen lernte. Ich ganz alleine. Meine drei Jahre ältere Cousine Kika hatte einen Korkschwimmgurt, der ihr beim Schwimmenlernen eine große Hilfe war. Ich war richtig neidisch, hätte liebend gern auch so einen Gurt gehabt, aber ich musste ohne diese Hilfe auskommen. Ich passte genau auf, welche Bewegungen Kika und andere Kinder beim Schwimmenlernen machten und versuchte, es ihnen nachzutun. Kika meinte: „Fang erst mal mit Hundepaddeln an!" „Wie geht das?" wollte ich wissen. „Sieh mal, da vorne schwimmt ein Dackel, du musst mit den Armen und Beinen genauso strampeln wie der Hund".

Meine ersten Versuche waren noch nicht der Rede wert, aber allmählich traute ich mich, die Füße vom Boden zu heben. Ich strampelte wie besessen. Anfangs habe ich eine Menge Wasser geschluckt, und ich reckte den Hals dermaßen, dass er mir bald wehtat. Aber bald konnte ich mit jedem Hund um die Wette paddeln, und allmählich, nach genauem Hinsehen, lernte ich auch die korrekten Arm- und Beinbewegungen beim Brustschwimmen. Und dann konnte ich auch schon einen „toten Mann" machen. Dazu legte ich mich auf den Rücken, breitete Arme und Beine aus, und das Wasser trug mich, ich ging tatsächlich nicht unter. Das war eine phantastische Erfahrung. Jetzt waren mir im Wasser keine Grenzen mehr gesetzt. Der Sprungturm wurde mein Lieblingsplatz in der Badeanstalt. Zuerst das Einmeterbrett, dann die anderen. Ich begann mein Sprungvergnügen mit dem „Damensprung". Was für eine blöde Bezeichnung für einen Sprung ins Wasser! Was war daran damenhaft? Aber so wurde der einfache Sprung mit den Füßen zuerst ins Wasser und mit zugehaltener Nase genannt. Diese Sprungart probierte ich von allen drei Höhen. Das „Fünfer" wurde mein Lieblings-Sprungbrett. Ich kleiner Floh fühlte mich in fünf Meter Höhe dem Himmel nah, und ich genoss es, wenn ich beim Springen Kribbeln im Bauch fühlte. Vom Fünfer sprangen nur sehr wenige Kinder. Die meisten trauten sich nicht. Selbst die Jungen hatten Respekt vor dieser Höhe.

Nach dem „Damensprung" kam die A-Bombe vom Einmeterbrett. Mit Anlauf flog ich ins Wasser, die fest umschlungenen Beine bis ans Brustbein angewinkelt. Das Wasser klatschte und spritzte, und wir Kinder hatten einen Riesenspaß. Unser Gekreische und Jubelgeschrei konnte man wohl bis auf einen Kilometer Entfernung hören.

Ich wollte unbedingt den Kopfsprung lernen Das war nicht einfach. Alle Kinder, mit denen ich regelmäßig in der Badeanstalt schwamm und ins Wasser sprang, konnten keinen Kopfsprung. Sogar die älteren Jungen brachten ihn nicht zustande. Unser Fehler, den wir immer und immer wiederholten, war, dass wir beim Abspringen den Kopf in den Nacken warfen. Dabei kam jedes Mal nur ein perfekter Bauchklatscher raus. Und das tat weh.

Harm und seine Kumpels spuckten große Töne. Sie meinten allesamt, einen perfekten Kopfsprung fertig zu kriegen. Das stimmte gar nicht, sie machten auch nur Bauchklatscher. Ich forderte die Jungen auf, ihre Künste zu zeigen, aber sie kamen mir mit faulen Ausreden. Sie meinten, schon so oft ihre Sprungkünste bewiesen zu haben, und sie hätten keine Lust mehr darauf. „Monika, zeig uns doch mal, wie gut du den Köpper machst". Ich wollte nicht hinten anstehen und prahlte: „Ich kann ihn genau so gut wie ihr". „Das musst du uns beweisen!" Da ich zögerte, begannen sie, mich zu locken: „Wenn du einen Kopfsprung machst, zahlen wir dir 20 Pfennige!" „Das glaub' ich nicht, ihr habt gar kein Geld bei euch, ihr lügt!". „Nein, wir lügen nicht. Wir zahlen dir 20 Pfennige, aber nur, wenn du einen Kopfsprung machst!" Ich sprang und klatschte längelang aufs Wasser. Ein teuer verdienter Kopfsprung, dachte ich. Hals, Brust, Bauch und Beine waren knallrot. Es tat verdammt weh. „So, jetzt gebt mir die 20 Pfennige!" „Wofür denn?" „Ich habe einen Kopfsprung gemacht. Und ihr habt mir versprochen, 20 Pfennige dafür zu zahlen!" „Ja daraus wird nichts. Du hast ja keinen Kopfsprung gemacht. Das war ein lausiger Bauchklatscher!"

Ich vergnügte mich wieder einmal mit Sprüngen vom Fünf-Meter-Brett. Kaum war ich unten, ging's wieder nach oben. So schnell, als ob ich einen Rekord aufstellen wollte. Dabei hatte ich nicht gemerkt, dass einer unserer Feinde, ein Junge aus einer stadtbekannten asozialen Familie, die sich belustigten, wenn sie andere Kinder schikanieren, verprügeln und herumstoßen konnten, es auf mich abgesehen hatte. Er war vielleicht dreizehn Jahre, also doppelt so alt und dreimal so stark wie ich. Er hockte auf der Lauer hinter einem Busch neben dem Sprungturm. Als ich absprang, kam er aus seinem Versteck heraus. Ich hatte nichts bemerkt. Erst als ich auftauchen wollte, spürte ich, wie mich jemand am Schopf grabschte und unter Wasser drückte. In Panik geraten versuchte ich, zum Luftholen den Kopf aus dem Wasser zu kriegen. Ich krallte mich an seinen Händen fest, aber er gab nicht nach. Ich konnte die Luft nicht länger anhalten. Das war der schlimmste Moment, als ich krampfhaft versuchte, den Mund nicht zu öffnen. Ich glaube, der Mund ging von allein auf. Statt Luft floss Wasser in mich hinein. Ich schluckte und schluckte, bis sich alles um mich herum drehte und ich wunderschöne Farben sah, die aus meinen Augen sprangen. Dann muss ich das Bewusstsein verloren haben. Ich kam wieder zu mir, als mehrere Schulkameraden um mich herum standen. Ich lag auf dem Steg, war schlapp wie ein Wischlappen und zitterte. Den feigen Angreifer hatten sie erwischt, als er mich beinahe ertränkt hatte. Vor der Vielzahl von Gegnern floh er, und ich war gerettet. Das war mein erstes Erlebnis mit dem Tod. Es war nicht schlimm, im Gegenteil, als ich die schönen Farben sah, fühlte ich mich, als ob ich in den Wolken schwebte.

Nach dem Abendbrot erzählte ich meinem Vater, was mit mir in der Badeanstalt passiert war. Am darauf folgenden Tag ging er zum Bademeister, um sich über diesen Vorfall zu beschweren. Der Bademeister hatte nichts darüber erfahren, kannte aber zur Genüge den Täter. Der bekam als Strafe ein absolutes Verbot, die Badeanstalt je wieder zu betreten. Zumindest beim Schwimmen und Turmspringen brauchten wir den kriminellen Bengel nicht mehr zu fürchten. Er und seine ebenso kriminellen Brüder verfolgten uns jedoch des Öfteren, wenn wir auf der Straße oder im Wald spielten.

Gegen Sommerende waren die Brombeeren reif. Im Wald, der etwa einen Kilometer von unserem Haus entfernt war, kannten wir die üppigsten Brombeersträucher. Einen großen Teil unserer Ernte brachten wir mit nach Hause, eine ebenfalls beachtliche Menge aßen wir beim Pflücken. Hände, Unterarme und Beine hatten lange Kratzer von den dornigen Ranken, unsere Münder hatten sich schwarz gefärbt, und bisweilen hatte das eine oder andere Kleidungsstück einen Fleck oder auch einen Riss mitbekommen. Das machte uns nichts aus, wir zogen ja nicht die Sonntagskleidung zum Beerenpflücken an. Weder Kratzer noch Dreiecke in der Hose hielten uns davon ab, Brombeeren zu ernten.

Im Frühherbst sammelten wir Pilze. Wir hatten gelernt, giftige von essbaren zu unterscheiden. Pilze aufspüren war so spannend wie Ostereier suchen. Der Steinpilz war der Beste unter den Essbaren, die wir in unserm Wald finden konnten. Und wenn unsere Sammlung dann auch noch frei von Maden und knackig frisch war, konnte die Vorfreude auf eine köstliche Pilzmahlzeit mit Bratkartoffeln gar nicht groß genug sein. Weniger attraktiv war der Butterpilz. Den sammelten wir nur, wenn wir keine Steinpilze gefunden hatten.

Jeden Tag gab es lang andauernde Stromsperren. Opa verschaffte uns Licht. Er bastelte Kerzen. Dazu benutzte er Rindertalg, den er von seinem Freund, dem Schlachtermeister von gegenüber, bekam. Woher er den Bindfaden, der als Docht diente, beschaffen konnte, weiß ich nicht. Eine Schüssel mit feinem Sand, darin ein etwa Daumen dickes Metallrohr, waren ebenfalls erforderlich, um eine Kerze anfertigen zu können. Der Talg wurde erhitzt, bis er flüssig war. Dann kippte Opa den flüssigen Talg in das Rohr. Mit der linken Hand hielt er den Faden so, dass er in der Mitte des Rohres hing. Beim Befüllen des Rohres geschah es häufig, dass der Faden nicht in der Mitte blieb, sondern an der Seite klebte. Dann funktionierte die Kerze nicht, wie sie sollte. Es kam auch vor, dass sich Sand mit dem Talg vermengte, und dann knisterten und flackerten die Kerzen und gingen meistens aus.

Wir hatten auch eine Petroleumlampe. Wenn die angezündet wurde, kam erst einmal eine dicke schwarze Rauchwolke raus, die sich zur Decke hin bewegte. Und es stank erbärmlich. Opa fummelte und fummelte an einem Schräubchen, bis die Flamme aufhörte zu tanzen, und dann hatten wir Licht. Es gab aber nur ganz wenig Petroleum. Wir mussten mit dieser Art Beleuchtung sehr sparsam umgehen.

Die Sensation war schließlich eine Karbidlampe. Ich glaube, Opa brachte sie aus West-Berlin mit. Dort wohnte eine seiner Schwiegertöchter. Batterien für seine Taschenlampe, die Karbidlampe samt Ersatzstrumpf und Karbid waren lange Zeit das Wichtigste, was er aus West-Berlin mitbrachte. Den einzigartigen Karbidgeruch würde ich heute noch auf der Stelle identifizieren können.

Mit der Karbidlampe bekamen wir so unglaublich helles Licht, dass wir immer wieder erstaunt waren, wenn Opa die Lampe zum Strahlen brachte. Auch diese Lampe verschaffte uns nur eine eng begrenzte Lichtzeit, denn Karbid konnte man nicht so ohne weiteres bekommen, und der Lampenstrumpf musste oft ausgewechselt werden. Der wiederum war schwer zu besorgen, man konnte ihn nicht an der Straßenecke kaufen.

Während der dunklen Herbst-, Winter- und Frühjahrszeit sang Mutti mit uns. Als Kind und Backfisch (heute sagt man Teenager) hatte sie Gesang- und Klavierunterricht erhalten. Sie sang sehr schön und kannte unzählige Volkslieder. Dazu besaß sie ein dickes, über Tausend Seiten umfassendes Liederbuch mit den Texten und Noten der Lieder. Darin gab es Lieder für alle Jahreszeiten, für Feste wie Weihnachten und Ostern, für Hochzeiten, für Liebesfreud und -leid und so weiter. Oft sangen wir mehrstimmig, oder wir sangen Kanons. Das war lustig und ließ uns oft die dürftige, entbehrungsreiche

Umwelt in günstigerem Licht erscheinen.

Tante Mary, unsere Nachbarin, war zwar nicht mit uns verwandt, aber sie hieß für uns alle Tante Mary. Ihre Tochter Bärbel und meine Cousine Kika waren dicke Freundinnen. Bärbel hatte ein riesiges Puppenhaus. Riesig nach meinem Empfinden, denn ich war noch recht klein und musste mich auf die Zehenspitzen stellen oder einen Schemel zu Hilfe holen, wenn ich das Schlafzimmer im zweiten Stock genau anschauen wollte. Dieses Haus zog mich geradezu an. Ich wollte es immer wieder sehen. Es hatte ein Wohnzimmer, ein Schlafzimmer, eine geräumige Küche und ein großes Badezimmer. Ich stellte mir immer vor, wir hätten auch so ein schönes Haus, und ganz besonders wünschte ich mir ein Badezimmer wie das im Puppenhaus.

Kika und Bärbel langweilten sich und wollten nicht mehr mit dem Puppenhaus spielen. Sie kamen auf die Idee, mit mir eine Zirkusnummer einzuüben. Sie gingen mit mir in den Raum, in dem das Puppenhaus war. Ich wollte eigentlich mit dem Haus spielen, aber sie überredeten mich, erst mit ihnen zu üben und dann sollte ich mit dem Puppenhaus spielen dürfen.

Kika übernahm die Regie und Bärbel war ihre Assistentin. Ich musste mich mit gegrätschten Beinen und dem Rücken ihnen zugewandt hinstellen. Kika sagte: „ Monika, beug dich nach vorne und führe deine gestreckten Arme zu uns, also zwischen deinen Beinen zu mir hin". Sie machte es mir vor und ich musste es nachmachen. „Ja, genau so ist es richtig. Ich greife dich an den Händen und ziehe sie ganz schnell zu mir hin. So wirst du eine Rolle machen, ohne etwas dazu tun zu müssen. Das sieht toll aus. Es ist ganz wichtig, dass du den Kopf nicht in den Nacken streckst. Du musst den Kopf nach vorne ganz dicht an deinen Körper klemmen". Ich nahm die befohlene Stellung ein, Kika ergriff hinter mir meine Hände, es gab einen großen Ruck, und ich knallte mit der Stirn auf die Fliesen. Ich hatte nicht wie befohlen den Kopf eingezogen und an den Körper geklemmt, sondern ganz das Gegenteil, nämlich den Kopf in den Nacken gestreckt. Es ging mir wie einem Boxer, der von seinem Gegner k.o geschlagen wurde. Ich blieb auf den Fliesen liegen. Ich muss wohl einen Moment das Bewusstsein verloren haben. Als ich wieder zu mir kam, fühlte ich mich wie benebelt. Kika und Bärbel waren in Panik geraten. Sie stellten mich aufrecht, tätschelten und streichelten mich und sagten immer wieder: „Monika, es ist nichts passiert. Es ist gar nichts passiert!" Bärbel holte aus irgendeinem Geheimversteck ein Bonbon und schob es mir in den Mund.

Das war natürlich wunderbar. Ein richtiges Bonbon! Dann sagten Beide zu mir: „Monika, du darfst keinem sagen, was passiert ist. Verstehst du das? Schwör uns, dass du nichts davon sagen wirst!"

Es war doch gar nichts passiert, und was bedeutet „Du sollst schwören, dass du keinem sagst, was passiert ist?" Auf jeden Fall stimmte ich allem, was Kika und Bärbel mir eintrichterten, zu. An der Stirn hatte ich eine große, dicke Beule, aber die war nur zu sehen, wenn ich meine Ponyhaare zur Seite hielt. Zu Hause habe ich jeden Tag, und das eine Woche lang, vor dem Spiegel gestanden, um zu beobachten, wie die Beule immer andere Farben bekam, bis sie endlich ganz verschwand. Ich glaube, ich habe keinen weiteren Schaden von diesem gewaltigen Kopfstoß erlitten, und zu Hause erfuhr niemand davon.

Versteckspiel am Sonntag im Frühjahr, Sommer und Frühherbst war das größte Vergnügen für Harm und mich zusammen mit unserer Cousine Kika und Cousin Hans Richard, den Kindern von Vaters Schwester, die einige Häuser weiter von uns entfernt wohnten. Manchmal ließen wir es zu, dass auch andere Kinder unserer Straße mitspielten. Jeden Sonntag nach dem Mittagessen trafen wir uns auf Krauses Grundstück. Es gab so unbeschreiblich viele Verstecke, dass es der Suchende nicht einfach hatte, uns zu finden. Der Heuboden, die Waschküche, die vielen Beerensträucher, der Stall und die Treibhäuser boten hervorragende Verstecke. Eigentlich durften wir gar nicht in den Treibhäusern spielen, aber wenn es an einem Sonntag gerade regnete, machte Opa ein Auge zu und ließ uns gewähren, nicht ohne vorher zu drohen, uns zu bestrafen, wenn wir Schaden anrichten sollten. Man kann sich nicht vorstellen, was für einen Krach wir beim Versteckspiel verursachten. Das ging los mit dem lauten "Eins, zwei, drei, vier Ehe- he-he - Eckstein, alles muss verste-he- he-ckt sein. Hinter mir und vorder mir. Eins, zwei, drei, ich kohohomme!" Wenn dann einer der Versteckten gesehen wurde und der Suchende schnellstens zur Anschlagstelle rannte, um vor dem Gesehenen dort anzukommen, ging das ganze mit Kreischen und Grölen einher, dass die Erde bebte. Oma und Opa hielten Ihren Sonntags-Mittagsschlaf ausgerechnet zu der Zeit unseres Spiels und wurden durch unser Gekreische und die Toberei gestört. Prompt ertönte dann auch der Ruf von Oma „Hört sofffort auf zu kreischen!". In der Gruppe fühlten wir uns stark und erdreisteten uns, auf Omas Befehl überhaupt nicht zu reagieren. Wir wollten uns schier totlachen über Oma, die wir doch sonst immer fürchteten. Wir rannten und kreischten und tobten weiter, bis Omas Mittagsschlaf vorbei war und wir auch an die Grenze unserer Kräfte gelangt waren.

Am ersten September 1947 wurde ich eingeschult. Diesen Tag hatte ich mit Sehnsucht erwartet. Endlich würde ich Lesen und Schreiben lernen und könnte meine Märchenbücher selber lesen. Es gab keine Zuckertüte und auch keine Naschereien. Mein Tornister war aus Hartpappe angefertigt, das bedeutete, dass er bei jedem Regen in Gefahr war aufzuweichen wie schon geschehen mit den Pappsohlen meiner Schuhe. Anschließend musste er getrocknet werden. Dazu wandte Mutti ein erprobtes Verfahren an. Die Hitze durfte nicht zu stark aber auch nicht zu gering sein, damit ich diesen aufgeweichten Karton mit der Bezeichnung Tornister auch weiterhin benutzen konnte.

Es gab auch keine Schiefertafel, aber ich bekam einen Schiefergriffel. Was sollte ich damit? Meine Tafel sah zwar genau so aus wie eine Schiefertafel, aber sie war aus Blech, und um auf ihr schreiben zu können, war ein Kreidestift, auch Milchgriffel genannt, vonnöten, den es aber nirgendwo zu kaufen gab. Ich musste meine allerersten Versuche, Buchstaben und Zahlen richtig zu schreiben, auf Papier malen. Jeder Abc-Schütze hatte ein liniertes Schreibheft und ein kariertes Rechenheft erhalten. Rationiert! Das gab es nicht frei zu kaufen.

Papier war extrem knapp. Auch Bleistifte waren rationiert. Füllfederhalter waren für uns eine unbekannte Größe. Radiergummis gab es nicht, und die Ära der Kugelschreiber hatte noch nicht begonnen. Eine Fibel und ein Rechenbuch, dazu die beiden Hefte, ein Bleistiftstummel und ein Holzstiel mit Glasfeder waren die einzigen Gegenstände in meinem Kartontornister.

Am ersten Schultag brachte mich Mutti zur Schule. Ich war furchtbar aufgeregt. Die „Schwaaner Ossenschaul", der Kirche gegenüber, schien mir riesengroß. Wir Schulanfänger wurden aufgerufen und von unserer Klassenlehrerin in unsere Klasse gelotst. Die Mütter durften ebenfalls die Klasse betreten, und nach einer kurzen Einweisung durften wir alle den Raum verlassen und nach Hause gehen. Das ging aber schnell!

Ab dem zweiten Schultag ging ich ohne Mutti zur Schule, anfangs noch in Harms Begleitung, aber sehr bald ganz allein oder mit Schulkameradinnen, die in unserer Nachbarschaft wohnten.

Ich ging gern zur Schule. Also nicht immer, aber meistens. Jeden Morgen, zu Beginn des Unterrichts, durften wir ein Lied singen, und manchmal durften die Schüler alleine der Klasse ein Lied singen. Das war das Schönste an der ganzen Schule. Wenn unsere Lehrerin fragte: "Wer möchte uns ein Lied vorsingen?" meldete ich mich immer, und sehr oft stand ich dann vor der ganzen Klasse und trällerte mein Lied. Dann war ich stolz und glücklich.

Ab meinem ersten Schuljahr kam regelmäßig „Besuch" zum Läusesuchen. Alle Kinder mussten sich in einer

Reihe aufstellen. Jedes Kind wurde zur Inspektion vorgerufen. Und dann kraulte jemand auf unseren Köpfen rum und schrieb in eine Liste, ob das, wonach sie suchten, gefunden wurde oder nicht. Anschließend bekamen wir alle zusammen eine Trockendusche von einem stark stinkenden Pulver. Nicht nur auf den Kopf, sondern auch vorne unter den Latz und hinten bis zum Rücken. Bis zur nächsten Läusesuchveranstaltung.

Noch in der ersten Klasse fingen wir an, mit Tinte zu schreiben. Unsere Schulbänke hatten für jeden Schüler ein Tintenfass. Von Zuhause brachten wir einen Federhalter mit Feder mit. Im Schreibwarengeschäft kauften wir den Federhalter, einen einfachen Holzstab mit einem kleinen Loch an einem Ende, in das eine Glasfeder gesteckt wurde. Die Glasfeder war das Werk eines Kunsthandwerkers, eines Glasbläsers. Sie war billiger als eine maschinell produzierte Blechfeder, die es erst ein oder zwei Jahre später zu kaufen gab. Man kann sich ja wohl vorstellen, wie empfindlich so eine Glasfeder war. Sie durfte nicht runterfallen, man durfte beim Schreiben nicht zu stark drücken. Alle Augenblicke brach die Spitze ab, und eine neue Feder musste gekauft werden. Aber das Schlimmste war die schreckliche Schmiererei, die unweigerlich entstand, weil die Tinte so unberechenbar und unkontrollierbar kleckste. Kaum hatte ich die Feder ins Tintenfass getaucht, um meine Buchstaben zu malen, schon floss ein dicker Tintenklecks auf mein Werk und ruinierte meine Arbeit. Wenn wir nur etwas mehr Papier zum Üben gehabt hätten, wobei wir Erstklässler hätten herausfinden können, wie man es schafft, die Tinte so zu benutzen, ohne dass hässliche Flecken entstehen, dann wäre das vielleicht nicht so frustrierend ausgegangen. Aber wir hatten nur ein Heft, und jeder Tintenfleck war der Beweis unserer Schusseligkeit, unserer tollpatschigen Bemühungen. Beim "Schönschreibeüben" mit Federhalter und Tinte verging mir ganz schnell die Lust am Lernen. Vor allem fürchteten wir alle die Strafpredigten unseres Lehrers, der für andere Fächer sicherlich geeignet war, für den aber die Schönschrift - Unterrichtsstunde eine unerträgliche Geduldsprobe darstellte. Ihm rutschte des Öfteren die Hand aus. Backpfeifen und Schläge mit dem Lineal auf die Hände der Schüler, die das Pech hatten, ihr Heft mit einem großen Tintenfleck zu verhunzen, gehörten zu unserem Schulalltag. Und wir Kinder konnten uns nicht wehren, waren auf Gedeih und Verderb den Tücken des Lehrers ausgesetzt. Manchmal hatte er gute Laune, dann verschonte er uns mit Strafen, ließ 'mal fünf gerade sein, aber wehe, er hatte schlecht geschlafen, kam schon mit grimmigem Gesicht in die Klasse, dann Gnade uns Gott! Er verteilte Strafen von rechts nach links, von oben nach unten. Glücklicherweise hatten die Schönschreibübungen auch mal ein Ende, und wir beschäftigten uns mit wichtigeren Themen und Unterrichtsstoffen.

Während der Wintermonate war die Schule eiskalt. Wir saßen mit klammen Händen auf unseren Plätzen und konnten beim besten Willen nicht schreiben, die Finger gehorchten nicht. Und auch die Füße taten weh, der Frost hatte sich darin eingenistet. Es war eine Tortur, unter diesen Bedingungen dem Unterricht zu folgen. Es gab Lehrer, die Rücksicht nahmen und mit einigen Übungen, die sie mit uns Schülern machten, versuchten, die Kälte aus Händen und Füßen zu vertreiben, aber es gab auch solche, die kein Pardon kannten und Unmögliches von uns Kindern verlangten.

Große Freude herrschte bei uns Banausen, wenn es eine Freistunde gab. Im Winter ging's direkt zu den Wiesen in der Nähe der Schule, um das noch recht dünne Eis auszuprobieren, darauf rumzuschlittern. Das Eis hielt selten unserem Stampfen, Schlittern und Toben stand. Wir brachen ein und standen bis zu den Knien im eiskalten Wasser. Dann ging's im Galopp zurück in die Schule, um zur nächsten Unterrichtsstunde pünktlich auf unseren Plätzen zu sitzen. Die Kälte fraß sich regelrecht in Füße und Beine, aber wir sagten keinen Mucks, denn es war ja bekannter Weise verboten, auf die Wisch zu gehen. Das hatten wir nun davon. Mehrere Winter nacheinander hatte ich Frostbeulen an den Füßen, die sehr starke Schmerzen verursachten und regelmäßig vom Arzt aufgeschnitten werden mussten.

Lesen wurde meine Leidenschaft. Ich begann alles zu lesen, was mir in die Hände kam. Die dicken Märchenbücher „verschlang" ich im Nu. Jetzt fand ich all das, was mir unser Dienstmädchen erzählt hatte, wieder, nur ausführlicher und detaillierter. Bald hatte ich alle, aber auch alle Märchen auswendig gelernt. Ich brauchte ständig neue Lektüre. Das war nicht einfach. 1947/48 gab es kaum Bücher zu kaufen. Und die öffentliche Bibliothek war noch nicht eingerichtet. Ich konnte höchstens zu Weihnachten oder zum Geburtstag mit dem einen oder anderen Buchgeschenk rechnen, das Onkel oder Tante oder meine ältere Cousine ausrangiert hatte. Das war nicht genug. Als es dann erstmalig nach dem Krieg Kinderbücher zu kaufen gab, stand ich am

Schaufenster des Bücherladens und drückte mir die Nase platt und hoffte, dass das angepeilte Buch zu mir käme. Jeden Groschen, jeden Pfennig, die ich mir durch die Erledigung verschiedener Aufgaben verdiente, brachte ich in den Bücherladen und rannte dann voller Neugier nach Hause, verkroch mich auf dem Heuboden oder im Kinderzimmer, um mein neues Buch lesen zu können. Dabei musste ich Oma aus dem Weg gehen. Sie hielt vom Bücherlesen rein gar nichts. „Das ist Zeitverschwendung" war ihre Devise. Und wehe sie erwischte mich beim Lesen! Eine Predigt und die Order, etwas Vernünftiges zu erledigen, waren die Folge. Die Aufgabe war fast immer Staubwischen in der „Weihnachtsstube", obwohl Weihnachten noch längst nicht auf dem Kalender stand. Im Sommer, im Herbst, im Winter und im Frühling - das ganze Jahr über - musste ich in der Weihnachtsstube Staub wischen. Weihnachtsstube hatten wir Kinder sie so genannt, weil sie außer zu Weihnachten und Neujahr und zu einigen wenigen anderen Feiern verschlossen war. In ihr standen uralte Möbelstücke aus Eichenholz. Der Eckschrank, in dem das Sonntagsporzellan lagerte, war voller schnörkeliger Holzverzierungen, daher ein idealer Staubfänger. Und er war schlank, aber sehr hoch. Ich konnte an die höchste "Etage" nicht rankommen, ich musste einen Stuhl davor stellen, raufklettern, und erst dann konnte ich meine Arbeit vervollkommnen. Wenn ich es eilig hatte, mein Buch wartete ja auf mich, ließ ich den obersten Teil des Schrankes aus, in der Hoffnung, Oma würde es nicht merken. Aber was tat sie? Ihre Adleraugen fixierten jede Rille, jede Verzierung, und natürlich kontrollierte sie auch die höchste Stelle. Mit dem rechten Zeigefinger strich sie über die Flächen, Ecken und Winkel und zeigte mir den Beweis meiner schludrigen Arbeit. „Das nennst du Staubwischen? Und was ist das hier auf meinem Finger? Dicker kann der Staub ja wohl nicht auf dem Geschirrschrank liegen! Jetzt mach endlich deine Arbeit. Wenn du fertig bist, sag mir Bescheid, ich komme und schaue nach, ob du es richtig gemacht hast" Oh, wie ich das blöde Staubwischen hasste! Und ich war doch so gespannt auf meine neue Geschichte, die auf mich wartete. Am sichersten war es, mich auf dem Heuboden zu verstecken. Oma konnte die steile Treppe zum Boden nicht hinaufsteigen. Wenn sie - zu Recht - vermutete, dass ich mich da oben vor ihr geschützt verkrochen hatte, rief sie mich. Ich gab keinen Pieps von mir, tat, als ob ich sie nicht hörte, wartete, bis sie sich von ihrer Stelle weg bewegte und las weiter. Dieses ziemlich sichere Versteck hatte allerdings einen großen Nachteil. Dort gab es keine Lampe, ich konnte also nur während der Jahreszeit der langen Sonnentage dort lesen. Und es gab noch ein Problem mit dem Heuboden. Meine angestachelte Phantasie produzierte Gespenster, die den Märchen entstammten und die mich nun jederzeit in meinem Versteck heimsuchten. Oder eine Ratte oder eine Maus hielt sich ganz nah bei mir auf, huschte neben mir vorbei und versetzte mich in Panik. Dann war die Lesefreude vorbei, ich flüchtete ins Wohnhaus und wartete auf eine günstige Gelegenheit, mein Buch doch noch zu Ende lesen zu können.

1947 gab es immer noch sehr wenig zu Essen. Wir hatten ständig Hunger. Glücklicherweise konnten wir im Sommer und zu Herbstanfang von Opas Obstplantage reichlich Erdbeeren, Stachelbeeren, Johannisbeeren, Pflaumen, Birnen und Äpfel und natürlich auch diverse

Gemüsesorten ernten. Zwar musste Opa den größten Teil seiner Obst- und Gemüseernte abliefern, er hatte das Soll zu erfüllen, da gab es kein Nachsehen! Aber all die Produkte, die nach Ablieferung und Verkauf noch übrig blieben, durften wir teils noch frisch essen, teils im Winter, fast nur an Sonntagen, als Konserve verspeisen. Im Sommer hatten wir auch diverse Gemüsesorten wie Blumenkohl, Weißkohl, Erbsen, Kohlrabi, Wirsingkohl, Rosenkohl, Grüne Bohnen, Sellerie, Porree, Saubohnen, Gurken, Tomaten, Salat, Möhren, Radieschen. Von Tomaten konnten wir gar nicht genug bekommen, und Möhren verschlangen wir roh. Aber Kartoffeln bekamen wir auf Zuteilung, weil Opa selbst nur ganz wenig Frühkartoffeln und gar keine Winterkartoffeln anbaute. Sie reichten nie, und das einzige Gewürz für alle Gerichte war Salz. Das konnte man ohne Rationierungsmarken kaufen.

Die Obsternte war jeden Sommer und Herbst eine einzigartig tolle Zeit. Harm und ich mussten auf die Bäume klettern, Opa hängte einen Korb für mich und einen für Harm an einen Ast, und wir pflückten Pflaumen, Kirschen, Birnen und Äpfel und fühlten uns dem Himmel nah. Opa erlaubte uns, von den Früchten zu naschen, aber wir hatten unsere Körbe zügig zu füllen, so dass fürs Naschen nicht viel Zeit blieb. Es reichte aber trotzdem immer. Manchmal kam es sogar vor, dass wir zu viel gefuttert hatten, und dann wurde unsere Gier mit Bauchgrimmen und Übelkeit bestraft.

Am liebsten halfen wir beim Kirschenpflücken. Wir stopften uns so große Kirschenmassen in die Münder, dass die Bäuche anschwollen. Oma schimpfte zwar, wenn sie merkte, dass kaum Früchte in die Körbe gelangten, aber wir saßen oben im Baum, da konnte sie uns nichts anhaben.

Beim Einkellern der Möhren, Rüben, Kohlköpfe, Sellerieknollen und Porreestangen halfen wir natürlich ebenfalls, und wenn zur Vorbereitung des Mittagessens irgendeins der Gemüse aus der Miete geholt werden musste, dann waren wir Kinder gefragt. Wir mussten in den Keller kriechen, die Miete freilegen, die erforderlichen Mengen rausnehmen, in den Korb legen, die Miete wieder sorgfältig verschließen und aus dem dunklen, engen Keller wieder an die Oberfläche kriechen. Wie die Maulwürfe!

Die Kartoffelreserven wurden in einen anderen Keller direkt unter der Speisekammer durch eine Luke geschüttet. Wenn Mutti gerade mal zum Kartoffelholen keine Zeit hatte, schickte sie Harm oder mich, um die erforderliche Menge fürs Mittagessen aus dem Keller hochzubringen. Von der Speisekammer führte eine Treppe direkt in den Keller. Dort war es zappendüster, und oft tummelten sich Mäuse, manchmal sogar Ratten im Kartoffelhaufen. Ich hatte eine schreckliche Abneigung gegen diese Nager. Und jedes Mal, wenn ich Kartoffeln hochholen sollte, bettelte ich Harm, mit mir zusammen in das dunkle Loch zu kriechen.

Ich glaube, die ergiebigsten Erträge brachte der Weißkohl. Riesenmengen dieses Gemüses wurden zu Sauerkraut verarbeitet. Ein ganzer Arbeitstag war dafür vorgesehen. Oma, die beste Organisatorin aller besonderen Arbeitsvorgänge - und so einer war die

Sauerkrautherstellung - hatte vier oder fünf Frauen einbestellt, mehrere große Steingutfässer aus dem Lager holen lassen und enorme Salzmengen sichergestellt. Die Frauen saßen alle um den großen Esstisch herum und schnippelten Kohl. Eine exakt bemessene Menge gehäckselten Kohls und Salz kam ins Fass. In jedes Fass musste dann eine der Frauen, in späteren Jahren auch Harm oder ich steigen und barfuß auf dem gehäckselten Kohl herumtrampeln. "Immer schön stampfen, ganz gleichmäßig!", so die Anordnung von Oma. Natürlich hatten wir Kohlstampfer uns vorher gründlichst die Füße zu waschen. Die gefüllten Fässer wurden in die Speisekammer gebracht, mit Holzdeckeln, die mit großen runden Steinen beschwert wurden, bedeckt, und der Gärungsprozess konnte beginnen. Als der beendet war, hatten wir wunderbares Sauerkraut, das bis zur nächsten Ernte, also ein ganzes Jahr lang, eins unserer wichtigsten Nahrungsmittel war.

Nach Omas Rezept ging es am Ende eines jeden Sommers ans Einlegen von Gurken. Die Gurken durften nicht zu groß und sie mussten unbeschädigt und sauber sein. Mehrere große Steintöpfe wurden gründlich gereinigt und mit Gurken gefüllt. Die erforderlichen Kräuter wuchsen im Garten. Wenn ein Topf gefüllt war, goss Oma Salzlake darauf, dazu kamen Kräuter, ich glaube es waren hauptsächlich Dill und Senfkörner und Zwiebeln. Dann legte sie einen Holzdeckel auf den Topf. Und einige riesengroße Steine, "Gurkensteine", hielten die Gurken immer mit Lake bedeckt. Das war wichtig, denn sonst würden sie anfangen zu faulen. Auch die so entstandenen Salzgurken reichten bis zur neuen Ernte im darauf kommenden Jahr.

Zur Obsterntezeit mussten Harm und ich auch regelmäßig das Fallobst einsammeln. Es wurde gereinigt, von Würmern und Faulstellen befreit und zu Marmelade oder zu Kompott verarbeitet, das es später an Sonn- und Feiertagen als Nachtisch gab.

Das Einwecken der Obst- und Gemüseernte besorgten Oma und Mutti. Die großen Einweckgläser und die dazu gehörenden Gummiringe mussten gründlich gereinigt werden. Dann wurden die Gläser mit dem jeweils gekochten Obst oder Gemüse gefüllt und anschließend in einem großen Weckkessel so lange gekocht, bis sie steril waren. So konnte man die hausgemachten Konserven jahrelang aufbewahren. Oma und Mutti kochten tagelang Apfelmus, Obstkonfitüre, Kompott und Apfelgelee. Es duftete herrlich im ganzen Haus, aber von den einzuweckenden Produkten durften wir nicht kosten. Oma passte auf. Da war sie gnadenlos.

Pflaumenernte bedeutete für Harm und mich eine sehr anstrengende Zeit. Auf den Baum steigen und von da oben die Pflaumen abzupflücken und in den Korb zu werfen – das war ein Kinderspiel, aber was danach kam, das gehörte weiß Gott nicht zu unseren Lieblingsbeschäftigungen. Im großen kupfernen Waschkessel ging's ans Pflaumenmuskochen. Oma hatte es verstanden, die beiden Kupferkessel vor dem Abgeliefertwerden zu bewahren. Im Krieg wurden nämlich alle kupfernen und bronzenen Gegenstände wie Kirchenglocken, Waschkessel oder Kochtöpfe eingesammelt und zu Kriegsmaterialien verarbeitet. Bei Nichtgehorchen gab es drakonische Strafen, aber Omas Waschkessel hatten die "Beschlagnehmer" nicht gefunden. Und Oma war das Risiko bewusst eingegangen, denn auf ihre Waschkessel konnte sie nicht verzichten. Um keinen Preis!

Zurück zu den Pflaumen! Die Pflaumen mussten halbiert, die Kerne und eventuell schlecht gewordene Stellen oder Maden, die sich in den Pflaumen eingenistet hatten, entfernt werden, und dann begann die lästige, kraftaufwendige und langweilige Arbeit des ständigen Umrührens der kochenden Pflaumenmasse. Harm und ich mussten uns abwechseln. Wir waren noch nicht groß genug, um ungehindert den Pflaumenmatsch umzurühren, deshalb stellten wir einen Stuhl vor den Kessel, und die Arbeit begann. Mit beiden Händen hielten wir den großen Rührlöffel, und dann ging's stundenlang rühren, rühren und nochmals rühren. Alle Augenblicke kam Oma um zu kontrollieren, ob auch ja nichts anbrannte. Wenn das Pflaumenmus dann endlich fertig war, waren wir beide auch fix und fertig. Noch heute, wenn ich Pflaumenmus kaufe, muss ich an die mühsame Herstellung unseres Schwaaner Muses denken.

Ähnliches geschah mit der Sirupherstellung. Zuckerrüben wurden mit einem Schrubber gesäubert, abgespült, in kleine Stücke geschnippelt und ausgepresst. Der Saft kam in den Waschkessel und wurde gekocht. Ständiges Umrühren war das Wichtigste, und wer rührte? Neben Mutti, die aber auch noch andere wichtige Dinge zu erledigen hatte, natürlich Harm und ich! Oma überwachte die Sirupproduktion.

Ich erinnere mich auch an die Kürbisverarbeitung. Ich weiß aber nicht mehr, wann süß-saurer Kürbis eingeweckt wurde. Es waren ja beachtliche Mengen Zucker und Essig und auch Nelken dazu erforderlich, Zucker war streng rationiert. Und wie war das mit dem Essig? Konnten wir den ohne Lebensmittelmarken kaufen? Ich weiß das nicht mehr. Und woher kamen die Nelken? Wie auch immer - Kürbis wurde in kleine rechteckige Stücke geschnippelt, in einen großen Kochtopf geschüttet und nach Omas Rezept mit Essig, Zucker und Nelken gekocht, in Weckgläser umgefüllt und im Einwecktopf durch langes Kochen haltbar gemacht. Mit der Kürbiseinweckerei hatten Harm und ich nichts zu tun. Das war Omas Ressort. Mutti half ihr dabei. Eingeweckten Kürbis mochte ich recht gern, aber das Beste waren und blieben die wunderbaren Salzgurken.

Opa hatte ein künstliches Gebiss. Meistens lag es in seiner Nachttischschublade. Opa hat sich nie daran gewöhnen können, dieses Gebiss zum Kauen zu benutzen. Der Apparat war zu weit, saß nicht fest und wackelte beim Sprechen. Opa setzte sich die Zähne in den Mund, wenn er in Güstrow im Landratsamt irgend etwas für den Betrieb besorgen musste, also mit "wichtigen" Personen verhandelte, das wollte er nicht mit "Mümmelmund " erledigen. Eigentlich nahm er das Gebiss aus dem Mund, wenn er wieder zu Hause war, aber manchmal vergaß er es. Wenn Opa dann im großen Ohrensessel saß, um sein Mittagsschläfchen zu halten, dann klappte ihm der Mund auf, er schnarchte, und die falschen Zähne bewegten sich im Takt des Schnarchens, auf und ab, zur Seite, rundherum. Das sah urkomisch aus. Harm und ich sahen diesem ungewollten Schauspiel zu, und wir bogen uns vor Lachen.

Einmal haben wir Opa während seines Mittagsschlafes eine Vitamin- C-Tablette in den Mund gegeben (ich kann mich nicht erinnern, woher wir die hatten). Weil er schlief merkte er nichts von unserer Missetat. Die Tablette löste sich mit seiner Spucke auf, und Opa wurde von der Säure in seinem Mund geweckt. Er sprang auf, fing an zu spucken und schrie: "Verdammt noch mal, wer hat mich vergiftet?" Er dachte tatsächlich, irgendjemand habe ein Attentat auf ihn verübt. Wir Gören, Harm, Hans-Richard, unser Cousin, und ich, die wir diesen Lausbubenstreich ausgeheckt hatten, waren richtig erschrocken und beichteten: "Opa, das ist Vitamin C. Das ist das Neueste gegen Erkältung. Das ist kein Gift"! Opa verzieh uns, warnte aber, bei erneutem Schabernack gäbe es einen „anständigen Hintern voll".

Opa aß sein schwarzes Roggenbrot ohne Rinde. Er konnte nicht richtig kauen, denn sein Gebiss lag ja in der Nachttischschublade. Opa hatte große Freude daran, die Brotrinde abzuschneiden und sie in die Luft zu werfen. Harm und ich warteten auf diesen Moment. Jeder von uns Beiden wollte die Brotrinde erhaschen, und wir stritten uns, machten einen unglaublichen Zirkus daraus, rissen uns die Rinde aus den Händen, bis jeder einen Teil davon abbekommen hatte. Wir verschlangen die Brotrinde, als ob sie ein Leckerbissen wäre. Des Hungers wegen haben wir alle uns bisweilen wie Tiere verhalten.

Ab 1948 gab es wöchentlich pro Person eine Weizensemmel. Wir kauften sie jeden Sonnabend, und wenn dann auch noch ein winziges Bisschen Butter vorhanden war und die selbstgemachte Erdbeerkonfitüre oder Pflaumenmus von Oma freigegeben wurde, dann war das mit Butter und Konfitüre bestrichene Brötchen für jeden von uns ein Gaumenschmaus. Was Besseres konnte es gar nicht geben! Nachdem jeder seine Semmel gegessen hatte, warteten wir sehnsüchtig auf den kommenden Sonnabend, um dieses enorme Vergnügen wieder erleben zu können.

Einmal hatte Opa sein Brötchen nicht gegessen. Es lag in der Küche auf dem Küchenschrank neben dem Brotkasten. Und dieses Brötchen, es war schon zwei Tage alt, schaute mich an, sagte mir: "Nimm mich, iss mich!" Ich zauderte, ich hatte Angst, denn das Brötchen gehörte nicht mir, sondern meinem Opa. Aber dieses verflixte Brötchen verführte mich. Ich konnte mich nicht beherrschen. Ich nahm es, steckte es mir in Gänze in den Mund. Ich dachte tatsächlich, dass niemand sehen könnte, dass ich das Brötchen gestohlen hatte, wenn es im Mund war. Dabei musste man aus hundert Meter Entfernung sehen können, dass ich den Mund zum Bersten voll hatte. Ich war dem Ersticken nahe, konnte nicht kauen, weil das harte, trockene Brötchen in meinem Mund feststeckte, es berührte fast das Gaumensegel. In Panik geraten rannte ich in den Hühnerstall, kroch in das Hühnerlegehäuschen, mi dem Gesicht zur Wand, damit niemand sehen konnte, was ich machte. Mit Müh und Not konnte ich das vollgesabberte Brötchen aus dem Mund ziehen. Ich biss es in mehrere Teile und schluckte sie in Windeseile unzerkaut runter. Ich war erschöpft, und es drehte sich alles in meinem Kopf. Das gestohlene Brötchen hat überhaupt nicht geschmeckt. Und jetzt kam auch noch die Angst dazu, als Diebin beschimpft und von Opa bestraft zu werden. Einen ganzen Tag lang bestand ich nur aus Angst. Die Zeit war stehen geblieben, und ich lauerte nur darauf, dass Opa oder Oma fragte: "Wer hat das Brötchen gestohlen?" Aber weder Opa noch Oma stellten diese Frage. Ich glaube, Opa wusste Bescheid. Er hat nichts gesagt, weil er wusste, dass ich die Semmel gestohlen hatte, weil ich ganz furchtbar hungrig war.

Wir hatten mehrere Kaninchen und eine große Hühnerfamilie. Die Hühner hielten sich tagsüber in ihrem Freilandgehege auf. Nachts oder bei schlechtem Wetter oder im Winter verzogen sie sich ins Hühnerhaus. Darin hockten sie auf der Stange, und zum Eierlegen krochen sie in den extra dafür großzügig gebauten Kasten, der, mit Heu ausgepolstert, ein ideales Nest war, in dem die Hühner fleißig ihre Eier legten.

Opa kümmerte sich um die Aufzucht der Haustiere, und Harm und ich sorgten für zusätzliches Futter. Das war – je nach Jahreszeit – Gras und Löwenzahn für die Kaninchen, Miere und kleine Brennnessel für die Hühner. Im Spätherbst, wenn die Maiskolben schon getrocknet an einer Leine im Arbeitsraum hingen, mussten Harm und ich die Körner vom Strunk abpulen. Maiskörner waren neben Essensabfällen das wichtigste Hühnerfutter in der kalten Jahreszeit.

Anfangs waren nur Hühner und Haus- oder Wildkaninchen unsere wichtigste fleischliche Nahrung. Später kamen Ziegen und ein Schwein dazu. Opa wählte für jeden Sonntag entweder ein Kaninchen oder ein Hähnchen oder ein Huhn, womit dann köstliche Sonntagsbraten unseren Speiseplan bereicherten. Bisweilen fing Opa mit Hilfe des Frettchens und des Langhaardackels Schnipp ein Wildkaninchen. Bevor es in den Ofen kam, musste es zwei Tage lang in Buttermilch eingelegt ruhen, damit der Wildgeschmack von der Buttermilch „verschluckt" wurde. Ich konnte mir nicht vorstellen, wie die Buttermilch das schaffte, meine Phantasie half mir dabei auch nicht. Ich merkte sowieso nicht den Unterschied zwischen Haus- oder Wildkaninchenbraten. Für mich war das Wichtigste, dass es am Sonntag Braten gab, egal von welchem Tier.

Aus Ziegenmilch wurde unsere Sonntagssuppe gekocht. Und Oma produzierte auch Butter. Mit einer Zentrifuge trennte sie die Sahne, und in einem hölzernen Butterfass stampfte sie so lange, bis sich die Butter bildete. Als ich etwas größer war, musste ich oft das Stampfen übernehmen.

Opa schlachtete die Tiere immer zu einer Zeit, zu der wir Kinder nicht in der Nähe waren. So schmeckte uns der Sonntagsbraten aus Kaninchen- oder Zickleinfleisch hervorragend. Wir ahnten ja nicht, dass der Braten noch kurz zuvor von uns mit frischem Gras oder Löwenzahn gefüttert worden war. Manchmal durften wir sogar ein Kaninchen aus seinem Stall holen und mit ihm auf dem Rasen spielen. Am schönsten fanden wir aber die gerade geborenen Zicklein. Sie hopsten, machten Luftsprünge, kabbelten sich, stießen wie die Erwachsenen mit ihren Köpfen zusammen und gaben komische Laute von sich, so dass wir begeistert diesem Schauspiel zusahen. Es konnte doch nicht sein, dass eins dieser niedlichen, gerade erst mal ein paar Tage alten Tiere am Sonntag als Braten auf dem Mittagstisch stand. Es duftete wunderbar, und es schmeckte noch besser. Ich war so mit meinem tollen Essen beschäftigt, dass ich gar nicht gemerkt hatte, dass Harm seins nicht anrührte. Er saß am Tisch mit gesenktem Kopf, und Krokodilstränen rannen über sein Gesicht und flossen auf seinen Teller. Auf einmal war alles still. Opa, Oma, wir alle starrten auf Harm. Oma sagte in strengem Ton: „Harm, iss sofort deinen Teller leer!". Aber Opa sagte nur ganz ruhig: „Harm, du brauchst das nicht zu essen". Ich wusste immer noch nicht, warum Harm weinte und sich geweigert hatte, den köstlichen Braten anzurühren. Erst nachdem das Mittagessen zu Ende war und Harm sich beruhigt hatte, erzählte er mir: „Das, was es heute zu essen gab, war kein Kaninchen, es war ein Zicklein. Ich habe, versteckt, gesehen, wie es umgebracht wurde. Es hat nur ganz kurz geschrien, dann war es still. Gestern haben wir noch mit dem süßen Tier gespielt, und heute war es gebraten auf dem Tisch. Das kann man doch nicht essen!" Eigenartigerweise machte es uns nichts aus, Wildkaninchen oder Hauskaninchen oder auch Hühnchen, als Sonntagsbraten zubereitet, genüsslich zu verspeisen.

Oma verwaltete den gesamten Haushalt. Sie war eine permanente wandelnde Inventur. Oma wusste, wieviel Brot, Marmelade, Kompottgläser, Sauerkraut im Fass, eingeweckte Bohnen, Erbsen und Saubohnen in den Regalen der Speisekammer aufbewahrt wurden. Niemand wagte es, ohne Oma zu fragen etwas aus der Speisekammer zu entnehmen. Nicht einmal eine Scheibe Brot durften wir uns ohne ihre Zustimmung holen. Ich hatte chronischen Hunger. Harm ging es ebenso. Wir hätten jederzeit Riesenmengen an Essbarem verschlingen können. Aber es gab ja überhaupt keine Riesenmengen, noch nicht einmal Mengen. Zwischen

Mittagessen und Abendbrot durfte nicht gegessen werden, es sei denn an Sonntagen, an denen es Hefekuchen gab, den wir Kinder im Null-Komma-Nichts in uns reinstopften. Manchmal war der Hunger so groß, dass ich mir heimlich in der Speisekammer eine Schnitte Brot abschnitt, sie mit Quark bestrich und mit meinem gestohlenen Proviant auf den Heuboden ging, um in Ruhe das Diebesgut aufzuessen. Einmal hat Oma mich dabei erwischt, als ich gerade aus der Speisekammer kam. Ich hatte eine mit schön viel Quark bestrichene Schnitte in der Hand. Sie grapschte mich am Arm und zerrte mich vor die Kundschaft, die gerade im Laden Blumen kaufte. „Nun sehen Sie sich dies mal an! Dieses unverschämte Kind stiehlt Brot und schmiert sich fingerdick Butter darauf!" Das vor all den Leuten! Ich habe mich ganz furchtbar geschämt. Es war so erniedrigend. Ich hatte keine Butter auf die Schnitte geschmiert. Es war Quark! Aber Oma hatte wohl nicht die richtige Brille auf und meinte, es sei Butter. Ich konnte nichts sagen. Ich war viel zu entsetzt und hätte was drum gegeben, wenn ich mich einfach in Luft hätte auflösen können. Und vor allem verletzte es mich, vor den Kunden als Diebin bloßgestellt zu werden.

Es gab zwar noch kaum Lebensmittel zu kaufen, Genussmittel schon gar nicht, und das bisschen, das wir finden konnten, war rationiert. Aber Opa besorgte sich regelmäßig Priem im Tabak - und Spirituosen-Laden. Zigaretten gab es noch nicht, Spirituosen oder Kaffee auch nicht, aber komischerweise hatte der Ladeninhaber Priem. Und Opa brauchte Priem als Zigarettenersatz. Ich habe ihn des Öfteren dabei beobachtet, wie er sich aus einer kleinen Blechdose ein winziges Stück Priem rausholte, es sich in den Mund schob und darauf rum kaute. Es roch etwa wie Backpflaumen. Und in seinen Mundwinkeln war schwarze Spucke. Opa sabbert, dachte ich. Aber er kaute ganz genüsslich auf dem Priem. Es schmeckte ihm sicherlich. Ich hätte ja liebend gern auch mal davon probiert, aber das kam bei Opa überhaupt nicht infrage. Er steckte die Blechschachtel sofort, nachdem er sein Priemstück rausgeholt hatte, wieder in seine Hosentasche. „Das ist nix für Kinder"! meinte er nur, als er meine neugierigen Blicke bemerkte.

Opas Priemdose war leer. Er hatte es versäumt, sich rechtzeitig neues Kauzeug zu beschaffen. Er schrieb etwas auf ein Zettelchen, gab es mir mit der Erklärung: „Geh zum Tabak- und Spirituosenladen, der ist in der Rostocker Straße (das ist am anderen Ende der Stadt!). Gib dem Verkäufer den Zettel und das Geld und bring mir das, was er dir gibt so schnell wie möglich nach Hause. Und wag es nicht, die Dose zu öffnen. Die muss verschlossen bleiben. Und nicht davon probieren! Das ist nur für Erwachsene. Kinder werden sehr krank, wenn sie davon essen!"

Sein Verbot war für mich eine Einladung, von dem krankmachenden Zeug zu naschen. Ich setzte mich auf dem Nachhauseweg auf eine Bank am Warnowweg und versuchte, den Deckel der Dose zu lösen. Verflixt, das war vielleicht schwierig. Es hat ein wenig gedauert, aber schließlich gelang es mir, die Dose zu öffnen. Darin lagen mehrere schwarze Würstchen, so dick wie mein damaliger Zeigefinger, und sie rochen nach Backpflaumen. Mir lief das Wasser im Mund zusammen. Und das sollte krankmachen? Das hat Opa nur gesagt, damit ich ihm nichts von seinem Priem stibitzte. Er wollte ihn ganz für sich allein haben.

Ich konnte der Versuchung nicht widerstehen. Ich riss ein kleines Stückchen Priem ab, schob es mir in den Mund und kaute. Au weh, das brannte wie Feuer, und es schmeckte ganz und gar nicht. Es war ekelhaft. Ich schluckte alles ganz schnell runter, damit das Brennen im Mund aufhörte und ich den grässlichen Geschmack loswurde. Mir wurde speiübel. Mir drehte sich alles im Kopf, und ich musste mich festhalten, um nicht von der Bank zu fallen. Wie kann man nur so etwas Scheußliches essen! Es hat eine Weile gedauert, bis ich wie eine Betrunkene torkelnd weitergehen konnte. Opa erwartete mich schon an der Gartentür. Ich muss sehr blass um die Nase ausgesehen haben. Er wusste sofort, was passiert war. „Na, was hab ich dir gesagt? Das ist nix für Kinder! Das hast du nun davon, du konntest ja nicht gehorchen".

Von Priem hatte ich die Nase voll, der interessierte mich nicht mehr, nur ich konnte nicht begreifen, warum Opa immer wieder so genüsslich darauf rum kaute. Und ihm wurde nicht schlecht davon. Die Erwachsenen sind komische Leute.

Schnipp, unser Langhaardackel, war das schönste Tier, das wir je hatten. Schnipp war auf Kaninchenjagd abgerichtet, aber ich vereinnahmte ihn des Öfteren und veranstaltete mit ihm eine kleine Show vor meinen Spielkameraden. Schnipp gehorchte aufs Wort. Auf meinen Befehl setzte er sich oder machte er „Männchen". Er sagte Guten Tag, indem er seinem Gegenüber sein Pfötchen in die Hand legte. Und er bellte auf Kommando.

Jedes Mal, wenn laute Musik zu hören war, begleitete er sie mit lautem, dissonantem Jaulen. Dabei verdrehte er die Augen und reckte den Hals in Richtung Himmel, und aus dem weit geöffneten Maul kamen Töne, die absolut nicht zu der Musik passten. Vielleicht dachte Schnipp, er sei ein Opernsänger. Seine Arien waren urkomisch, sie brachten mich und meine Zuschauer immer zum Lachen.

Ich wollte Schnipp eine Freude machen und ihm schöne Mundharmonikamusik direkt ins hochgehaltene Ohr blasen. Kaum hatte ich angefangen zu spielen, da begann er seine Arie. Laut und total falsch. Seine Töne waren völlig daneben, aber sie waren laut, und Schnipp reckte wieder seinen Hals, richtete den Kopf gen Himmel und tat, als ob er ein grandioser Opernsänger wäre. Die Vorstellung war so komisch, dass alle um mich herum in schallendes Gelächter ausbrachen. Ich fiedelte weiter auf meiner Mundharmonika, und Schnipp jaulte und jaulte und verdrehte die Augen, und sein Maul stand sperrangelweit offen, und auf einmal machte er Schnapp und versuchte, mich zu beißen. Ich ließ die Mundharmonika fallen und hielt ihm meinen Arm vors Maul. Ich war so entsetzt, dass ich ganz durcheinander war. Mein lieber Schnipp hatte versucht, mich zu beißen. Das konnte ich überhaupt nicht verstehen. Ich lief ins Haus und berichtete Mutti von diesem schrecklichen Ereignis. „Monika, du hast Schnipp gequält. Hunde vertragen es nicht, wenn sie laute Musik hören müssen. Sie jaulen nicht, weil ihnen die Musik gefällt, sondern weil sie mit ihren empfindlichen Ohren Höllenqualen erleiden, wenn laute Musik in ihrer Nähe ertönt. Und du hast zu allem Übel ihm auch noch das Ohr direkt an die Mundharmonika gehalten und ganz laut gespielt, da ist es nur normal, dass er versucht hat, aus seiner misslichen Lage befreit zu werden. Er hat nach dir geschnappt, weil er deine Musik nicht ertragen konnte". Ja, das war wieder eine Lektion, die sich auf immer in meinem Gedächtnis fest einnistete.

Eines Tages, als Opa mit Schnipp und Frettchen Namenlos zum Aufstöbern eines Wildkaninchens im Wald war, kam Schnipp nicht wieder aus dem Bau heraus. Wer weiß, was passiert war! Vielleicht war ein Teil des Baus eingestürzt, und Schnipp konnte weder vorwärts noch rückwärts den Weg an die Oberfläche finden. Wir haben ihn gerufen, immer und immer wieder, aber er kam nicht. Er kam auch nicht, als ich weinte und betete, Schnipp möchte doch, bitte, wieder kommen. Während der ganzen folgenden Woche ging ich in den Wald zu der Stelle, wo Schnipp die Spur des Kaninchens aufgenommen und in den Bau eingedrungen war. Ich rief ihn noch mehrmals, dann sagte Opa, dass Schnipp jetzt oben im Himmel ein Plätzchen gefunden habe und ich nicht länger traurig sein solle.

Schnipp fehlte mir sehr. Er hatte mich doch stets begleitet, wenn ich ihn dazu aufrief. Als tröstende Ersatzlösung begann ich, mich etwas intensiver als zuvor mit unserer Katze zu beschäftigen. Minka, unsere Kratzbürste, durfte nicht ins Wohnhaus kommen. Sie lebte nach Lust und Liebe draußen oder auf dem Heuboden – je nach Wetterlage. Diese Katze war furchtbar eigensinnig. Ich schaffte es nicht, ihr auch nur einen Trick beizubringen, um vor meinen Spielkameraden auf der Straße angeben zu können. Und das Schlimme dabei war, dass sie aus heiterem Himmel böse wurde und mich mit ihren scharfen Krallen zerkratzte. Wenn das Biest schon nicht lernfähig ist, so will ich eben ein anderes Experiment mit ihm versuchen, war mein Plan. Ich holte meinen Puppenwagen aus seiner Ecke, suchte die schönsten Puppenkleider, die ich besaß, zusammen, grabschte mir die Katze und zog ihr die Puppenkleider an. Ich wollte sie so bekleidet spazieren fahren und dann all meinen Spielgefährten vorführen. Das hatte nämlich noch keiner gesehen – eine mit Puppenkleidern angezogene Katze im Puppenwagen!

Das ungezogene Biest versuchte mich zu beißen, aber da hatte es sich verrechnet. Ich hielt nämlich den Katzenkopf und die Vorderbeine von hinten ganz fest. Sie fauchte wie eine Dampflok und strampelte und versuchte, sich die Kleidung vom Leib zu reißen. Das gelang ihr nicht. Noch nicht. Ich bugsierte die schön angezogene Katze in den Wagen, deckte sie zu und machte mich auf den Weg zur Straße. Kaum hatte ich zwei Meter geschafft, da hopste sie aus dem Wagen. Das sah urkomisch aus, denn die Puppenkleider schränkten ihre Bewegungsfreiheit enorm ein. Trotzdem schaffte sie es, sich fortzubewegen wie ein lebendiger Stoffball. Auf dem Weg in die Freiheit zerriss sie die Kleider bis auf einen Teil am Hals, den sie noch tagelang als Dekoration mit sich trug. Eines Tages waren auch die letzten Fetzen Puppenkleidung vom Hals abgerissen, und Minka, die verrücktgewordene Katze, näherte sich mir nie wieder. Selbst verlockende Leckerbissen, mit denen ich versuchte, sie zu erweichen, verpassten total ihre Wirkung. Schade war es allerdings um die schönen Puppenkleider.

Jeden Sommer, wenn meine Cousine Kika Ferien hatte, übernahm sie die Rolle meiner Trainerin und Ausbilderin. Sie wollte aus mir eine Zirkusartistin, Sängerin und Schauspielerin machen. Das Programm gestaltete sie beim Ziegenhüten. Kika ist vier Jahre älter als ich, und sie musste schon ziemlich früh die schwierige Aufgabe übernehmen, die Ziegen von Familie Dreyer in unseren Wald auf immer abwechselnd andere Lichtungen zu bringen, sie mit Pflöcken, an denen lange Leinen befestigt waren, festzumachen, damit sie sich in dem Umkreis, der ihnen gesteckt war, den Bauch mit Grünzeug vollfraßen. Ich begleitete Kika beim Ziegenhüten. Ich glaube, Dreyers hatten drei Milchziegen. Eine davon war ziemlich zahm. Aber Olli und Lilo das waren die reinsten Teufel. Schon auf dem Weg vom Stall in den Wald stellten sie sich immer wieder quer. Sie machten Luftsprünge oder bockten, blieben auf der Stelle stehen, gruben die Beine förmlich in den Kiesweg und ließen sich nicht von der Stelle bewegen. Arme Kika! Sie hatte ihre Not mit diesen beiden Monstern. Kika gab ihnen Befehle, aber Olli und Lilo taten, als ob sie nichts verstünden. Olli hatte bedrohliche Hörner und einen langen Ziegenbart und rechts und links vom Bart niedliche kleine schneeweiße Fellglöckchen. Olli wusste ganz genau, dass sie uns in Angst und Schrecken versetzen konnte, wenn sie sich auf die Hinterbeine stellte, die Hörner auf Kika oder mich richtete und auf den Hinterbeinen einige Schritte vorwärts in Kikas oder meine Richtung machte, als ob sie uns ihre Hörner in den Bauch bohren wollte. Ich konnte wegrennen, aber Kika musste dableiben, denn sie durfte die Ziegen nicht weglaufen lassen. Nach mühsamem Gezerre kamen Kika, die Ziegen und ich endlich an die erste Lichtung des jeweiligen Tages. Kika klopfte die Pflöcke tief in den Boden, und unser Trainingsprogramm konnte beginnen. Dabei durfte ich nicht in Ollis oder Lilos Nähe kommen, denn die Biester lauerten geradezu auf eine Gelegenheit, mich aufzuspießen oder mich umzustoßen und in den Boden zu stampfen. Nach ungefähr einer halben Stunde mussten die Ziegen auf eine andere Stelle ziehen. Dann ging das Theater mit Olli und Lilo von vorne los. Kika zog die Pflöcke raus und befestigte sie an der neuen Stelle, was die beiden Bösen nutzten, um uns wieder zu bedrohen. Vor allem Olli konnte es einfach nicht lassen, uns in Panik zu versetzen mit ihren großen Hörnern, mit denen sie uns den Garaus machen wollte, oder zumindest sah es so aus. Schrecklich, wenn sie uns mit ihren großen Augen anglotzte, Schwung holte, sich auf die Hinterbeine stellte, den Kopf in meine oder Kikas Richtung neigte und auf eine von uns beiden loszurasen ansetzte. Ich befürchtete immer, dass das Seil, das am Pflock befestigt war, reißen könnte. Und dann wär's um mich geschehen gewesen.

Nachdem die Ziegen an ihrer neuen Stelle grasten, hatte Kika wieder eine halbe Stunde, um meine Vorführungskünste zu verbessern.

Kika war sehr ehrgeizig mit ihrem Trainingsprogramm. Sie übte mit mir immer und immer wieder, bis ich einige kleine Zirkusnummern beherrschte – Handstand, auf den Händen laufen, Überschlag, Brücke, Kopfstand, Spagat - die dann auf Familienfesten wie Geburtstagen vorgeführt wurden. Ich bildete mir ein, dass ich meine Artistenkünste auch in einem richtigen Zirkus vorführen könnte. Aber bis es so weit wäre, müsste ich noch einige Jahre älter sein und auch noch viele andere schwerere Kunststücke gelernt haben, davon war ich überzeugt. Ich träumte von einem zukünftigen Zirkusleben. Der Zirkus faszinierte mich. Am meisten gefiel mir am Zirkus das ständige Wanderleben. Als ich schon in die Schule ging und manchmal Ärger mit einem Lehrer oder zu Hause mit Oma oder Mutti hatte, drohte ich: „Wenn ihr mich nicht in Ruhe lasst, dann werde ich mit dem Zirkus abhauen. Dann könnt ihr mich nicht finden. Dann kann ich wie alle Zirkuskinder jede Woche in eine andere Schule gehen. Dann lerne ich viele Kinder kennen, und die werden mich beneiden, und die Lehrer werden mich immer wieder als die Neue vorstellen. Das ist wunderbar, und es wird nie, nie langweilig, und ich brauche nicht mehr Staub zu wischen oder Unkraut zu jäten oder Milch zu holen und vor den bösen Jungen Angst zu haben."

Kika brachte mir auch einige Gedichte und Lieder bei, die ich neben meinen mit ihr eingeübten Zirkusnummern vor allem auf Geburtstagen von Kikas Mutter oder Vater vortragen durfte. Kikas Mutter hatte im Juli Geburtstag. Das Wetter war immer sehr schön, und unsere „Vorstellung" gelang durchweg ohne Schwierigkeiten. Zu unserem Programm gehörte auch der Auftritt mit einer der beiden zahmen Ziegen. Kika holte sie aus dem Stall, übergab sie mir und ich hatte zu singen: „An meiner Ziege da hab ich Freude,/ sie ist ein wunderschönes Tier./ Haare hat sie wie aus Seide / und die Hörner wie ein Stier./ Meck, meck, meck, meck! / Meck, meck, meck, meck!" Einmal passierte es, dass ich gerade bei „ ... sie ist ein wunderschönes Tier..." sah, wie die Ziege den Schwanz in die Höhe streckte und eine beachtliche Portion schwarzer Kötel auf den Teppich fallen ließ.

Glücklicherweise waren die trocken und stanken nicht. Ich musste mein Loblied auf die Ziege unterbrechen, denn ein Lachkrampf hatte mich derart gepackt, dass ich nicht aufhören konnte. Und alle Gäste steckten sich von meinem Lachen an und prusteten, als ob wir alle zusammen einen Lachwettkampf veranstalteten.

Einer unserer Ziegenhüte- und Übungstage wäre beinahe eine Katastrophe geworden. Kika und ich waren derart mit unserem Theaterspielen und Trainieren beschäftigt, dass wir nicht gemerkt hatten, dass die drei Ziegen die Pflöcke aus dem Boden gerissen und sich davon gemacht hatten. Ein nahe gelegener bebauter Acker hatte so unglaublich viel saftiges, leckeres Grünzeug zu bieten, dass die uns anvertrauten Tiere dort ein Festfressen veranstalteten. Kika hatte furchtbare Angst. „Wenn der Bauer das merkt und mich an meinen Vater verpetzt, dann Gnade mir Gott". Wir versuchten, die vier ausgebüxten Ziegen so schnell wie möglich wieder einzufangen. Um Olli und Lilo musste sich Kika selber kümmern, ich hielt mich da raus. Die Ziegen wollten nicht von dem saftigen Futter lassen und rannten immer weiter in das verbotene Feld. Völlig kaputt und immer noch mit der Angst im Nacken, vom Bauern erwischt zu werden, brachten wir die vier Ausreißer zurück. Wir hatten noch mal Glück gehabt. Kikas Vater erfuhr nichts von dieser Geschichte.

Neben dem intensiven Training mit Kika als meiner Übungsleiterin gab es auch noch verschiedene andere Interessengebiete, mit denen wir beide uns beschäftigten. Von einer Schulfreundin hatte Kika den Tipp bekommen, sogenannte englische Pocken an uns selbst zu produzieren. Ihre Freundin hatte diese tolle Prozedur schon mit anderen ausprobiert. Sie schaffte es, Kika neugierig und mutig zu machen. Ja, und Kika holte mich, um das Experiment an uns beiden zu beginnen. Wir brauchten einen rostigen Draht, einige sehr robuste Pflanzenstängel und ein bisschen Erde. Als erstes kamen die Pflanzenstängel zum Einsatz. Kika knickte sie so lange, bis sie wie ein Topfschrubber in der Hand lagen. Der linke Oberarm wurde jetzt mit den Stängeln bearbeitet – erst bei Kika, dann bei mir. Auf einer etwa zwei Quadratzentimeter großen Fläche musste mit dem Stängel-Bündel intensiv gerieben werden, bis die Stelle so richtig schön rot war. Dann ging's weiter mit dem rostigen Draht. Vier oder fünf Mal fuhr Kika mit der Drahtspitze über die gerötete Stelle und zwar so stark, dass blutige Striemen entstanden. Und jetzt das Wichtigste: eine Handvoll Erde wurde auf der wunden Stelle verrieben und mit etwas Spucke befeuchtet. Wer am Ende eine wunderbar große entzündete englische Pocke vorzeigen konnte, war Sieger. Es dauerte länger als eine Woche, bis die Pocke verschwand. Gott sei Dank hatten diese Pocken keine lebensbedrohlichen Folgen. Keiner von den Beteiligten bekam davon Tetanus, was eigentlich an ein Wunder grenzte. Wir hatten wohl einen Schutzengel.

Weniger gefährliche, aber trotzdem unangenehme Prozeduren musste ich mir von Kika gefallen lassen. In ihrem Bestreben, aus mir nicht nur eine Zirkusartistin, sondern auch eine echte Schauspielerin zu machen, wollte sie mir eine würdige Haartracht verpassen. Eine Diva hat langes, blondes, gelocktes Haar. Meine Haare waren dunkel und völlig glatt und im Bubikopfstil geschnitten. Keine Spur von Locken oder Wellen. Wie bei einer Chinesin. Kika wusste die Lösung. Auf Omas Frisiertoilette lagen mehrere Brennscheren. Kika steckte dieses Werkzeug ins Ofenloch, wartete, bis es anfing zu glühen und befahl mir, ganz ruhig zu sitzen, damit sie mir erfolgreich eine Lockenpracht hervorzaubern konnte. Es kam vor, dass die Brenneisen noch viel zu heiß waren und meine Haare anfingen zu schmoren. Es stank erbärmlich. Dann wartete Kika einen Augenblick und bearbeitete von neuem meinen schmucklosen Kopf. Am Ende hatte ich für etwa eine Stunde einen Lockenkopf. Länger hielten die Locken es bei mir nicht aus. Die störrischen dunklen Haare wurden wieder ganz glatt. Und jedes Mal, wenn Kika ihre Friseuse-Kunst an mir auslebte, hatte ich einige Brandflecke auf der Kopfhaut. Das war der Grund, weshalb ich trotz des sehnlichen Wunsches, Locken zu haben, nicht gerne akzeptierte, dass Kika mit den Brennscheren an meinem Kopf herum experimentierte. Sich die Kopfhaut anbrennen zu lassen, war überhaupt nicht witzig.

Kika und Hans Richard, ihr jüngerer Bruder, wohnten in derselben Straße, ungefähr zweihundert Meter von uns entfernt. Beide waren öfter bei uns als bei sich zu Hause. Sie hatten längst nicht so ein riesengroßes Spielparadies wie wir. Onkel Heinz, der Vater von beiden, hatte ein Fahrrad auf dem Heuboden vor den Russen versteckt. Glücklicherweise hatten die Russen es nicht gefunden, als sie noch ständig bei allen Einwohnern nach Uhren und Fahrrädern suchten. Und als sie bei uns ausgezogen waren, um den Stab im Rathaus einzurichten, waren Durchsuchungen, um höchst geschätzte Gegenstände aufzuspüren, immer seltener geworden.

Zwei Jahre später, als diese Konfiszierungen der Russen längst der Vergangenheit angehörten, erlaubte Onkel Heinz den Jungen, das Fahrrad zu benutzen. Harm und Hans Richard waren die Ersten, die das gerettete Rad einweihen durften. Und dann war ich an der Reihe. Die Jungen zogen mit mir zum „Schwarzen Steig", einem Weg, der auf einer Anhöhe parallel zu unserem Grundstück verlief. Harm und Hans Richard erklärten: „Komm, wir zeigen dir, wie man Fahrrad fährt!" Das Rad war für mich viel zu groß. Es war ein 26-Zoll - „Herrenrad". Die Jungen bedienten die Pedale, indem sie den Rumpf und die Beine fast S-förmig unter die Querstange setzten. So konnten sie an die Pedale gelangen. Ich war gerade erst sieben Jahre alt, dünn wie ein Zahnstocher und auch noch ziemlich klein. Wie sollte ich mit diesem Riesenrad zurecht kommen? Das spielte keine Rolle für die beiden Banausen. Sie sagten zu mir: „Jetzt setzen wir dich erst mal auf das Rad. Dann greifst du mit beiden Händen den Lenker, und wir schubsen dich an und laufen den Hang runter bis zur Straße, und da halten wir dich an und heben dich wieder vom Rad."

Ich wurde also aufs Rad gehievt. Der Abstand zwischen Sattel und Lenker war so groß, dass ich nur mit völlig ausgestreckten Armen den Lenker erreichte. Ich lag parallel zur Querstange auf dem Rad. Die Beiden sagten: „Auf die Plätze, fertig, los!", gaben mir einen deftigen Anschub und blieben einfach stehen. Sie hätten gar nicht so schnell laufen können, wie ich Klammeraffe auf dem Fahrrad wie ein Wirbelwind den Hügel runter sauste. Sie versuchten es gar nicht erst, mich abzufangen.

Ich raste auf das Eckhaus, bei uns gegenüber, zu. Als ob

das Rad und ein gusseiserner Briefkasten, der seit eh und je an der Ecke des Hauses befestigt war, ein enormes Magnetfeld gebildet hätten, steuerte das Rad ohne mein Dazutun dem Briefkasten entgegen. Das Rad knallte links gegen den Kasten und die Hausmauer, ich flog, zusammengerollt wie eine Kugel, zur rechten Seite, neben der Hauswand und dem Briefkasten aufs Kopfsteinpflaster. Ich hatte Prellungen am ganzen Körper, dazu Schürfwunden an Handinnenflächen, Ellbogen und Knien. Zwei Wochen danach waren die blauen Flecke bunt geworden, die Schürfwunden abgeheilt, und bald war meine erste Fahrradtour kein Thema mehr. Aber durch den Aufprall gegen den Briefkasten und die Mauer war das Vorderrad achtförmig. Harm und Hans Richard bogen es wieder zurecht, so dass es seine Originalform annähernd wieder erlangte. Mit der total verbogenen Querstange konnten wir nichts anfangen. Wir hofften nur, dass dieser Schaden nicht bemerkt würde.

Zu Hause hatten weder Harm noch Hans Richard noch ich auch nur einen Ton von dem misslungenen Experiment verlauten lassen, und Schürfwunden waren bei uns Kindern fast alltäglich, ja wir versorgten sie allein, so dass auch die Erwachsenen nichts mitbekommen hatten. Bis, ja, bis Onkel Heinz mit dem malträtierten Fahrrad bei Vater erschien und Schadenersatz forderte, weil Monika das Rad zu Schrott gefahren hatte. Die beiden Jungen hatten doch tatsächlich behauptet, ich sei die Schuldige. Schließlich war ich es, die mit dem Rad wie der Teufel den Hügel runter gerast war, wobei das Rad gegen die Mauer und den Briefkasten geknallt war.

Zwischen Vater und Onkel Heinz stimmte die Chemie seit Kriegsjahren überhaupt nicht. Sie sprachen nicht miteinander und vermieden jeglichen Kontakt. Aber die Wut über die Zerstörung des einzigen Fahrrades, das mein Onkel für die Familie hatte retten können, war größer als die gegenseitige Aversion.

Mein Vater – oh, Wunder – nahm mich in Schutz. Er konnte sich vielleicht gar nicht vorstellen, dass ich zu so einer Missetat in der Lage gewesen sein sollte. Außerdem nahm er die beiden Mitbeteiligten ins Kreuzverhör. Nach kurzer Befragung wusste er, was tatsächlich vorgefallen war, und da es müßig war, noch weiter darüber zu debattieren, denn das Rad wurde davon nicht wieder benutzbar, betrachtete er die Angelegenheit für erledigt. Das gestörte Verhältnis zwischen Onkel Heinz und meinem Vater war allerdings total auf Eis gelegt. Man kannte sich nicht mehr!

Noch während der ersten Monate nach Kriegsende bis in die Endvierziger Jahre gab es in Schwaan ein lebendes Radio. Ein Mann mit einer großen Schulglocke in der einen und einem Zettel in der anderen Hand hatte die Aufgabe, den Einwohnern der Stadt die neuesten Erlasse, Gesetze, Maßnahmen, Befehle und Neuigkeiten der sowjetischen Militärverwaltung und ab 1949 der DDR- Behörde mitzuteilen. Dieses menschliche Radio läutete die Glocke mehrmals, während es unsere Straße auf und ab ging. Daraufhin liefen die Hausfrauen und alle Kinder auf die Straße, um zu hören, was es Neues gab. Oma oder Mutti schickten Harm und mich immer zum Zuhören, mit dem Hinweis, auch genau aufzupassen und dann alles zu Hause zu berichten. Der Radio- und

Glockenmann stellte sich in Position, nachdem er die Leute aus ihren Wohnungen gebimmelt hatte und hielt seine Rede – wie im Theater auf der Bühne. Laut, sehr betont und langsam las er: „Achtung, Achtung, Einwohner der Stadt Schwaan! Die sowjetische Militärverwaltung gibt bekannt, dass ab sofort alle Lebensmittel rationiert sind. Die Lebensmittelmarken sind im Rathaus heute und morgen abzuholen. Ich wiederhole: Die sowjetische ... !",und so weiter, das Ganze von vorne. Der Ausrufer ging Hundert Meter weiter und bimmelte und hielt wieder seine Rede. Ich glaube, er hat jedes Mal einen ganzen Tag gebraucht, um alle Einwohner der Stadt Schwaan zu erreichen. Jede Straße musste er abklappern, bimmeln und seine Rede schwingen. Das muss gewaltig anstrengend gewesen sein, und am Ende eines so harten Arbeitstages war er sicher ganz heiser. Ich erinnere mich nur noch an einige wenige dieser Bekanntmachungen. Beeindruckend war für uns Kinder, als in Schwaan die Kinderlähmung grassierte. Alle Einwohner wurden aufgerufen, die Häuser, an deren Türen ein Zettel klebte mit der Warnung: „ Betreten verboten. Bewohner stehen unter Quarantäne wegen Kinderlähmung" zu meiden und mit niemandem der betroffenen Familien Kontakt zu haben. Das gleiche geschah, als es wieder einmal eine besorgniserregende Anzahl von Typhusfällen gab. Alle hatten furchtbare Angst vor den gefährlichen, ansteckenden Krankheiten, die während der ersten Nachkriegsjahre grassierten. Wie sollte man sich dagegen schützen? Es gab kaum Impfungen und auch keine Medikamente. Kinderkrankheiten waren normal. Wir hatten Masern, Windpocken, Keuchhusten, Röteln und blieben während der jeweiligen Krankheit zu Hause.

Kamillentee, Pfefferminztee, heiße oder kalte Umschläge, Thymiantee gegen Husten waren fast die einzigen Mittel, so eine Krankheit schadlos zu überstehen. Vor Mumps und Diphterie wurden wir verschont, aber einige unserer Spielkameraden erlitten diese Infektionskrankheiten. Dann durften wir uns den kranken Kindern nicht nähern. Oma kannte außerdem wichtige und als absolut wahr erwiesene Vorbeugungsmaßnahmen, wenn im Sommer die eine oder andere Krankheit grassierte: Unreifes Obst ist giftig! Das war an uns gerichtet, weil wir es oft nicht abwarten konnten, dass die Pflaumen reiften, um sie erst dann zu essen. Ungewaschenes Obst macht krank! Wer ungewaschenes Obst isst und dazu auch noch Wasser aus der Pumpe trinkt, bekommt nicht nur fürchterliche Bauchschmerzen, sondern er wird garantiert todkrank! Trotzdem aßen wir unreifes Obst und vergaßen, die stibitzten Früchte zu waschen. Die Angst krank zu werden stellte sich immer erst ein, nachdem wir unsere Sünden schon begangen hatten. Gott sei Dank hat uns im Sommer keine Infektionskrankheit heimgesucht. Glück gehabt!

1948, ich ging in die zweite Klasse, wurde ich auf einer feierlichen Veranstaltung, an der die gesamte Schüler- und Lehrerschaft teilnahm, in die Organisation der Jungen Pioniere aufgenommen. Damals war es noch eine Auszeichnung, wenige Jahre später geradezu eine alltägliche Angelegenheit, dass die Kinder Junge Pioniere wurden. Ich wurde aufgerufen, musste mich vor die Menschenmenge stellen und bekam das damals noch blaue Halstuch von einem Lehrer umgebunden. Es war für mich ein glücklicher Tag. Ich war so stolz, dass ich jetzt zu den Auserwählten zählte, dass ich wohl eine ganze Stunde lang unsere Straße von Anfang bis Ende hoch und runter marschierte, in der festen Überzeugung, alle Menschen müssten mich mit meinem schönen blauen Halstuch sehen und bewundern. Bis Oma mich sah. In ungewohnt herrischem Ton rief sie mich zu sich in ihr Wohnzimmer, befahl mir, das Halstuch sofffort ! abzunehmen und den Lappen nie wieder umzubinden. Sie nannte mein schönes Halstuch Lappen! Ich verstand ihre Empörung nicht, und ich hatte damals noch nichts von den ideologischen Widersprüchen zwischen Oma und Opa einerseits und meinem Vater andererseits mitbekommen. Natürlich war diese widersprüchliche Haltung von Oma und Opa meinem Vater gegenüber seit dessen Rückkehr aus dem sowjetischen Gulag etwas Alltägliches, aber für mich war erstmalig der Tag des Halstuchverbotes ein einschneidendes Erlebnis und der Beginn einer permanenten Ambivalenz. In der Schule lernten wir, in den ersten Schuljahren noch in verniedlichender Kindersprache, dass die gerade gegründete Deutsche Demokratische Republik den Sozialismus aufbauen wolle, dass Völkerfreundschaft, ganz besonders aber die Freundschaft zur ruhmreichen Sowjetunion als Garant des Friedens für uns alle Herzenssache sei. Und was hörte ich zu Hause? Opa nannte die „Norddeutsche Rundschau", die offizielle Tageszeitung der Region, „Norddeutsche Schundsau". Meine Großeltern stellten grundsätzlich den NWDR ein. Im Erdgeschoss (Oma und Opa) war das pro-westliche Lager. Mutti versuchte neutral zu sein, und bei Vater wurden Nachrichten der sowjetischen Besatzungszone und später der DDR-Sender gehört. Höchstens der Wetterbericht des NWDR kam bei Vater in Frage, war für ihn sogar sehr wichtig, denn dem nordwestdeutschen meteorologischen Dienst konnte man blind vertrauen. Und die Vorhersage war für die Gärtnerei von ausschlaggebender Bedeutung. Ein Nachtfrost konnte die gesamte Anpflanzung in den Treibhäusern ruinieren. Wenn ausreichend Brennmaterial für den Heizungskessel vorhanden gewesen wäre, hätte Opa oder Vater einfach heizen müssen, und Angst und Sorge um die Pflanzen wären kein Thema. Aber es gab nicht genügend Koks oder Kohle. Es galt, so sparsam wie nur irgend möglich mit den viel zu spärlichen Brennmaterialmengen umzugehen. So mussten beide – wenn Temperaturen unter Null angesagt worden waren – sich abwechselnd eine Nacht um die andere um die Ohren schlagen, immer das Thermometer im Blick behalten und bei sichtbarem Sinken der Temperaturen heizen.

Ich hatte nach monatelanger Trainingszeit unter Kikas Aufsicht ein beachtliches Artistenprogramm einstudiert. Wir beschlossen, den Kindern unserer Straße ein eigenes Zirkusprogramm darzubieten. Auf einem Hinterhof eines Bauern, der die Erlaubnis dafür gab – schließlich war sein Sohn Nutznießer unserer Darbietungen – sollte das Schauspiel stattfinden. Als Eintrittskarten galten kleine Zettelchen, die wir aus druckfreien Rändern einer „Norddeutschen Rundschau" zusammengeschnitten und mit dem Preis (fünf Pfennige) beschriftet hatten. Es gab immer noch kein Stück Schreibpapier zu kaufen, aber wir wussten uns zu helfen. Eine Zeitung war groß genug, um Eintrittskarten für alle Interessierten anzufertigen. Am Nachmittag der Vorstellung hatten wir gutes Wetter. Aber es kamen kaum Kinder, um sich eine Eintrittskarte zu kaufen. Fast alle Spielkameraden unserer Straße wollten die

Vorstellung sehen, aber sie wollten oder konnten die fünf Pfennige dafür nicht ausgeben. Sie meinten, das wäre ja kein richtiger Zirkus. Kein Zelt, keine Löwen, kein Clown, keine Ponys, keine Seiltänzerinnen. Dafür opferte doch niemand seine fünf Kröten! Sie durften sich schließlich ohne zu bezahlen unsere Zirkusvorstellung ansehen. Ihre Begeisterung hielt sich in Grenzen. Ich war enttäuscht.

Die erste Zirkusveranstaltung, bei der die Zuschauer mir nicht gerade mit tosendem Applaus für meine Darbietung dankten, brachte mich dazu, mein Programm zu erweitern und zu verbessern. Ich wollte unbedingt eine Seiltanznummer einstudieren. Klammheimlich „organisierte" ich mir ein Stück Wäscheleine. Auf dem Heuboden fand ich das Gerippe eines Regenschirms. Ich wusste, dass ein Regenschirm zum Seiltanzen unbedingt erforderlich war, um nicht das Gleichgewicht auf dem Seil zu verlieren. Der Schirm hatte aber nicht einmal einen klitzekleinen Fetzen Stoff mehr. Nur das Gerippe. Ich war überzeugt davon, dass dieser unvollständige, mangelhafte Schirm an allem Schuld war.

Ich befestigte die Wäscheleine an einem Baum und das Ende an einem Pfosten in unserem Garten. Ich konnte die Leine nicht straff verzurren. Sie hing wie ein ausgeleiertes Gummiband. Das kümmerte mich überhaupt nicht, ich war mir sicher, dass meine Übungen problemlos vonstattengehen könnten. Ich holte mir eine Holzkiste aus dem Schuppen, platzierte sie neben den Baum, von wo aus ich aufs Seil steigen wollte. Ich nahm das Regenschirmgerippe in die rechte Hand, hielt mich mit der linken am Baumstamm fest und setzte einen Fuß aufs Seil. Ich ließ mich vom Baumstamm los, fuchtelte mit dem Schirm, der keiner mehr war, in der Luft herum, machte einen weiteren Schritt und brachte damit das Seil dermaßen zum Schwingen, dass ich völlig die Balance verlor und im hohen Bogen von dem etwa in einem Meter Höhe befestigten Seil flog. Das war der Anfang und das Ende meiner Seiltänzerin-Allüren. Und es gab auch keine andere Zirkusvorführung mehr. Ich hatte aber weiterhin bei Familienfeiern ein beachtliches Programm zu bieten, und die Zuschauer und Zuhörer aus der Familie dankten es Kika, meiner „Dompteuse", und mir mit lautem Applaus.

Mein Turnprogramm durfte ich auch mehrmals bei Elternabenden in unserer Schule vorführen. Eine ältere Lehrerin, die bei meiner Darbietung Angst bekommen hatte, denn ihr waren meine Körperverrenkungen unheimlich, sorgte sich augenscheinlich um mein Wohlergehen. Mit vor Angst zittriger Stimme rief sie: „Oh, Gott, hat das Kind noch Knochen im Leib?" Das war ja witzig!

1949 ging ich schon in die dritte Klasse. Ich konnte gut schreiben, nicht in Druckschrift, nein, wir hatten schon Kursivschrift gelernt.

Unser beliebter Klassenlehrer, Herr Hendrich, gab uns eine besondere Hausaufgabe. Wir sollten einen Aufsatz schreiben. Das Thema durften wir selber wählen. Mein Aufsatzthema lautete: "Wie der Hahn mich hackte". Ich schilderte in meinem Aufsatz ein Erlebnis, das unvergesslich in meinem Kopf seinen Platz gefunden hat.

Eine vom Garten abgeteilte Fläche, die mit einem hohen Drahtzaun umgeben war, war das Paradies unserer sechs oder sieben Legehennen und eines Gockelhahns. Sie hatten reichlich Platz zum Herumlaufen und Scharren, und sie fanden auch dicke, fette Regenwürmer, die sie besonders mochten.

Der Hahn war ein Angeber, wie man ihn kaum noch ein anderes Mal finden würde. Er stolzierte das gesamte Areal ab, von oben nach unten und wieder zurück. Manchmal klaute er den Hühnern das Futter vor dem Schnabel weg, manchmal sprang er auf ein Huhn, hackte mit seinem spitzen Schnabel auf den Kopf der Henne. Die machte Guaggaggaggaggag, schüttelte sich, und der Hahn lief wieder am Zaun entlang bis zum Ende des Geheges und wieder zurück. Warum sprang er eigentlich auf eine oder die andere Henne, hackte sie jedes Mal mit dem Schnabel auf den Kopf? Wollte er sie für irgendetwas bestrafen oder sie zurechtweisen? Auf jeden Fall hatte er seinen Spaß daran, und er wiederholte fast jeden Tag dieses auf die Hühner-Springen-Ritual. Anschließend rannte er immer am Zaun des Geheges entlang, ließ einen Flügel schleifen und krähte wie ein Weltmeister.

Seit langem hatte ich angefangen, den Hahn aus dem Konzept zu bringen. Wenn er auf ein Huhn sprang, scheuchte ich ihn auf. Dann stellte er sich in Pose, gackerte, hüpfte, breitete die Flügel aus und krähte wie besessen. Ich konnte genauso gut krähen wie er, und das machte ihn verrückt. Ich war vor ihm durch den hohen Gehegezaun geschützt. Der Hahn konnte zwar fliegen, aber er kam nicht bis zum oberen Zaunrand. Jedes Mal, wenn er zum Flug ansetzte und auf halber Höhe wieder runterfiel, konnte ich mich totlachen. Er konnte mir gar nichts anhaben. Bis, ja, bis ich an dem besonderen Tag nicht gesehen hatte, dass die Tür des Geheges nicht verschlossen war. Sie war nur angelehnt.

Ich hatte den Hahn wieder einmal auf Hochtouren gebracht. Er raste zu den sechs Hühnern, die sich vor ihm schützen wollten und deshalb alle zusammen aneinander gekuschelt standen. Er sprang um sie herum, gackerte bedrohlich, sprang hin und her und krähte seine Kriegserklärung an mich aus seiner Kehle raus. Ich krähte zurück, genau so laut wie er. Er rannte wieder am Zaun entlang, ließ wieder seine Flügel am Boden schleifen, machte einen komischen Luftsprung und auf einmal raste er aus dem Gehege und sprang auf meine Schulter und fing an, auf meinem Kopf rumzuhacken – genauso wie er es mit den Hühnern machte. Ich raste vom Gehege weg, um so schnell wie möglich ins Haus zu kommen. Dabei schrie ich wie am Spieß. Opa sah das Spektakel und kam mir zu Hilfe. Er packte den Hahn am Hals, holte das Hackebeilchen, und Zack! schlachtete er ihn. Ich hatte überhaupt kein Mitleid mit dem bösen Hahn. Er war ja selber schuld daran, dass er getötet wurde. Mich mit seinem spitzen Schnabel hacken und in Panik versetzen, das konnte man ihm nicht verzeihen. Nein, das musste bestraft werden. Der Hahn war ein ganz besonders leckerer Sonntagsbraten.

Mein lieber Lehrer Hendrich war begeistert von meiner Geschichte. Jeder Schüler hatte für seinen Aufsatz ein neues Schreibheft bekommen. Mein Heft war von der ersten bis zur letzten Seite mit meinem Bericht vom bösen Hahn, der mich hackte, vollgeschrieben. Ich bekam natürlich eine dicke Eins.

Herr Hendrich kam zu uns nach Hause und zeigte Oma, Opa, Vati und Mutti meinen Aufsatz und lobte meine Arbeit in den höchsten Tönen.

Dreißig Jahre später, als ich mit meinen beiden Söhnen bei meinen Eltern in Deutschland zu Besuch war, lud ich den schon alt gewordenen Herrn Hendrich zu Kaffee und Kuchen ein. Er bat mich, von meinem Leben auf der anderen Seite des Globus zu berichten, und auf einmal sagte er: „Monika, wissen Sie was? – er siezte mich! – seit dreißig Jahren habe ich in meinem persönlichen Archiv ein Heft von Ihnen, und dieses Heft werde ich niemandem geben. Auch Ihnen nicht. Es ist das Heft mit Ihrem Aufsatz über den bösen Hahn, der Sie hackte. Ein Schatz. Für mich ist dieser Aufsatz einer Achtjährigen wie eine hohe Auszeichnung, eine außergewöhnliche Belohnung, die einem Lehrer nur selten zuteilwird.

Ja, Oma, Opa, Vati und Mutti fanden meine Niederschrift auch sehr schön.

Permanenter Hunger, Hundekälte im Winter und lang anhaltende Stromsperren waren die vorherrschenden Lebenszustände während der ersten Nachkriegsjahre. Im ganzen Haus wurde nur ein Ofen beheizt. Die Fenster der Schlafzimmer zierten wunderschöne Eisblumen, und von der Regenrinne hingen lange Eiszapfen. Wir hatten keine den Jahreszeiten angemessene Bekleidung. Oma, Opa und Mutti führten einen ständigen Kampf um Lebensmittel und Heizungsmaterial. Oma war sehr geschickt und zauberte aus alten Kleidungsstücken neue für uns Kinder. Aber Oma war kein Schuhmacher, sie konnte keine Schuhe für uns hervorzaubern. Alles war

Improvisation. Omas und Muttis Einfallsreichtum hat Unmögliches möglich werden lassen.

Ab 1948/49 ging's spürbar bergauf.

Weihnachten 1948 bekamen wir drei Kinder (Harm, Herwig und ich) zum ersten Mal in unserem Leben jeder eine Apfelsine und einen kleinen Weihnachtsmann aus Schokolade. Diese Kostbarkeiten hatte uns Tante Lisbeth, Muttis Schwester, aus Osnabrück geschickt. Die Apfelsinen dufteten, dass ich meine Gier nicht bremsen konnte. Ich wusste nicht, dass man diesem Obst erst die dicke Schale abschälen musste, um an das saftige Fruchtfleisch zu gelangen. Ich biss in meine Apfelsine, und der scharfe ölige Saft der Schale verätzte regelrecht meine Lippen. Das ließ mich aber nicht davon ab, an der Apfelsine weiter zu nagen. Ja, und bald hatte ich das essbare Fruchtfleisch erreicht. Es schmeckte wunderbar. Ich verzehrte meine Apfelsine mitsamt der Schale. Meine Lippen brannten wie Feuer, waren knallrot und spröde. Als Mutti mich so sah, fragte sie ganz erschrocken: „Monika, was hast du gemacht? Deine Lippen sind ganz rot und entzündet". „Ich habe die Apfelsine gegessen. Die hat toll geschmeckt, aber sie war auch sehr scharf", war meine Antwort. „Hast du denn nicht die Schale entfernt? Hast du etwa die Apfelsine mit Stumpf und Stiel aufgegessen?" „Ja, das habe ich, einen Apfel esse ich doch auch mit allem, was er hat". „Oh, du Dummchen, woher solltest du auch wissen, dass Apfelsinen geschält werden müssen, bevor man sie essen kann", sagte Mutti, und sie war wieder einmal ganz traurig. Na ja, für nächstes Weihnachten, an dem es sicherlich auch wieder von Tante Lisbeth eine Apfelsine pro Kind gab, würde ich

Bescheid wissen, dass Apfelsinen vor dem Verzehr geschält werden müssen.

Harm und ich belauerten uns, wer wohl seinem Weihnachtsmann als erster den Garaus machen würde. Harm war so furchtbar diszipliniert, dass ich manchmal die Wut bekam. Ob Ostern oder Weihnachten – er bewahrte seine Leckerbissen immer so lange auf, bis ich es nicht mehr aushielt. Ich konnte meine Kostbarkeiten nicht eine Minute länger liegen lassen. Der Schokoladenweihnachtsmann lockte mich, er sagte zu mir: „Iss mich auf!" Ich begann, ein kleines Stückchen abzubrechen. Jetzt fehlte ihm schon etwas vom Kopf. Ich wollte mich zwingen, nicht weiter zu naschen. Es gelang mir nicht, und bald war vom Schokoladenweihnachtsmann nur noch die Silberpapierhülle übrig. Harm triezte mich: „Guck mal, mein Weihnachtsmann ist noch ganz heil". „Bitte, bitte, gib mir ein Stück ab!", bettelte ich. „Nein, Monika, wir haben beide je einen Weihnachtsmann bekommen. Du konntest deinen ja nicht früh genug wegputzen. Das hier ist meiner, und den werde ich ganz allein aufessen". Er hatte ja Recht, aber ich hätte doch sooo gerne ein Stück Schokolade gegessen.

Das Jahr 1948 brachte uns auch eine fantastische, neue Einrichtung: die HO – Handelsorganisation. Erstmalig nach dem Krieg konnten wir bei der HO Lebensmittel kaufen, ohne Rationierungsmarken abzugeben. Ganz einfach ohne Marken! Die Preise waren natürlich im Himmel, aber für zwanzig Pfennig konnte ich eine kleine Rolle Drops bei der HO kaufen. Das war für mich das interessanteste Produkt überhaupt. Eine Rolle Drops.

Diese Rolle Drops machte mich glücklich. Sie war lange Zeit das einzige Produkt, das ich in der HO kaufte. Ich habe dafür einen großen Teil meiner Ersparnisse geopfert.

Später, als der Bäcker außer dem Roggenbrot auch andere Backwaren markenfrei verkaufte und wir Weizenbrot, Brötchen und Kuchen ohne Rationierungsmarken bekamen, kaufte ich mir manchmal, wenn mein Sparschweinchen es hergab, einen Liebesknochen oder ein Schweinsohr. Das war jedes Mal ein Fest. Das gab es allerdings nicht oft, denn mein mühsam erspartes Geld vermehrte sich furchtbar langsam. Und die Gesamtsumme war durchweg sehr bescheiden.

Ab 1949 gab es im Lebensmittelladen auch schon eine beachtliche Auswahl an Zutaten zum Kuchenbacken. Zwar mussten wir dafür unsere Rationierungsmarken abgeben, aber dafür war alles recht billig. Kein Vergleich mit den HO-Preisen! Oma war unsere Spezialistin im Verteilen und genauem Verbrauch aller Lebensmittel. Sie schaffte es, jeden Sonnabend die erforderlichen Zutaten für einen Sonntagskuchen bereitzuhaben. Je nach Jahreszeit buk Oma entweder Obstkuchen – im August waren es die saftigen, fantastischen, wohlschmeckenden Pflaumenkuchen, im Herbst gab es Apfelkuchen, im Winter und im Frühjahr Zuckerkuchen oder Streuselkuchen. Für den Teig benutzte Oma Butterschmalz, Weizenmehl, Zucker, Hefe, ein wenig Milch und …ich glaube das war's, was sie dafür brauchte. Und natürlich auch etwas Butter.

Jeden Sonntagnachmittag wurde der Kuchen angeschnitten. Und das Beste von allem war, dass wir Kinder, einschließlich der Dreyers, beim Kuchenessen uns so richtig den Bauch füllen durften. Wir futterten um die Wette bis uns davon schlecht wurde. Gegen Übelkeit, die wegen unserer ungebremsten Gier geradezu ein Standardzustand war, gab es ein sicher wirkendes Mittel: eine Salzgurke. Was für eine Kombination: Kuchen und Salzgurke! Aber es half tatsächlich.

Den von Oma vorbereiteten Blechkuchen mussten Harm oder ich zum Bäcker bringen. Damals hatte kaum jemand einen Backofen. Das Essen wurde auf einem Kochherd, der mit Holz befeuert wurde, zubereitet. Das Schwierige daran war, dass keine bestimmte Temperatur eingestellt werden konnte. Oma oder Mutti konnten die beiden Kochlöcher des Herdes mit Eisenreifen verschiedener Größe entweder verkleinern oder vergrößern. Sie hatten durch viel Übung den Trick raus, um je nach Bedarf die erforderliche Hitze zu erreichen. Jahre später wurde zu Omas und Muttis größter Freude und Zufriedenheit der alte Herd gegen einen Gasherd ausgetauscht. Das war ein Unterschied wie zwischen Tag und Nacht. Die Blechkuchen mussten zum Backen allerdings immer noch zum Bäcker gebracht werden. Sie passten nicht in den kleinen Backofen.

Omas Streuselkuchen war ein Gedicht! Wenn ich das fertige Blech zum Bäcker bringen musste, naschte ich von den Streuseln. Die waren nämlich aus Kuhmilchbutter, Zucker und Mehl gemacht, und das schmeckte himmlisch gut. Butter war der Inbegriff der Delikatesse. Klar, ich durfte nicht allzu viel davon abgrasen, denn Oma wusste ziemlich genau, wie viel Streusel sie auf den Kuchen getan hatte. Wenn Oma Verdacht geschöpft hatte und meinte, da hätte Monika wohl von den Streuseln geklaut, erfand ich die Notlüge, es sei wohl die Bäckersfrau gewesen. Die machte sowas nämlich auch mit Vorliebe, das hatte ich selbst gesehen! Wie konnte ich nur einen anderen des Mundraubs bezichtigen. Das war ungehörig. Aber wenn ich zum Bäcker geschickt wurde mit dem Streuselkuchen auf dem Blech, dann konnte ich mich nicht bremsen. Ich wusste, dass ich das nicht durfte, und ich hatte auch ein ganz schlechtes Gewissen, aber es schmeckte trotzdem, und ich tat es immer wieder.

Oma war sowas wie die Oberbefehlshaberin der Familie Krause. Sie überwachte alle Lebensmittel, sowohl die vom Kaufmann, als auch die aus eigener Produktion, also die Obst- und Gemüsekonserven, die Marmeladen, die Kartoffelreserven, die Rüben, Karotten, Sellerieknollen und Porreestangen in den Mieten. Sie wusste auch genau, wie viele Eier die Hühner täglich in ihrem Legenest ablegten. Sie bestimmte, wann es an Sonntagen Kaninchen- oder Hähnchenbraten geben sollte, und zu Weihnachten besorgte sie den Enten- oder Gänsebraten. Also, es kann auch sein, dass Opa seine Beziehungen zu den Bauern unserer Umgebung spielen ließ, um eine Ente oder gar eine Gans für den Weihnachtsbraten zu ergattern. Das weiß ich nicht so genau. Aber ein oder zwei Mal kamen Ente und Gans aus eigener Zucht. Ich sehe noch die arme Gans vor mir, wie sie genudelt wurde und Glubschaugen machte, wenn ihr eine krokettenförmige Nudel in den Hals gestopft wurde und dann langsam, ganz langsam den langen Hals runter bis in den Magen rutschte.

Oma und Mutti kümmerten sich um die Vorbereitung des Festtagsbratens. Äpfel und Backpflaumen gehörten unbedingt in die ausgeräumten Bäuche der Riesenvögel, und das stundenlange Braten musste sorgfältig überwacht werden.

Oma organisierte und leitete auch die gesamte Weihnachtsbäckerei – braune und helle Pfeffernüsse und das Stollenbacken, das schon Mitte November jedes Jahres begann. Selbstverständlich bekamen wir Kinder dabei auch verschiedene Aufgaben zugeteilt. Walnüsse aus eigener Ernte mussten erst einmal aufgeknackt und dann in kleine Stückchen geschnippelt werden. Und wehe in unseren klein geschnippelten Nusshaufen verirrten sich Fragmente der Nussschalen! Das durfte nicht vorkommen. Für die Stollen gab es Sukkade, Rosinen und Orangeade erstmalig ab Weihnachten 1948, aus dem Westen. Dafür sorgten Omas Schwiegertochter aus Westberlin und Tante Lisbeth aus Osnabrück. Auch Opa trug dazu bei, dass die Weihnachtsbäckerei mit allen erforderlichen Ingredienzien vonstattengehen konnte. Er reiste schon im Spätherbst nach Westberlin, wo eine treue Kundschaft auf das fachgerechte Beschneiden der Obstbäume wartete. Von dem „echten" Geld, das er dafür bekam, kaufte er neben vielen Gerätschaften, die für den Betrieb erforderlich waren, auch die von Oma bestellten Backzutaten. Und Harm und ich schnippelten auch die Sukkade und Orangeade. Ich war der Meinung, diese beiden „kostbaren" Zutaten aus dem Westen waren überhaupt nicht notwendig, um wunderbar schmeckende

Stollen zu backen. Die Walnüsse, ja, die waren zusammen mit den Rosinen das I-Tüpfelchen der Stollen. Wenn der Stollen dann zu Heilig Abend angeschnitten wurde, versuchte ich immer, ein großes Stück mit reichlich Walnüssen und Rosinen zu finden.

In der Adventszeit ging ich mit Kika zur Chorprobe, die in der Schwaaner Kirche ganz oben neben der Orgel stattfand. Mir graute vor der dunklen steilen Wendeltreppe. Kika musste mich fest an der Hand halten, damit die bösen Gespenster, die sich bei der Dunkelheit dort oben ein Stelldichein gaben, mich nicht fanden. Fräulein Loheit, die betagte Organistin – sie war vor vielen Jahren, als Mutti noch zur Schule ging, ihre Klavierlehrerin – leitete den Weihnachts-Kinderchor. In der Kirche war es eisig kalt, dunkel und es roch muffig. Fräulein Loheit hatte nur eine Kerze, um ein ganz klein wenig Licht zu zaubern. Wenn wir nach der Probe die Treppe wieder runterstiegen, mussten wir uns vorantasten, wir konnten nichts sehen. Um wieder ein wenig Wärme in unsere steif gefrorenen Hände und Füße zu bekommen, rannten wir wie die Verrückten nach Hause.

Im Pfarrhaus fanden zur Adventszeit Liederabende statt. Mutti nahm Harm und mich mit. Wir durften auch mitsingen. Mutti hatte als Solistin die wichtigste Rolle. Mir war das furchtbar peinlich. Mutti sang ein Lied von einer Tochter Zion, und ich dachte, wer soll wohl diese Tochter sein? Ich hatte keine Schwester. Damals noch nicht. Die einzige Tochter war Monika, und die Zion, die kannte ich nicht. Aber die musste es ja gegeben haben, denn sonst würde Mutti doch nicht so inbrünstig singen: „Tochter -

her Zion, freu-heu-heu-heu-heu-he dich". Was bedeutete das alles? Alle Anwesenden, die Muttis Gesang lauschten, waren begeistert, und niemand kümmerte sich darum, dass diese Zion doch gar nicht meine Schwester sein konnte. Mutti musste wieder einmal – aber erst zu Hause – das Geheimnis, das gar keins war, lüften. Aber so richtig habe ich Mutti nicht verstanden. Die Geschichte mit dieser geheimnisvollen Tochter ging mir lange nicht aus dem Kopf.

Im Weihnachtschor sangen wir auch das schöne, aber mir unverständliche Lied „Es ist ein Ros entsprungen". Mein Kopf arbeitete auf Hochtouren. Ich versuchte mir vorzustellen, wie es aussehen müsste, damit eine Rose springen könnte. War das vielleicht ein Druckfehler? Wollte der Dichter sagen: "Es ist ein Reh entsprungen? Aber dann passte es wiederum nicht zu dem nächsten Vers: „Aus einer Wurzel zart". Der Text ist total falsch. Es passt nichts zusammen. Eine Rose, die aus einer Wurzel springt – wo gibt's denn so was! Und erneut wurde Muttis Engelsgeduld auf die Probe gestellt beim Versuch, mir zu erklären, warum der Text richtig war und was das alles überhaupt bedeutete. Ich fragte Mutti: „Warum wird das nicht gleich so gesagt wie es richtig ist? Warum muss immer alles so versteckt sein?

Weihnachten war das schönste Fest des Jahres. Was für ein Durcheinander! Die Vorfreude und Erwartung! Und oft auch Enttäuschung.

Oma und Mutti veranstalteten schon einige Tage im Voraus ein hektisches Saubermachen. Vor allem die Weihnachtsstube, die ja fast das ganze Jahr über verschlossen war (nur der Beamte vom Finanzamt, der einmal im Jahr Opas Buchhaltung kontrollierte, durfte seine Arbeit in der guten, der Weihnachtsstube, erledigen), musste vom Staub befreit werden, und die Möbel wurden so verschoben, damit ausreichend Platz für den großen Tannenbaum und den „Geschenketisch" geschaffen wurde. Diese alljährlich wieder veranstaltete Pflichtübung, die erst im Laufe jedes Heiligabend-Nachmittags beendet wurde, machte Oma und Mutti ganz kaputt. Jedes Jahr das gleiche Theater. Oma bestand darauf. Es musste geschehen.

Harm und ich wurden am Spätnachmittag des Heiligabends zur Kirche geschickt. Hauptsächlich, um Oma und Mutti Zeit zu geben, alle Vorbereitungen ungestört von uns neugierigen und vor Erwartung aufgeregten Gören erledigen zu können.

Auf Omas Anordnung hatten wir beide uns am 24. 12. die schönen Wintermäntel anzuziehen. Oma hatte sie aus einem Vorkriegsmantel – sie nannte ihn Friedensqualität - der einem ihrer Söhne gehörte, der nicht aus dem Krieg zurückgekehrt war, genäht. Ich, aber nur ich, hatte dazu einen wunderbar wärmenden Muff aus Kaninchenfell. Natürlich ein Meisterstück meiner Oma! Meine Hände blieben selbst bei schlimmster Kälte warm. Harm musste sich mit Fausthandschuhen begnügen. Beide trugen wir schöne Wollmützen, die ebenfalls von Oma gestrickt waren. Und die obligatorischen langen Strümpfe aus Schafswolle gehörten selbstverständlich zu unserer Weihnachtskluft. Winterschuhe hatten wir leider viele Jahre lang überhaupt nicht. Daher in jedem Winter Eisbeine mit Frostbeulen. Als es die ersten rationierten

Schuhe gab, war die Qualität dieser Produkte miserabel. Und richtige Winterstiefel waren in keinem Geschäft zu finden. Ich konnte mir erst welche kaufen, als ich schon Studentin war. Das muss man sich mal vorstellen!

Um vier Uhr oder halb fünf nachmittags begann der Gottesdienst in unserer Schwaaner Kirche. Alle Besucher hatten von zu Hause einige Stücke Feuerholz für die Heizung und Kerzen mitgebracht. Damit war die Kirche nicht nur in ein geheimnisvolles, feierliches Licht getaucht, sondern es wurde erträglich warm in diesem großen Bauwerk.

Der Kinderchor sang die einstudierten Weihnachtslieder. Ein Krippenspiel wurde aufgeführt. Dabei hatten sich alle Jahre wieder, aber nur an Heiligabend, Mädchen mit langem blondem Haar als Engel verkleidet. Ich durfte nie ein Engel sein. Meine kurzen, dunklen Haare bedeuteten das sicherste Hindernis. Die Puppe eines der Engel stellte das Jesuskind dar und mehrere Jungen, mit Opas altem Mantel behängt, spielten Schäfer. Josef hatte einen angeklebten Bart aus Watte, und eine Schülerin aus einer der höheren Klassen durfte an diesem Abend Maria sein.

Mangels entsprechender Kleidung waren die Nachkriegsengel in Bettlaken gehüllt. Natürlich trugen sie ihre Winterkleidung unter den Laken. An ihren Rücken hatten geschickte Hände Gänseflügel befestigt, die nicht immer während des Spiels an der richtigen Stelle blieben. So mancher Engel musste die Zeremonie mit fast am Boden schleifenden Flügeln bis zum Ende aushalten. Für die Banausen unter unseren Schülern war das ein

Fressen. Sie lästerten wochenlang darüber.

Jedes Jahr stand ein großer Weihnachtsbaum auf dem Marktplatz. Elektrische Kerzen, die den Krieg unbeschadet überstanden hatten, wurden nur abends an den Adventssonntagen und am 24., 25. und 26. Dezember angezündet. Die ganze Stadt war in Dunkelheit gehüllt, Stromsperren oder Stromsparen war angesagt. Nur der Weihnachtsbaum strahlte und verbreitete eine märchenhafte Atmosphäre. Und er war immer unglaublich schön. Wenn ich vor ihm stand, kniff ich ein wenig die Augen zusammen, und schon verwandelte sich das Kerzenlicht in leuchtende Sterne. Meine Phantasie schwebte mit mir davon, und ich fühlte mich wie im Himmel. Wunderbar!

Vom Gottesdienst zurück erwartete uns eine spannungsgeladene Stimmung. Wir mussten erst einmal Abendbrot essen, dabei platzten wir schier vor Neugier und Erwartung. Keine Ausnahme! Alle hatten ihre Teller leer zu essen, dann ging die Tür zur Weihnachtsstube auf. Aber von wegen jetzt den Geschenketisch erstürmen! Kam nicht infrage. Die Tür wurde hinter uns geschlossen, und wir hatten uns unter dem Türrahmen mit Blick auf den Tannenbaum und den Gabentisch aufzustellen. Schön ordentlich! (Eine der häufigsten Floskeln unserer Oma). Unsere Aufregung und Erwartung waren unerträglich.

Der nächste Schritt des Programmes: Harm, Herwig und ich mussten jeder ein Gedicht vortragen. Die Jungen hatten einen Diener zu machen, ich einen Knicks. Herwig war als letzter an der Reihe, und sein Gedicht war das kürzeste. Er war ja auch der Kleinste. Ich ratterte mein Gedicht runter. Es sollte ja schnell gehen. Aber das war überhaupt nicht in Omas Sinn. „Langsam und mit Betonung!" unterbrach sie mich. Also noch mal von vorne. Als wir endlich die Gedichte geschafft hatten, kamen die Weihnachtslieder an die Reihe. Und von wegen nur eine Strophe! Nein! Oma, die sonst wenig von Zeitverschwendung hielt, verlangte am Heiligabend alle Strophen von „Stille Nacht...", „Oh du fröhliche..." und „Oh, Tannenbaum...". Das ganze grenzte an Folter. Und dann durften wir endlich an den Gabentisch und unsere Geschenke suchen und uns daran erfreuen oder ...enttäuscht sein.

Ich hatte mir einen Roller gewünscht. Und was bekam ich? Einen Puppenwagen mit einer kleinen Puppe drin. Den Puppenwagen hatte unser Tischler im Auftrag von Oma gebaut. Heute würde man dafür ein Vermögen bezahlen. Der Puppenwagen war blöd, blöd, blöd. Der Wagen, der Griff, die Räder –alles war aus Holz. Und die Räder hatten ganz schmale Gummireifen. Ich konnte diesen blöden Wagen nicht als Rollerersatz benutzen, denn die Räder bewegten sich viel zu langsam. Und die Puppe war überhaupt nicht schön. Wenn schon eine Puppe, dann sollte es Julischka sein, meine liebe Julischka, die 1944 in Pommern geblieben war. Aber diese Weihnachtsgeschenk-Puppe hatte rein gar nichts, woran ich mich hätte erfreuen können. Sie hatte nicht einmal Glasaugen. Und ich musste auch noch so tun, als ob ich glücklich wäre über mein Weihnachtsgeschenk. Denn man hatte uns eingebläut, über jedes Geschenk erfreut zu sein und dafür unseren Dank zu bekunden.

Harm bekam eine Pappschachtel voll Wäscheklammern aus Holz. Das war wohl ein Witz! Harm sagte zwar, er habe sich die Wäscheklammern gewünscht, aber ich weiß genau, er wollte einen Stabilbaukasten, aber den gab es erst viele Jahre später. Jetzt mussten die Wäscheklammern den Baukasten ersetzen. Und tatsächlich schaffte es Harm, mit den Wäscheklammern verschiedene Gegenstände zu bauen. Harm tat so, als ob die Klammern ein tolles Geschenk wären. Ich kann mich nicht erinnern, was Herwig bekommen hat. Er war erst fünf Jahre alt und interessierte sich hauptsächlich für die Weihnachts-Leckerbissen.

Einmal – es muss Weihnachten 1948 gewesen sein – kam auch der Weihnachtsmann höchst persönlich. Ich fürchtete mich nicht vor ihm, ich hatte ein reines Gewissen. Nur Herwig geriet fast in Panik. Harm erzählte mir am Tag danach: „Weißt du, wer der Weihnachtsmann war?" „Der Weihnachtsmann, wer denn sonst!", antwortete ich. „Das war nicht der Weihnachtsmann, den gibt es nämlich gar nicht, das war Herr M., der bei Opa als Geselle arbeitet, ich habe ihn an seiner Stimme erkannt". „Du lügst, das war der Weihnachtsmann", protestierte ich. „Monika, frag doch Mutti, wer der Weihnachtsmann war!" Ich fragte Mutti, und sie erklärte mir in ihrer schonenden, geduldigen Art, dass der Weihnachtsmann tatsächlich keiner war und dass die Erwachsenen den Weihnachtsmann spielten. Ich war zuvor kaum enttäuschter als bei dieser Offenbarung. Meine Illusion vom lieben, guten Weihnachtsmann ging verloren. Ich war sehr traurig.

Auf dem Gabentisch lagen selbstverständlich auch die

neuen Strickwaren für uns drei, die teils Oma, teils ich gestrickt hatten. Schon im September musste ich mit der Strickerei beginnen, denn bei mir dauerte es lange, bis ich ein Paar lange Strümpfe fertig hatte. Fausthandschuhe und Mützen waren ebenso mein Ressort, während Oma Fingerhandschuhe strickte. Zu meinen Weihnachtsgeschenken für Mutti und Oma gehörten jahrelang immer wieder Batist-Taschentücher, die ich mit einer gehäkelten Spitze umrandete. Das gelang mir recht gut, und vor allem ging es verhältnismäßig schnell.

Nach dem Empfang unserer Geschenke begannen wir, den Weihnachtsteller zu plündern. Walnüsse, Äpfel, Pfeffernüsse, Stollenscheiben, die erste Apfelsine und der kleine Schokoladenweihnachtsmann – alles nahmen Herwig und ich in Angriff. Harm, der sicherlich genauso gern seine Apfelsine und den Weihnachtsmann sofort aufgegessen hätte, bewahrte sich die beiden Leckerbissen für später auf. Er konnte sich disziplinieren. Wie er das schaffte, habe ich nie begriffen. Es ärgerte mich maßlos. Herwig und ich konnten nicht an uns halten, wir futterten wahllos alles durcheinander. Und das alle Jahre wieder an einem einzigen Abend, dem 24. 12.!

Ich erinnere, dass ich mich mehrere Heiligabende in Folge mitten in der Nacht todkrank fühlte und alles, was ich hastig und gierig verschlungen hatte, wieder von mir gab. Am Tag danach ging es mir wieder blendend, der Weihnachtsbraten bekam mir hervorragend. Ich war und blieb bis zum achten Lebensjahr unbelehrbar, was meinen Heißhunger, meine Gier, mein Verlangen, meine Unbeherrschtheit betraf. Die schönsten Leckerbissen existierten nur einen Augenblick. Ich verschlang sie sofort.

Jeden 25. Dezember ging Oma zum Weihnachtsgottesdienst, und ich musste sie begleiten. Sie hatte ja am 24. 12. nie Zeit. Alle Vorbereitungen, die sie für Heiligabend anordnete, leitete und mitvollendete, erschöpften sie so sehr, dass sie erst am 25. 12. die Muße hatte, die Weihnachtsgeschichte und die vielen Weihnachtslieder zu genießen. Ich fand den Gottesdienst an jedem 25. 12. todlangweilig. Es gab kein Krippenspiel mehr, der Kinderchor sang auch nicht. Eine Veranstaltung für die Erwachsenen. Während Oma andächtig zuhörte und dann mit ihrer Koloratur-Stimme inbrünstig die Weihnachtslieder mitsang, war sie in eine andere Welt entrückt. Mir war das furchtbar peinlich, denn sie sang sehr laut. Mir schien, sie empfand sich in der Kirche als die Hauptperson nach dem Pastor.

Ostern war für uns Kinder das zweitwichtigste Fest. Natürlich wegen der Osternester voller Leckerbissen, die der Osterhase versteckte.

Zu Ostern gab es keine schönen, fröhlichen Lieder wie zu Weihnachten. Mutti hatte uns lange vor Ostern die Geschichte von Jesus, den Aposteln, dem Abendmahl und von Judas und dessen Verrat erzählt. Und dann auch von der Verurteilung des Heilands durch Pontius Pilatus und schließlich von Jesus' Kreuzgang, seinem Tod am Kreuz und von seiner Auferstehung. Die ganze Leidensgeschichte des lieben Jesus beeindruckte uns Kinder jedes Jahr zur Osterzeit aufs Neue. Aber Mutti fand dabei auch immer wieder eine sehr frohe Art, uns die Geschichte zu erzählen. Sie endete ja immer mit der Auferstehung und Himmelfahrt, wobei meine Phantasie wie so oft Kapriolen schlug. Ich sah Jesus auf der Himmelsleiter, den langen leiterähnlichen Sonnenstrahlen, die bei diesigem Wetter zu sehen sind, und konnte mir vorstellen, wie er auf einer dieser Leitern zum Himmel hochkletterte.

Die Woche vor der Karwoche ordnete Oma das Groß-Reinemachen an. Oma, Mutti und unser Dienstmädchen stellten das Haus regelrecht auf den Kopf. Wir hatten noch keinen Staubsauger und auch noch keine Waschmaschine. Selbstverständlich hatte ich meinen Teil dazu beizutragen, dass das ganze Haus vor Sauberkeit blitzte. Ich hatte Sofa, Sessel und Polsterstühle vom Staub zu befreien. Dazu gab Oma mir eine Bürste, die statt Borsten abgerundete, glatte Rillen hatte. Die Bürste wurde befeuchtet, und dann musste ich die Sitzflächen und Lehnen mit bürstenartigen Bewegungen bearbeiten. Dabei blieb der Staub in den Rillen haften. Anschließend Bürste in Wasser tauchen und wieder über Sitzflächen und Lehnen fahren, bis kaum noch Staub in den Rillen vorhanden war. Und natürlich – wie konnte es auch anders sein – war ich zum Staubwischen eingeteilt. Unser Dienstmädchen und Mutti schrubbten die Holzfußböden. Die wieder getrockneten Böden bekamen eine deftige Schicht Bohnerwachs. Dann durfte ich mit dem Polierlappen unter den Füßen die Dielen zum Glänzen bringen. Wie Skilanglauf! Alle Gardinen und Vorhänge wurden gewaschen, gestärkt und wieder an ihren Plätzen befestigt. So kam es jedes Jahr zu Ostern – ähnlich wie zu Weihnachten – dass die übertriebene Putzerei Oma und Mutti total erschöpften. Aber dieses

Theater gehörte einfach dazu. Es war ein sich immer zu den Feiertagen wiederholendes Ritual, ein Familiengesetz.

Karfreitag herrschte bei uns düstere Stimmung - von Oma angeordnet. Wir Kinder durften nicht laut sein, nicht toben, nicht singen, lachen schon gar nicht. Das Radio durfte nicht angestellt werden, und zum Mittagessen gab es Fisch. Schrecklich! Ich kann Fisch, der sehr stark riecht, nicht ausstehen. Mir wird speiübel davon. Am schlimmsten, finde ich, ist der Hering. Ein Brechmittel. Und ich musste wie alle anderen auch immer zu Karfreitag Fisch essen. Davon wurde ich erst befreit, als ich schon zwölf Jahre alt war!

Ostersonntag war die Traurigkeit wie weggeblasen. Jesus war auferstanden, der Osterhase hatte seine Pflicht getan, und wir Kinder durften unsere Nester suchen. Bei gutem Wetter hatte der Osterhase so unendlich viele Möglichkeiten, die Nester zu verstecken, sogar auf Bäume kletterte er, dass unsere Geduld beim Suchen enorm strapaziert wurde. Bei Regenwetter versteckte er die Nester in einem der Treibhäuser, da fanden wir sie viel schneller.

Während der ersten Nachkriegs-Ostern fanden wir in unseren Nestern schlicht und einfach für jeden drei hartgekochte, mit Zwiebelschalen und Rote-Bete-Saft gefärbte Eier. Es gab noch keine Schokolade, noch keine Bonbons, einfach nur Eier. Und das war für uns außergewöhnlich viel, denn normalerweise bekamen wir ein gekochtes Ei pro Woche! Zu Ostern durften wir unsere Eier essen, wann wir wollten. Ich verspeiste sie alle drei noch an Ostersonntag.

Ab 1948 gab es zu Ostern wie auch zu Weihnachten die ersten Süßigkeiten aus Schokolade, dank Tante Lisbeth aus Osnabrück, die zwei Mal im Jahr – zu Weihnachten und zu Ostern – ein Paket mit Zutaten für die Kuchen- und Plätzchenbäckerei und Leckerbissen aus Schokolade schickte.

Als wir älter waren und die Illusion vom fleißigen Osterhasen auch schon geplatzt war, freuten wir uns trotzdem unheimlich auf die Nester, die immer noch versteckt wurden. Jetzt übernahmen diese Arbeit Oma, Opa, Vater – wenn er zu Hause war - und Mutti.

Ostermontag hatte ich Oma zum Gottesdienst zu begleiten. Immer schön sauber angezogen und die Haare ordentlich gekämmt, so, wie es sich für ein braves Mädchen geziemt! Mit einer riesengroßen Haarschleife mitten auf dem Kopf sah ich aus wie ein Geschenkpaket. Und die jeweilige Schleife, noch Friedensware, wie Oma immer betonte, hielt es auf meinem Kopf gerade so lange aus, wie wir brauchten, um vom Kirchgang nach Hause zu kommen. Dann ließ die Schleife das Haarbüschel, an dem sie festgebunden war, einfach los, rutschte ab, und wenn ich Glück hatte, merkte ich es und fand sie wieder.

In der Kirche sang Oma wieder mit Leib und Seele die feierlichen Osterchoräle. „Oh Haupt voll Blut und Wunden..." und „Herzliebster Jesu, was hast du verbrochen, dass ein so grausam Urteil ward gesprochen..." versetzten mich wieder in meine Phantasiewelt, die mir schlimme Szenen mit dem blutüberströmten, sich am Kreuz vor Schmerzen windenden Jesus vorspielte. Aber auf dem Weg von der Kirche nach Hause vergaß ich alles.

Meine älteste Cousine, die Tochter von Muttis Schwester Minna, heiratete 1948. Ein unvergessliches Familienereignis.

Die Eisenbahnbrücke nach Rostock konnte nicht benutzt werden. Sie war von der Wehrmacht kurz vor Eintreffen der Russen gesprengt worden. Um nach Rostock zu kommen, hatte die Schwaaner Stadtverwaltung nur ein kleines Dampfschiff eingesetzt, das täglich ein oder zwei Mal nach Rostock fuhr. Ganze zwei Stunden dauerte eine Tour.

Charlotte und ihr Verlobter wohnten in Rostock. Er, ehemaliger Pilot einer Junkers JU52, war bei der Neptun-Werft als leitender Ingenieur beschäftigt, sie dolmetschte bei der sowjetischen Militäradministration. Die Hochzeit fand in der großen Wohnung von Tante Minna statt, in der Dethardingstraße in Rostock. Meine fast gleichaltrigen Cousinen Sabine, Tochter von Muttis Schwester Käthe und Elisabeth, genannt Bebettchen, Tochter von Muttis Schwester Lisbeth, und ich mussten Blumen streuen und durften zum ersten Mal in unseren Leben bis spät abends bei der Hochzeitsfeier dabei sein. Ich glaube, wir mussten auch je ein Gedicht aufsagen, aber das war nebensächlich. Wir drei Kleinen trugen weiße Kleidchen und Sabine und ich hatten Igelithalbschuhe an, während Bebettchen ganz normale, ordentliche, schöne Lederschuhe trug. Na ja, sie wohnte ja im Westen. Da gab es schon normales Schuhwerk.

Mutti war gebeten worden, dem Hochzeitspaar ein

Ständchen zu singen. Sie bescherte ihm ein Liebeslied von Schubert. Ich hatte es nie zuvor gehört und fand es nicht gerade atemberaubend. Aber die Gäste waren begeistert. Gegen acht Uhr abends waren wir drei Mädchen todmüde. Es war auch inzwischen sehr langweilig geworden. Die Erwachsenen saßen an einer langen Tafel und redeten, aßen, redeten, aßen, als ob das etwas Außergewöhnliches wäre. Für uns drei war abseits der großen Tafel ein kleiner Tisch gedeckt, von dem wir uns nehmen durften, was wir wollten. Und das war für mich eigentlich das Wichtigste von dieser Hochzeit. Es wurden nämlich Leckerbissen serviert, die normalerweise nicht auffindbar waren. Aber Tante Minna, ausgebildete Hauswirtschafterin, war von den Russen, die in den besten Villen ganz in der Nähe wohnten, zur wichtigsten Köchin und Konditorin erkoren worden. So hatte sie für die verschiedensten Anlässe lukullische Gerichte zu kochen. Und geradezu närrisch waren die Russen, wenn Tante Minna ihnen wunderbare Sahnetorten buk. Alle Zutaten für ihre Koch- und Konditorkünste bekam sie von ihnen geliefert, und oft durfte sie auch einige Produkte mit nach Hause nehmen. Auf der Hochzeitsfeier gab es davon reichlich. Ich glaube, das war das erste Mal, dass ich so eine Vielfalt, solche Mengen an Essbarem sah und roch und so unglaublich wohlschmeckende Speisen aß.

Kurz vor Mitternacht, als die Erwachsenen immer noch redeten, aßen, redeten, aßen usw. bekamen wir drei unsere Schlafstätten zugewiesen und verabschiedeten uns von der Festgemeinde.

Tante Lisbeth blieb mit Bebettchen noch einige Tage in

der „Zone". Tante Lisbeth wollte ein bleibendes Zeugnis von ihrem Besuch bei uns mit nach Osnabrück nehmen. Dafür ging sie, mit Bebettchen an der Hand, mit Mutti, Harm und mir zum Fotografen. Harm und ich waren das Motiv für dieses Zeitzeugnis. Wir mussten uns auf eine Kiste stellen, die mit einem Läufer bedeckt war und hatten den Anordnungen des Fotografen zu gehorchen. Harm und ich hatten unsere schönste Schulkleidung an. Harm eine kurze Latzhose und ein kurzärmeliges Hemd, ich ein Trägerröckchen und eine kurzärmelige Bluse. Alle diese grauen Kleidungsstücke waren aus Teilen von Erwachsenenkleidung zusammengestückelt, die Oma mit viel Geschick genäht hatte. An den Füßen trugen wir Klapperlatschen aus Holz mit Leder- oder Stoffriemchen. Harms Klapperlatschen waren sichtlich abgenutzt und ihm viel zu klein geworden, seine großen Zehen ragten mindestens zwei Zentimeter über den Rand hinaus. Unsere hässlich grauen Söckchen waren ausgeleiert und hingen an unseren dünnen Beinen.

Auf Anordnung des Fotografen hatte ich mein Röckchen an einer Seite mit Daumen und Zeigefinger anzufassen. Ich gehorchte, und man sieht mich in dieser für mich völlig ungewohnten Pose, verunsichert und ich hoffte, dass die Prozedur bald vorbei wäre. Was sollte das, mein Röckchen mit spitzen Fingern anzufassen! Auf dem Foto erkennt man, dass wir uns nicht sehr wohlfühlten bei dieser langweiligen Fotositzung. Der Fotograf versteckte seinen Kopf unter einem schwarzen Tuch, das über einen großen Kasten gehängt war. Der Kasten stand auf einem Dreibein. Aus dem Kasten kam ein vielleicht einen halben Meter langes Kabel mit einem glänzenden Stahlknopf, an dem der Fotograf ständig herumfummelte.

Dabei gab er immer wieder andere Anordnungen wie: „Weiter nach rechts! Füße noch etwas nach hinten! Lächeln! Und nochmal lächeln! Kinder, nicht ungeduldig sein! Ich bin gleich fertig!" Von wegen gleich fertig! Es dauerte und dauerte, und wir mussten wie dumme Schafe auf dem blöden Kasten hin und herrücken, lächeln, Röckchen festhalten, wieder lächeln, bis er endlich seine Arbeit geschafft hatte.

Tante Lisbeths Aufenthalt beim Fotografen und bei uns zu Hause war für sie eine unzumutbare Strapaze. Man merkte, dass ihr die ganze Prozedur, das muffige Studio, wir zwei Kinder mit unserer erbärmlichen Kleidung ein Gräuel waren. Sie und Bebettchen blieben aber noch zwei Tage bei uns. Das reichte! Tante Lisbeth konnte unsere elende, armselige, primitive Lebensweise, die wir uns ja nicht ausgesucht hatten, nicht länger ertragen. Sie reiste mit Töchterchen wieder nach Osnabrück und ward bei uns nie mehr gesehen. Ihre Barmherzigkeit bekamen wir allerdings jedes Ostern und jedes Weihnachten zu spüren. Ein Schokoladenweihnachtsmann, eine Apfelsine pro Kind und die Stollenzutaten kamen immer Anfang Dezember. Schokoladenosterhasen und andere Ostersüßigkeiten und Backzutaten trafen pünktlich und regelmäßig ein.

Einige Male wurden wir auch überrascht von außerplanmäßigen Paketsendungen von Tante Lisbeth. Fast immer waren sie für mich gedacht. Sie enthielten Kleidungsstücke, die Bebettchen nicht mehr tragen wollte. Einige dieser Sachen waren wunderbar, und ich konnte überhaupt nicht verstehen, was der Grund war, dass meine Cousine diese hervorragenden, erstklassigen

Markenprodukte nicht mehr anzog. Ich war überglücklich damit.

In einem Paket fand ich ein Paar Schuhe. Aus echtem Leder und mit Kreppsohle! Sie sahen noch recht ordentlich aus, auf jeden Fall waren sie tausend Mal besser, als alle Schuhe, die ich bis dahin je getragen hatte. Das muss man sich mal vorstellen! Lederschuhe mit Kreppsohle! Ich war begeistert und hielt die Schuhe in meinen Händen und tanzte um das Paket herum.

Und es gab noch eine tolle Überraschung. In dem Paket lag auch eine Armbanduhr. Sie war in einem Umschlag, in einen Zettel eingewickelt. Darauf stand, dass die Uhr für mich sei, dass sie zwar nicht funktioniere, dass aber ein Uhrmacher sie wieder zum Laufen bringen würde. Wie der geölte Blitz rannte ich zum Uhrmachermeister und bat ihn, die Uhr zu reparieren. Die Vorfreude war immens. Ich hoffte, die Uhr frisch repariert gleich mitnehmen zu können.

Der Uhrmachermeister nahm sein Lupenmonokel, platzierte es aufs rechte Auge und untersuchte die Uhr sehr sorgfältig. Auch ohne optische Hilfe konnte ich sehen, wie er mit einer Pinzette die heraushängende Spirale bewegte. Dabei schüttelte er den Kopf und machte böse Grimassen. Er puhlte weiter in den Uhrinnereien, klappte den Deckel zu und sagte: „Kannst weiter damit spielen. Das ist keine Uhr mehr. Die kann ich nicht reparieren!" Und er gab mir die Uhr zurück. Ich war so enttäuscht, dass ich auf dem Nachhauseweg vor mich hin weinte. Und gleichzeitig war ich wütend. Wie konnte Tante Lisbeth mir eine Uhr schicken, die keine mehr war? Sie musste doch gewusst haben, dass es aussichtslos war, zu versuchen sie zu reparieren.

Mutti war erschrocken, als sie mich mit verquollenem Gesicht und todtraurig vom Uhrmacher zurückkommen sah. Sie tröstete mich, konnte mir aber nicht versprechen, Ersatz für die defekte Uhr zu besorgen. Es gab noch keine. Auch sie war traurig, und ich nehme an, sie fühlte sich gedemütigt.

In der dritten Klasse, ich war also neun Jahre alt, (oder war es vielleicht ein oder zwei Jahre später? Ich bin mir nicht sicher, aber das macht ja auch gar nichts !)habe ich mich in meinen Mitschüler Fritz verliebt. Und er war in mich verknallt. Das dauerte ein ganzes Jahr, und es war einfach wunderbar. Fritz wohnte am anderen Ende der Stadt. Wir holten uns abwechselnd von unserem Zuhause ab, um gemeinsam in die Schule zu gehen, wir erledigten gemeinsam unsere Schularbeiten, spielten zusammen, hielten uns an den Händen, wenn wir auf der Straße spazierten. Mutti hat sich köstlich darüber amüsiert. Fritz hat sogar meinetwegen den Hintern voll bekommen. Er sollte zum Einkaufen gehen. Er sagte, er könne nicht, er müsse zu Monika. Ja das konnten seine Eltern überhaupt nicht dulden. Haushaltspflichten gingen über Liebschaften!

Leider fingen unsere Mitschüler bald an, sich über uns lustig zu machen. Das war gemein, das war niederträchtig, und das war der Grund dafür, dass unsere Liebe zerbrach. Eines Tages nämlich, es war während der großen Pause auf dem Schulhof, waren wir zwei wieder einmal das Ziel der Sticheleien und bösen

Geredes. Einige zeigten mit dem Finger auf uns und schrien: „Guckt doch mal, da sind ja die beiden Turteltauben!" Andere johlten: „Monika und Fritz sind ein Liebespaar"! Im Klassenzimmer stand an der Wandtafel in Riesenbuchstaben: „ Fritz und Monika lieben sich". Als unser Klassenlehrer reinkam, blieben alle still und guckten nur auf den Lehrer. Der las den blöden Spruch und sagte: „Ist doch schön. Schlimm wäre es, wenn sie sich zankten". Aber dieses Schlimme passierte, denn die bösen Stänkerer ließen nicht locker und zischelten und machten sich über uns beide weiterhin lustig. In der folgenden Pause kriegten Fritz und ich uns in die Wolle. Wir beschimpften uns gegenseitig so sehr, dass von Liebe keine Rede mehr sein konnte. Mein Schlusswort war: „ Geh mir aus dem Weg! Ich will dich nie wieder sehen. Hau ab, du blöder Dummbax!" Und Schuld am Ganzen waren unsere neidischen, dummen Mitschüler.

Von Anfang 1948 bis 1950 hatten wir Kinder eine wunderbare Verschnaufpause von unserem Vater. Er besuchte die Fachschule für Garten- und Landschaftsbau Primerburg in der Nähe von Güstrow, um seinen Meisterbrief zu machen. Von montags bis sonnabends blieb er in Primerburg, und zu den Wochenenden kam er nach Hause. Die Abschlussprüfung bestand er mit Auszeichnung. Die Schulleitung in Primerburg bot ihm an, als Dozent an der Fachschule zu arbeiten. Er hätte liebend gern diesen Posten übernommen, aber das ging nicht, denn er hatte in Opas Gartenbaubetrieb als Opas rechte Hand den Betrieb auf Vordermann zu bringen, zu modernisieren, die Treibhäuser zu erneuern, ein komplettes Heizungssystem zu bauen und, und, und. Schließlich war er der Erbe der Gärtnerei. Das alles geschah unter schwierigsten Bedingungen. Die Knappheit auch in Sachen Betriebserneuerungen war ein geradezu unüberwindliches Hindernis, eine schier unmenschliche Herausforderung. Die junge sozialistische DDR hatte nicht das geringste Interesse an einem Privatbetrieb. Das Einzige, was es gab war ein allumfassendes Nichts. Und dazu Repressalien, ständige unangekündigte Kontrollen. Tomaten, Gurken, Tabakpflanzen, Zierpflanzen wurden gezählt, die Preise willkürlich bestimmt, auf dass auch ja kein Profit vom kleinen Kapitalisten Krause erwirtschaftet werden konnte „Ham wir nich, gibt's auch nich, kommt auch nich wieder rein" war die alltägliche Losung der volkseigenen Materialverkaufsstellen. Leitungsrohre, Heizungskessel, Koks, Glasfenster und –türen für die Treibhäuser und die mit Glasrahmen bedeckten Frühbeete musste unser Vater „organisieren", was lange Wartezeiten bedeutete und oft nicht gefunden werden konnte. Des Öfteren mussten Teile adaptiert, zusammengestückelt, in langwieriger Handarbeit gefertigt und installiert werden. Vater war Gärtner, Glaser, Zimmermann, Maurer und Klempner in einer Person.

Fühlte sich unser Vater frustriert, weil er die angebotene Stelle als Dozent in Primerburg nicht akzeptieren konnte? Ich weiß es nicht. Und ich glaube auch nicht, dass wir von den alltäglichen drakonischen Strafen und dem militärischen Drill verschont geblieben wären, wenn er mit seiner Familie nach Güstrow gezogen wäre.

Eines Tages im Winter 1949, Vater hätte schon längst aus Primerburg/Güstrow zurück sein müssen, denn es war Wochenende, warteten Mutti, Oma und Opa Stunden lang auf ihn. Mutti malte sich schon wieder das Schlimmste aus. Es musste ja etwas Böses passiert sein. Vater kam gegen Mitternacht mit dem letzten Zug. Seine Kleidung war steinhart an seinem Körper gefroren. Was war passiert? Auf dem Weg von der Schule zum Güstrower Bahnhof ging er an einem Tümpel vorbei, der mit einer dünnen Eisschicht bedeckt war. Kinder spielten auf dem brüchigen Eis. Plötzlich gab es ein großes Geschrei. Die Kinder verschwanden, nur ein Junge war noch auf dem zugefrorenen Teich, ihrem „Spielplatz". Er war eingebrochen, nur der Kopf schaute aus dem Loch. Der Junge versuchte, sich am Rand des Eises festzuhalten. Vater rannte zum Tümpel, legte sich bäuchlings auf das Eis und robbte zu dem Jungen, der keine Kraft mehr hatte, sich weiterhin festzuhalten. Vater packte ihn am Mantelkragen und zog ihn aus dem Wasser. Dabei brach auch er ein und hatte Mühe, den Jungen und sich selbst aus dem tiefen Loch zu bugsieren. Am Ufer angekommen, wollte der Junge sich ausruhen. Er schlotterte vor Kälte und hatte kaum Kraft, sich noch auf den Beinen zu halten. Vater gab ihm einen deftigen Klaps aufs Hinterteil, das war ja seine Standardübung, hier war sie allerdings die richtige Maßnahme, und schrie ihn an: „Los, lauf, lauf, lauf!" „Ich kann nicht mehr, ich kann nicht...!", weinte der Junge. „Von wegen ich kann nicht! Du läufst jetzt, aber hopp, hopp, hopp! Wo wohnst du? Wo ist das? Los, weiter! Lauf endlich!" Und wieder setzte es einen Klaps, und den Jungen hin und her schüttelnd, brachte es Vater fertig, ihn in Bewegung zu halten, bis beide in der Wohnung des Jungen ankamen. Dort lieferte er ihn seinen Eltern ab und ohne weiteres verschwand er. Nicht einmal seinen Namen hatte er den entsetzten und dankbaren Eltern gesagt, nur „Ich hab ihn aus dem Eisloch rausgeholt". Vater wollte nur noch so schnell wie möglich nach Hause. Die eiskalte Kleidung machte ihm zu schaffen. Mit dem letzten Zug kam er dann in Schwaan an, wo ihn Oma und Mutti betütelten, ihm trockene Kleidung gaben, ihm eine heiße Tasse Pfefferminztee einflößten und fürs Bett die einzige Wärmflasche, die es in der Familie gab, fertig machten.

Am nächsten Tag erschien ein Artikel in der Regionalzeitung. Es war die Rede von einem unbekannten Lebensretter, der einen Jungen, der auf dem Tümpel eingebrochen war, aus dem eiskalten Wasser gezogen und ihn bei seinen Eltern abgeliefert hat. Der Retter sei schneller wieder verschwunden, als man überhaupt denken konnte. Der Retter möge sich bitte melden, die Eltern des Geretteten wollten ihm persönlich für seine noble Tat danken. Vaters Kommentar dazu: "Ja, das war ich. Warum hätte ich noch länger bei den Leuten bleiben sollen. Ich war klatschnass, fror wie Eis am Stiel und wollte so schnell wie möglich nach Hause".

Es muss kurz nach Vaters Rettungsaktion gewesen sein, denn es war immer noch bitter kalt. Die Straßen waren von dicken, gefrorenen Schneeschichten bedeckt. Ein eisiger Wind pfiff uns um die Ohren. Auf dem Weg zur Schule mussten wir die Warnowbrücke überqueren. Die Brücke war vereist. Ein Pferdefuhrwerk rollte neben mir über die Brücke, als mich eine starke Windböe erfasste und ich komplett die Kontrolle über meinen Körper verlor. Ich war ein Spielball des Windes geworden. Mein Tornister diente dem Wind als Segel. Ich versuchte, mich irgendwo festzuhalten. Da war nichts. Ich bewegte mich nicht, ich wurde bewegt. Wie ein Segelschiff im Sturm wurde ich schneller, immer schneller. Ich konnte nicht bremsen und raste direkt auf das Pferd zu. In Panik geraten schmiss ich mich auf den vereisten Boden und landete direkt vor den Hufen des Pferdes. Das Tier hielt an, blieb stehen und wartete, bis mich ein starker Kerl – wer das war, weiß ich nicht mehr – am Tornister zu fassen bekam und zur Seite zog. Mein Retter gab mir seine Riesenhand, hielt mich fest und begleitete mich, bis ich auf der anderen Seite der Brücke war und keine Gefahr mehr für mich bestand. Das eisige Wetter mit Schneestürmen dauerte an, und wir brauchten am folgenden Tag nicht in die Schule zu gehen. Wegen gefährlicher Wetterbedingungen bleibt die Schule morgen geschlossen, wurde uns verkündet. Darüber freuten wir uns wie die Schneekönige. Aber den Rückweg über die Warnowbrücke mussten wir noch schaffen. Die größeren Jungen sollten dabei den kleineren Kindern helfen. Ich bin wohl und unverletzt nach Hause zurück gekommen.

Dieser Winter bot uns noch viele wunderbare Schlittenfahrt-Möglichkeiten. Wir verbrachten jeden Nachmittag an der Obotritenhöhe, wo unsere „Todesbahn" die mutigsten Schlittenfahrer herausforderte. Die Bahn war tatsächlich nicht ungefährlich, denn der Boden war völlig unregelmäßig. Es geschah bisweilen, dass bei vereister Bahn die Schlitten unkontrollierbar wurden und mitsamt ihren Fahrern im Graben landeten. So manch schöner Schlitten ist dabei zerschellt. Aber es hat nie ernsthafte Verletzungen dabei gegeben. Dafür aber gab es wohl kein Kind, das nicht eine beachtliche Sammlung blauer

Flecken am Körper aufzuweisen hatte. Die weniger mutigen Kinder benutzten andere Bahnen, die für mich aber nicht infrage kamen. Es war mir zu langweilig, einfach gemütlich geradeaus zu fahren. Nee, das war nichts für mich.

Ein Junge aus unserer Clique hatte etwas von „Skispringen" gehört. Er berichtete, wie man so ein „Skispringen" veranstaltete. Er redete von einer Sprungschanze und erklärte, wie man dank der Schanze in die Luft stieg und beachtlich lange Sprünge zustande brachte. Dann schlug er vor, wir sollten an der Bahnböschung eine Sprungschanze bauen. „Ja, aber wir haben doch gar keine Skier!" gaben wir zu bedenken. „Das macht nichts, man kann genauso gut mit dem Schlitten die Schanze runterfahren!" meinte er. Wir begannen, oben, am Rand der Böschung, auf einem Fleck von einem halben Quadratmeter, vereiste Schneebrocken aneinander zu packen. So entstand ein kleiner Eishügel. „Prima, jetzt haben wir unsere Schanze! Es kann losgehen! Wer fängt an?" Keiner wollte anfangen, und der Junge mit der großen Klappe, der uns den Floh vom Skispringen ins Ohr gesetzt hatte, war auch nicht bereit, die Schanze auszuprobieren. Das war meine Gelegenheit, ihnen meinen Mut zu beweisen. Ich setzte mich auf den Schlitten, den mir einer der Jungen ausgeliehen hatte. Ich selber hatte ja keinen. Kaum saß ich drauf, sauste der Schlitten mit mir davon. Ich war auf etwa einen Meter Höhe geflogen wie Münchhausen auf der Kanonenkugel, als der Schlitten sich unter mir selbständig machte. Ich knallte mit aller Wucht auf den Hintern. Das Steißbein war gebrochen. Ich konnte mich nicht aufrichten. Die Gruppe stand oben an der Schanze und gaffte bedeppert in die Gegend. Diese Dummbaxe! „Holt mich hoch, ich schaff es nicht alleine"! rief ich sie zu Hilfe. Zwei der Stärksten zogen mich die Böschung hoch, packten mich bäuchlings auf den Schlitten, und die gesamte Clique begab sich auf den Heimweg. Sie zogen mich auf dem Schlitten hinter sich her. Sie waren sehr kleinlaut geworden. Ich merkte, dass sie Angst hatten wegen des Geschehens. Als wir an unserem Haus angekommen waren, stellten sie den Schlitten mit mir drauf an der Gartentür ab und verschwanden. Ich zog mich am Türrahmen hoch und stakste ins Haus. Ich habe niemandem von dem Vorfall auch nur ein Sterbenswörtchen gesagt. Die hätten mir doch nie wieder erlaubt, zum Schlittenfahren auf die Obotritenhöhe zu gehen! Monatelang konnte ich nicht richtig sitzen. In der Schule bereiteten mir die harten Sitzflächen Qualen. Ich verstand es allmählich, die erträglichsten Positionen herauszufinden – abwechselnd saß ich auf dem rechten und auf dem linken Kotflügel. Ich habe sogar intensiv am Sportunterricht teilgenommen. Viele Jahre später bestätigte ein Orthopäde, dass mein Sprung von der Skischanze mit einer Steißbeinfraktur geendet hatte. Da brauchte ich allerdings keine ärztliche Hilfe mehr. Ob Fraktur oder nicht – das Steißbein kann man sowieso nicht eingipsen. Ich arrangierte mich mit dem Defekt.

Eine Sensation! Ein Schulkamerad hatte von einem Westverwandten einen Bobschlitten geschenkt bekommen. Der Junge zeigte uns seine neue Errungenschaft und gab an wie ein Pfau. „Drei von euch dürfen noch mit auf den Schlitten rauf. Wer will mitfahren?" Ich war natürlich die Erste, die sich meldete, aber nicht die Einzige. So musste ich in Kauf nehmen, dass der Schlitten nicht mit drei, sondern mit fünf Kindern beladen wurde. Ich saß am Ende, nur die Hälfte des Pos hatte Platz. Ich hockte auf dem Schlittenende wie auf einem Plumpsklo, mit dem halben Hinterteil in der Luft. Die Fahrt begann. Der Schlitten flog so schnell die Bahn runter, dass ein Mädchen, das hinter dem Steuermann saß, in Panik geriet und sich an seinen Armen festklammerte. Der Steuermann schrie: „Lass mich los, ich kann nicht steuern!" Aber es war schon zu spät. Der Bobschlitten raste durch ein Brombeergestrüpp und fuhr gegen einen hohen Drahtzaun und kippte um. Ich flog wie ein Ball durch die Luft und landete mitten im Brombeerbusch. An einem Unterarm und an der rechten Wange und Lippe hatte ich jeweils eine heftig blutende Schramme von Brombeerdornen. Meine Lippe wurde dick wie nach einem Boxkampf. Ich sah schrecklich aus. Mit frischem Schnee kühlte ich die verletzten Stellen im Gesicht. Damit war mein Anblick nur noch halb so schlimm.

Als ich nach Hause kam, war glücklicherweise Stromsperre. Mutti hantierte in der Küche. Ihre einzige Beleuchtung war das Feuer im Herd, das zwischen Kochtopf und Eisenringen auf der Herdplatte hindurchschien. Ich sagte nichts von unserer Bobfahrt. Sie erzählte, fragte, wie mein Schlittennachmittag war und merkte plötzlich, dass mein Gesicht geschwollen war. „Was ist passiert? Du blutest." „Ach, Mutti, das ist gar nichts. Nur eine kleine Schramme von einem Brombeerbusch. Ich bin ausgerutscht und da rein geraten". Gott sei Dank nahm Mutti mir das ab. Sie hatte ja auch überhaupt keine Erfahrungen mit Schlittenfahren und den lauernden Gefahren bei dieser unserer

Lieblingsbeschäftigung im Winter.

Mit vierzehn Jahren wünschte ich mir zu Weihnachten einen Schlitten. Es gab endlich wieder welche zu kaufen. Vater meinte, ich sei verrückt und ich solle mir doch etwas Vernünftiges einfallen lassen. Ich beharrte auf meinem Wunsch. Und am 24. 12. stand ein nagelneuer Schlitten, mein erster Schlitten, unter dem Weihnachtsbaum.

Nach mehreren schneefreien extrem kalten Tagen hatte sich unsere Schlittenbahn auf der Obotritenhöhe in eine Eisbahn verwandelt. In der Nacht von Heiligabend auf Weihnachten war Schnee gefallen. Leichter, lockerer Schnee.

Nach dem Frühstück wollte ich unbedingt den Weihnachtsgeschenk-Schlitten einweihen. Ich zog in Richtung Obotritenhöhe. Meine Vorfreude auf die erste Schlittenfahrt mit meinem nur mir gehörenden Schlitten machte mich glücklich und euphorisch.

Auf dem Weg zur Rodelbahn kam mir ein Schulkamerad entgegen. Er humpelte und jammerte laut vor sich hin.

„Was ist dir denn passiert? Hast du irgendwas verloren? Warum weinst du?" wollte ich wissen.

„Ich wollte Schlitten fahren und auf dieser blöden Bahn kann man nicht einmal den Schlitten lenken. Die ist total vereist. Auf der Hälfte der Strecke schleuderte das Ding, und ich bin in den Graben geflogen. Geh bloß wieder nach Hause. Fahr die Bahn nicht runter. Die ist heute eine wirklich richtige Todesbahn", war seine Antwort.

„Mann, das glaube ich nicht. Du kannst nur nicht richtig lenken" entgegnete ich ziemlich überheblich.

„Nie wieder werde ich Schlitten fahren. Ich hab die Nase gestrichen voll. Mir tun alle Knochen weh. Du wirst es ja selber erleben. Und das hast du davon. Du kannst ja nie auf andere hören. Viel Spaß und frohe Weihnachten!" verabschiedete er sich.

Die mit Schnee eingepuderte Bahn sah völlig harmlos aus. Wunderschöner Neuschnee leuchtete wie Tausende von winzigen Sternen. So ein Dösbüdel dieser total unsportliche Bengel! Nicht einmal einen Schlitten kann er lenken! dachte ich.

Meine Hochnäsigkeit kam mich teuer zu stehen. Ich legte mich bäuchlings auf den Schlitten, stieß mich mit den Fäusten ab und... mir vergingen Hören und Sehen. Der Pulverschnee ließ den wahren Zustand der Bahn nicht erkennen. Sie war tatsächlich eine gefährliche, unkontrollierbare, sehr steile Strecke. Mein Schlitten raste wie ein Rennauto und begann auf einmal sich zu drehen. Eine Zentrifuge. Ich hatte gänzlich die Orientierung verloren und schmiss mich vom Schlitten. Mein Weihnachtsgeschenk zerschellte an einem Baum. Es lohnte nicht, die Teile, in die er zerbrochen war, aufzusammeln. Prellungen, Blutergüsse und Schmerzen am ganzen Körper waren die „Belohnung" für meinen Übermut. Schlittenfahren war für mich kein Thema mehr. Ich hatte auch keine Zeit mehr für diese meine Lieblingsbeschäftigung im Winter. Die täglichen Bahnfahrten zur Rostocker Oberschule und das intensive Pensum ließen diesen Zeitvertreib nicht mehr zu. Und so wurde ich von erneuten Schlittenfahrblessuren verschont.

Jeden Winter, wenn Brökers Teich eine mindestens zehn Zentimeter dicke Eisschicht hatte, erntete Opa, später Vater, Schilf. Sie brauchten es für die Anfertigung von Schutzmatten für die Treibhäuser und Frühbeete. Allein durch den Kälteschutz, den die Matten spendeten, sparten sie eine Menge Heizmaterialien. Um Schilf zu ernten, besorgte Opa oder Vater sich ein Fuhrwerk, dazu ein Pferd von einem der in unserer Nähe wohnenden Bauern. Und er „lieh" sich von dem Bauern auch noch einen Helfer aus, denn die Schilfernte war ein anstrengendes, Kräfte zehrendes Unterfangen. Beide Männer schnitten das Schilf mit extra scharf geschliffenen Schaufeln. Während Opa oder Vater und sein Helfer beschäftigt waren, fuhren Harm und ich Schlittschuh.

Nachdem die Schilfladung im Arbeitsraum der Gärtnerei abgeladen war, begann die wohl viel Geschick, Sorgfalt und Engelsgeduld verlangende Anfertigung der Matten. Das Schilf musste wie Mikadostäbchen aufgereiht und an die Wand gestellt werden. Opa oder Vater und Oma bildeten ein gutes Team. Einer umwickelte mehrere Schilfhalme mit Wickeldraht, der oder die andere hielt die nächsten Schilfhalme bereit. Zentimeter genau! Die wurden ebenfalls mit Draht umwickelt. Zwischen einer und der anderen Schilfschicht durfte kein Zwischenraum gelassen werden. Das ganze Vorhaben kann man vielleicht mit dem Knüpfen von Fischernetzen oder, besser noch, mit dem Weben von Stoff vergleichen. Die gesamte Herstellung der Matten erforderte mehrere Tage lang anhaltende Arbeit. Manchmal konnten die Matten sogar für zwei aufeinander folgende Winter benutzt werden oder es musste nur ein Teil davon erneuert werden. Auf jeden Fall gab es nie Langeweile in der Gärtnerei. Es gab immer etwas zu tun.

Herr Hendrich, immer noch unser Klassenlehrer, hatte einen Tick, der uns Kinder immer wieder erstaunte und zum Lachen brachte. Das mussten wir uns natürlich verkneifen, sonst hätte es ein Donnerwetter gegeben. Er drückte seinen rechten Zeigefinger gegen seine prominente Nase und zog den Schnodder hoch, wobei er ein urkomisches, sehr lautes Geräusch machte. Wie jemand, der ganz furchtbar schnarcht. Wenn ein Kind für eine triefende Nase den „Aufzug" bediente, weil es sein Taschentuch vergessen hatte, war das ungehörig und es bekam zu hören: „Sowas macht man nicht! Hast du kein Taschentuch?" Aber Herr Hendrich machte es, obwohl er gar keine triefende Nase hatte. Vielleicht war das ein Zeichen dafür, dass er den Faden verloren hatte und wieder Ordnung in seinen Kopf bringen wollte. Kann sein, oder? Wer weiß.

Herr Hendrich war ein ausgezeichneter Lehrer. Bei ihm gab es nie Schläge, nur einige wenige Male kniff er äußerst frechen Jungen in die Wangen. Er schrie auch nicht wie so viele andere Lehrer, war immer ausgeglichen und freundlich. Wenn er schimpfte, war es ganz und gar notwendig. Ich glaube, wir alle mochten ihn gern. Unter uns nannten wir ihn „Papa-Hendrich". Herr Hendrich kam immer in Anzug und Krawatte. Auf seinem Kopf thronte ein kugelrunder Hut mit enorm großer Krempe. Jedes Mal, wenn ein Erwachsener an ihm vorbei ging, lüftete er den Hut, deutete eine Verbeugung an und sagte, je nach

Tageszeit: Guten Morgen, guten Tag oder guten Abend. Herr Hendrichs Kopf war rund und groß. Direkt unter der Lippe bis zum Rand des Kinns hatte er eine große, kraterähnliche Narbe, sein Markenzeichen. Ich habe mir oft Gedanken über das Entstehen dieser enormen Narbe gemacht. Am liebsten hätte ich ihn nach dem Grund gefragt, habe mich aber nicht getraut.

Zu unseren Mitschülern zählten auch einige Jungen vom Land. Sie alle hatten einen sehr langen Schulweg zu bewältigen. Der eine oder andere hatte ein Fahrrad, mit dem er zur Schule fahren konnte, aber ein Fahrrad war eine Ausnahme. Fast alle „Landschüler" nahmen nur am Unterricht teil, wenn auf ihren Bauernhöfen nicht allzu viel zu tun war. Zu Erntezeiten fehlten sie grundsätzlich. Das häufige Fehlen machte sich natürlich durch schlechte Zensuren bemerkbar, und das führte bei den Betroffenen zu Frust und Abneigung. Ich denke, für sie war die Schule eine Strafe. Das Schlimmste jedoch war, sie sprachen kein Hochdeutsch. Ihre Sprache war Plattdeutsch. Sie konnten dem Unterricht kaum folgen. Sie verstanden nur sehr wenig, fühlten sich verunsichert und völlig fehl am Platz. Herr Hendrich war der einzige Lehrer unserer Schule, der die Not und die Aversion dieser Schüler gegen den Pflichtunterricht wahrnahm und der versuchte, den Jungen zu helfen. Zum einen sprach Herr Hendrich immer sehr klar und deutlich und langsam. Manchmal, wenn er merkte, dass diese Jungen rein gar nichts mitbekamen, übersetzte er ihnen das Gesagte. Und einmal in der Woche unterrichtete er Deutsch und Mathematik – seine Fächer – auf Plattdeutsch. Das waren regelrechte Hochmomente für unsere Landschüler.

Hans Richard, unser Cousin, hatte bisweilen tolle Einfälle, die Harm in Versuchung brachten, an der Ausführung der Ideen teilzuhaben. So war es auch mit der Karbid-Bombe. (Harm, den ich bat, meine Kindheitserinnerungen mal durchzulesen und eventuelle Irrtümer zu korrigieren, hat zu dieser Geschichte eine gänzlich andere Meinung. Von wegen, das war kein Karbid, das war ein Filmstreifen und noch andere komplizierte Erklärungen aus der Physik, Harms Steckenpferd. Ich hab nichts kapiert. Also: Ich lasse meine Version „unverbessert", so wie ich sie geschrieben habe, stehen, weil ich glaube, dass ich recht habe. Und wenn nicht, dann ist es eben meine, meine, meine Geschichte! Ätsch!)

Hans R. hatte Karbid aus der Lampe entwendet und stopfte das Zeug in eine Glasflasche. Ein langer Bindfaden, der bis zum Flaschenboden reichte und den Kontakt mit dem Karbid herstellen sollte, diente als Zündschnur. Die Bombe sollte zum üppigsten aller Fischfänge in der Warnow eingesetzt werden. Mit der zur Bombe umfunktionierten Flasche und Streichhölzern gingen die beiden Jungen zum Warnowsteg, ganz in der Nähe der Dreyerschen Wohnung. Mich wollten sie nicht dabei haben, aber ich schlich mich an den Ort des Geschehens ran und beobachtete, was Hans R. und Harm da machten. „Wir holen eine Menge Fische raus! So viele Fische haben wir beide noch nie zusammen gesehen!", sagte Hans R. voraus. Harm nickte, und es schien, als ob er das alles glaubte. Hans R. zündete ein Streichholz an und versuchte, die Zündschnur zum Brennen zu bringen. Aber die tat ihm den Gefallen nicht. Die Flamme erlosch, wenn sie den Flaschenhals erreichte. Die Beiden fummelten eine Weile an ihrer Bombe herum. Es funktionierte nicht. Dann kam Hans R. auf den Gedanken, das Karbid aus der Flasche zu holen, auf einen Stein zu packen und die Zündschnur so zum Brennen zu bringen, dass das Karbid erreicht würde. Die Schnur brannte. Die Schnur kam am Karbid an, und nichts passierte. Gott sei Dank! Das Karbid war schon in der Lampe „abgenutzt", es brannte nicht mehr. Nicht auszudenken, was passiert wäre, wenn die Bombe funktioniert hätte!

Harm und seine Jungenclique waren wieder mal mit dem Ausbrüten eines ihrer „genialen" Männerprojekte beschäftigt. Mich wollten sie natürlich nicht dabei haben. Harm versicherte seinen Kumpels, ich würde nicht stören, sie sollten sich einfach nicht um mich kümmern. Ich tat, als hätte ich gar nicht zugehört, blieb trotzig in ihrer Nähe sitzen und schaute in den Himmel. Meine Antennen waren aber konzentriert auf ihr Vorhaben gerichtet. Mir entging nichts!

Diesmal ging es ums Rauchen. Für zehn bis zwölf Jahre alte Jungen wurde es ja wohl allerhöchste Zeit, dass sie mit dieser Sucht erste Erfahrungen sammelten. Zigaretten gab es nicht, die Erwachsenen hüteten ihre ganz spärlichen Tabakreserven wie kostbare Schätze. Stibitzen war unmöglich. Eine intelligente Ersatzlösung musste gefunden werden. Die Jungen waren einfallsreich und unternehmungslustig. Nach kurzer Diskussion schritten sie zur Tat. An Brökers Teich wuchs reichlich Schilf. Die schönsten, glattesten Halme wurden zu Pfeifenrohren umfunktioniert, als Pfeifenkopf dienten ausgehöhlte Kastanien. Mit viel Geschick präparierten die

Bengel ihre Pfeifen.

Die sahen tatsächlich wie echte Tabakspfeifen aus, beinah so gut wie die von Opa. Jetzt brauchte man nur noch Tabak. Die Rede war von getrockneten Kirsch- oder Pflaumenblättern. Die waren aber in der Nähe nicht zu finden, und das Rauchexperiment sollte schnell erfolgen – jetzt, da die Pfeifen nur darauf warteten, benutzt zu werden. Man einigte sich auf Kastanienblätter. Der Unerfahrenste der Gruppe wurde losgeschickt, so schnell wie irgend möglich eine Menge trockener Kastanienblätter zu sammeln und der wartenden Gruppe zu bringen. Während der Wartezeit schwärmten die Jungen, typisch für die Bengel, nur über das Rauchen und seinen Genuss, obwohl sie doch gar nicht wussten, wie das schmeckte, wenn es denn überhaupt schmecken konnte. Ich musste an meine schlimme Erfahrung mit Opas Priem denken und stellte mir vor, wie die jungen Raucher sich wohl vor Bauchgrimmen und Übelkeit krümmen würden. Aber es kam nicht soweit, denn nach den ersten zwei, drei Zügen an den brennenden Kastanienblättern in ihren Wunderpfeifen, verging ihnen die Lust am Rauchen. Das gesamte Umfeld stank erbärmlich, Rauchwolken quollen aus den Pfeifen. Verdammter Mist! Das kann man nicht rauchen. Wir müssen uns richtigen Tabak besorgen. Und woher kriegen wir den? Tja, da müssen wir wohl noch etwas Geduld haben. Jetzt ist an echten Tabak nicht zu denken. Das echte Experiment wurde aufgeschoben.

Das nächste Vorhaben zu Beginn der Sommerferien war der Bau einer Höhle. Das war strengstens verboten wegen der Gefahren für Leib und Seele, wenn so ein

Bauwerk einstürzte. Es gab immer wieder Berichte über Kinder, die umgekommen waren, weil ihnen so ein Höhlendach über den Köpfen zusammen gesackt war und die „Bewohner" erstickten. Das Verbot war geradezu die Aufforderung, es zu missachten und die Gefahr zu riskieren. Spannend!

Harm, Hans und ich zogen in Richtung Obstplantage. Die Bauarbeiten erforderten keine besonderen technischen Kenntnisse und Fähigkeiten, denn der mit Gras und Moos bedeckte Boden neben dem kleinen Teich war hügelig wie ein Pilz und sehr sandig. Zum Einstieg in die Höhle schaufelten wir stundenlang wohl einen Zentner Sand, der bald einen großen Berg vor der Höhle bildete. Harm war nur Zuschauer und freute sich über unser Stöhnen und Schimpfen. Ich hätte allerdings ums Verrecken nicht mit ihm tauschen mögen, denn er trug bei der Hitze seinen großen dicken Gipspanzer, der ihm erst zum Ende der Sommerferien abgenommen wurde. Wir sammelten eine beachtliche Menge Äste und Reisig. Die Äste dienten zur Stütze des Höhlendaches und der Wände, mit dem Reisig bastelten wir eine Dachdecke, die dann mit dicken Grassoden bedeckt und abgedichtet wurde. Die Jungen hatten Schaufel und Spaten aus der Gärtnerei „ausgeliehen". Niemand hatte es bemerkt. Ich hatte den Auftrag, einige notwendige Küchengeräte wie Pfanne, Kochtopf, Becher und Löffel zu organisieren. Ach, ja, ein Sofakissen und eine Wolldecke sollte ich auch noch mitbringen, und ein paar Kartoffeln, Schmalz und ein Stück Wurst aus der Speisekammer stibitzen. Dafür brauchte ich etwas mehr Zeit als Harm und Hans zum Ausleihen des Spatens und der Schaufel. Sie waren sehr ungeduldig mit mir und trieben mich zur Eile an, ich solle doch endlich die Höhleneinrichtung und den Proviant bringen. Aber schneller ging es nicht. Oma hatte die Speisekammer immer im Blick und unter Kontrolle. Ich musste nicht nur vorsichtig sein, ich konnte meine Sammlung auch nur bei Dunkelheit riskieren. Und ein Sofakissen und eine Wolldecke konnte ich ja wohl schlecht am helllichten Tag entwenden. Auch diese Aktion erforderte eine angemessene Strategie.

Endlich, nachdem die Höhle schon seit zwei Tagen einzugsbereit war, hatten wir alle Einrichtungsgegenstände sowie Kochgerätschaften und Proviant beisammen. Das Leben in der Höhle konnte beginnen.

Unser Höhlenleben musste sich allerdings auf nur kurze Zeitspannen reduzieren. Wir wollten ja gerne zumindest eine Nacht darin verbringen. Kam nicht in Frage. Zum Schlafen hatten wir zu Hause zu sein. Also einigten wir uns auf einen Nachmittag, der mit unserem selbstgekochten Essen, bestehend aus Kartoffeln mit Schmalz und einem winzigen Zipfelchen Mettwurst, seinen Höhepunkt haben sollte. Mann, oh Mann, das Kochen der Kartoffeln dauerte eine halbe Ewigkeit. Das Feuer ging ständig aus und musste mit zusätzlichen kurzen, trockenen Zweigen erneut angefacht werden. Dabei stank und qualmte unsere Höhle, dass wir davon husten mussten. Kurz und gut: das Essen schmeckte uns überhaupt nicht. Das Geschirr mussten wir am Ufer von dem kleinen Teich vor der Höhle abwaschen. Eine lästige Aufgabe. Nach unserem „lukullischen" Mahl wollten wir uns ausruhen. Für uns Drei war der Platz in der Höhle aber sehr eng. Hinlegen ging gar nicht, höchstens

Hinhocken. Das Sofakissen benutzten wir abwechselnd, mit der Wolldecke deckten wir uns Drei zusammen zu. Meine Güte, war das langweilig! Und dann fing es auch noch an zu regnen. Das Dach hielt nicht dicht, es regnete nicht nur durch, nein es fielen auch nach und nach sandige Moosfladen ins Innere. Durchnässt und modrig stinkend beendeten wir unser Steinzeitdasein. Onkel Heinz, Cousin Hans-Richards Vater, hatte Wind bekommen von unserem Höhlenbau. Er erschien am Ort des illegalen Bauwerkes just zu dem Zeitpunkt, als wir schon die Nase voll hatten von unserer primitiven Urzeitunterkunft. Er ordnete nach langer Schimpftirade den sofortigen Abbau der Höhle an. Das hätten wir ohne dein Dazutun sowieso gemacht, Blödmann! Wir ließen also die Höhle einstürzen, ebneten auf Kommando von Onkel Heinz die Baustelle, sodass niemand mehr erkennen konnte, dass hier vor kurzem noch eine primitive Steinzeithöhle war. Die „ausgeliehenen" Gegenstände brachten wir in mehreren Raten, unbemerkt von den Erwachsenen, an ihre Plätze zurück, und das Kapitel Höhlenleben war beendet. Zu Hause war es doch am schönsten.

Es muss im Sommer 1950 gewesen sein. In Frankreich sollte es eine furchtbare Überschwemmung gegeben haben. Ganze Ortschaften stünden unter Wasser, so hieß es bei den Nachrichten. In einigen Städten reiche das Wasser bis in die ersten Etagen der Wohnhäuser.

Meine Phantasie arbeitete auf Hochtouren. Ich stellte mir die Wassermengen bei uns in Schwaan vor. Ich sah alle Straßen in Flüsse verwandelt und wünschte mir, dass auch unser Haus bis zur ersten Etage im Wasser stünde.

Wir Kinder würden die Zinkbadewanne und den Holzbottich aus der Waschküche auf die Fluss gewordene Straße bugsieren und bis zur Warnowbrücke paddeln. Und dann wollte ich unbedingt einen Köpper aus dem Fenster ins Wasser machen und brauchte nicht erst bis zur Badeanstalt zu laufen, um dort vom Sprungturm in die Warnow zu springen. Ich erzählte Mutti von meinem phantastischen Vorhaben und erfuhr von ihr, dass meine Idee von der Paddelpartie und dem Kopfsprung aus dem Fenster überhaupt nicht gut war, dass die armen Menschen in den Hochwassergebieten Furchtbares erlebten, ihre Häuser verloren, dass Kinder und auch Erwachsene umgekommen waren. Ja, da hatte ich auch keine Lust mehr, einen tollen Kopfsprung aus der ersten Etage zu machen. Schade!

Im April war Eier-Ausbrüten-Zeit. Opa besorgte befruchtete Hühnereier. Die legte er in einen mit Heu ausgepolsterten Pappkarton. Über dem Karton hing eine Glühbirne, die während der Brutzeit für die erforderliche Wärme sorgte. Eine sehr erfahrene Glucke nahm ihre Brütearbeit auf den Eiern im Karton auf. Wir brachten ihr regelmäßig Futter, damit sie die Lust zum Brüten nicht verlor. Sie verdiente unsere besondere Fürsorge, denn sie leistete geduldig ihre Arbeit jeden Tag! Stundenlang!

Jeden Morgen, vor dem Frühstück, begutachteten Harm und ich den Zustand der Eier. Opa durchleuchtete sie mehrmals, um zu erkennen, wieweit der Brutvorgang schon vorangeschritten war. Das war spannend. Wir konnten die Küken im Ei bestaunen. Aber der Höhepunkt war der Bruch der Eierschalen und das langsame Herausschlüpfen der Küchlein. Mit Hilfe der wärmenden elektrischen Birne waren diese Winzlinge im Nu trocken und liefen und schilpten um die Wette. Harm und ich zupften Vogelmiere aus den Frühbeeten, zerhackten sie, so dass keine langen Stängel mehr dabei waren und schütteten die zerstückelte Miere in den Pappkarton. Die kleinen Küken pickten ihr Grünfutter mit Begeisterung. Aber noch viel besser schmeckten ihnen hartgekochte, ebenfalls in winzige Stückchen zerkleinerte Eier. Ich habe manchmal von den gekochten Eiern genascht. Aber immer nur vom Eigelb. Ich hatte ganz großen Hunger. Allerdings durfte ich nicht allzu viel davon stibitzen, denn wenn Oma das gemerkt hätte, dann Gnade mir Gott!

Die Küken wuchsen schnell, und als sie eine gewisse Größe erreicht hatten, kamen sie zu den erwachsenen Hühnern ins Gehege. Die alten wollten die jungen nicht akzeptieren. Sie zankten sich mit ihnen und hackten auf sie los, so dass bisweilen Oma eingreifen musste, um zu verhindern, dass die jungen Küken Schaden erlitten. Opa hatte dafür eine praktische Lösung. Er setzte vier kurze Pfähle in den Boden des Geheges, bespannte sie mit grobmaschigem Drahtgitter. Die Küken wurden in dieses Separee gesetzt und befanden sich zwischen den Erwachsenen, waren aber vor deren Angriffen geschützt. Wenn die alten Hühner sich so an die jungen gewöhnt hatten, nahm Opa den „Käfig" weg, und die kleinen Hühner begannen ihr normales Leben im großen Freilaufgehege.

Manchmal haben Harm und ich auch richtige Grausamkeiten begangen Zum Beispiel warfen wir den Hühnern Zwiebellauch ins Gehege. Die Hühner stritten sich darum. Oft kam es dabei vor, dass zwei Hühner an so einem Lauchschlauch zerrten. Beide schluckten und schluckten an jedem Ende so lange, bis sie sich mit den Köpfen anstießen, so dicht waren sie aneinander geraten. Aber sie schafften es nie, einen Zwiebelschlauch ganz runter zu schlucken. Sie würgten, schluckten, würgten, schluckten, die Augen quollen ihnen fast aus dem Kopf, bis eins von den beiden Hühnern den Schlauch losließ. Dann zog das andere Huhn seinem Gegner, der gerade aufgegeben hatte, den Schlauch aus dem Hühnerhals und versuchte, ihn endgültig runterzuschlucken, aber das gelang nicht ein einziges Mal. Für Harm und für mich waren diese Szenen wie eine Zirkusnummer. Wir konnten uns halbtot lachen über die dämlichen Hühner, die gierig einen schlauchartigen Leckerbissen verzehren wollten und es nie schafften. Dass die Hühner Qualen dabei erlitten, dass sie dem Erstickungstod ganz nahe waren, das haben wir uns nie vorgestellt. Wir hatten ganz einfach unsere Freude an dem Schauspiel, das uns die Hühner gratis boten.

Einmal im Jahr veranstalteten Oma, Opa, Vater und Mutti ein grandioses Schlachtfest. Wenn das arme Schwein nach monatelanger Mastzeit das nötige Gewicht auf die Waage brachte, war es soweit. Es wurde geschlachtet. Von Schlachtermeister Pichelmann, der gerade gegenüber wohnte, bekamen wir alle Werkzeuge und Gerätschaften, die für die Verarbeitung des Schweins erforderlich waren. Oma bestellte zu jedem Schlachtfest eine Gruppe von Frauen ein, die an den verschiedensten Arbeitsgängen ihre Aufgaben erfüllten. Frühmorgens wurde das Schwein geschlachtet. Das erledigte Herr Pichelmann. Der Fleischbeschauer kam, um eventuellen Trichinen-Befall auszuschließen. Alle Personen, die bei der Verarbeitung des Schweines zu tun hatten, wurden in Naturalien bezahlt, was bedeutete, dass sie irgendwelche Produkte vom Schwein mit nach Hause nahmen. Von dem Tier wurde praktisch alles verwertet. Die Haut wurde Leder. Daraus fertigte der Schuhmachermeister ein Paar Stiefel für Opa und eins für Vater. Die Därme wurden gereinigt und mit Wurstbrei gefüllt. Oma kannte die wunderbarsten Rezepte. Wir aßen von dem Schwein verschiedene Wurstsorten noch ein halbes Jahr lang. Es gab Blutwurst, Grützwurst, Leber- und Mettwurst. Das Wellfleisch mochte ich nicht, mir drehte sich der Magen um, wenn das am Tag nach der Schlachtung zu Mittag gegessen wurde. Es war viel zu fett und wabbelig.

In der Speisekammer standen mehrere Fässer mit Pökelfleisch. Das aßen wir nach und nach auf, schön von Oma eingeteilt und rationiert. Ein Höhepunkt war der Tag, an dem der Räucherschinken angeschnitten wurde. Er war nach vorgegebener Pökelzeit wochenlang in Pichelmanns Räucherkammer „gereift". So einen Schinken findet man heutzutage nicht mehr!

Wir Kinder hatten natürlich auch etwas Besonderes vom Schlachtfest: die Blase. Wir trockneten sie, füllten sie mit einigen kleinen Kieselsteinen und banden sie der Katze an den Schwanz. Die Katze rannte wie der Teufel, sprang, hopste, drehte sich und versuchte, die Blase loszuwerden. Irgendwann gelang es ihr, aber sie bot uns ein tolles Schauspiel. Das war Tierquälerei, aber dessen waren wir uns erst als Erwachsene bewusst. Und dann machten wir solche bösen Scherze nicht mehr.

Den Schweineschwanz durften wir auch verwenden. Wir

steckten ihn Opa oder Vater mit einer Sicherheitsnadel an die Hose. Wir waren davon überzeugt, dass Opa oder Vater das nicht merkten. Und sie taten uns den Gefallen, so zu tun, als ob sie nichts bemerkt hätten.

Viele Jahre dauerte es, bis wir Kinder einige richtige Spielsachen zu Geburtstagen oder Weihnachten erwarten konnten. Kinder brauchen aber Spielzeug. Und weil es keins gab, improvisierten wir, bastelten wir uns selber welches, wobei unsere Phantasie uns großzügig unterstützte.

Oma trug ein echtes Korsett, das noch aus Friedenszeiten stammte. Sie konnte es sich nicht selber anziehen, denn am Rücken befanden sich die Schnürbänder, die ganz fest gezogen werden mussten, damit das Korsett wie eine zweite Haut an Omas Körper saß. Opa war der Korsettschnürer. Wir durften nicht zusehen, aber einmal schaffte ich es, die ganze Prozedur mit zu beobachten. Ich saß versteckt unter dem Tisch und schaute bei der Quälerei, die das Korsett-Anziehen bedeutet, zu. Oma stöhnte jedes Mal, wenn Opa die Schnüre noch weiter straffte. Er stöhnte, weil es auch für ihn anstrengend war, immer noch ein paar Zentimeter Schnürband herauszuholen. Oma bekam eine ganz schmale Taille, die sie eigentlich schon vor Jahrzehnten verloren hatte. Das weiß ich, weil ich Fotos von ihr gesehen habe, auf denen Oma ein junges Mädchen und später eine junge Frau ist. Und an Alltagen trug Oma ihr Korsett nicht. Dann sah sie eher wie ein Plüschbärchen aus, ohne Taille. Das Korsett verwandelte Oma also in eine ganz andere Person. Aber lange hielt es Oma mit diesem Folterkorsett nicht aus. Höchstens sechs

Stunden. Dann jammerte sie und bat Opa, sie von der Qual zu befreien.

Das Korsett wurde natürlich ab und zu gewaschen. Das war die Gelegenheit für Harm und für mich, einige platte Metallstäbe aus dem Korsett herauszupulen. Diese Stäbchen benutzten wir als Katapult. Jedes Mal, wenn das Korsett trocken war und Oma es in Ihrem Wäscheschrank aufbewahren wollte, stellte sie fest, dass Metallstäbchen fehlten. Sie hat nie herausgefunden, wo die abgeblieben waren.

Viel besser als die Korsettstäbchen funktionierte allerdings eine Zwille. Um eine richtig gute Zwille zu bauen, brauchten wir Weckringe. Oma hatte alle Utensilien, die zum Einwecken gebraucht wurden – Gläser, Klammern und Weckringe aus breitem Gummi – an einem „geheimen" Platz versteckt. Von wegen geheim! Wir fanden alles, oder besser, fast alles. Mit so einer selber gebastelten Zwille, die Oma natürlich nie zu Gesicht bekam, schossen wir Papierschnipsel aufeinander und auch gegen Feinde auf der Straße. Manchmal, wenn wir mal wieder unsere bösen Touren hatten, schossen wir mit Papierschnipseln auf streunende Katzen und amüsierten uns köstlich, wenn die getroffenen Räuber Luftsprünge machten und miauend davon flitzten. Für uns war das absolut keine Tierquälerei, denn so ein Papierschnipsel-Geschoss war weder gefährlich, noch verursachte es Schmerzen. Das war zumindest unsere Überzeugung, wenn wir überhaupt darüber nachdachten.

Wir bauten uns Flitzbögen aus Weiden- oder Haselruten.

Das Problem dabei war – es gab keinen brauchbaren Bindfaden. Nur Papierband. Man konnte es nicht richtig knoten. Es riss sehr schnell und löste sich in Wohlgefallen auf, wenn es nass wurde. Manchmal, eher selten, konnten wir ein Stück Bindedraht abknipsen. Das durfte keiner der Erwachsenen herauskriegen. Das war verboten, aber wir riskierten es, immer in der Hoffnung, nicht erwischt zu werden. Und wir wurden nicht erwischt! So ein Flitzbogen mit Drahtsehne war das non plus Ultra. Mit diesem Super-Flitzbogen flogen die aus Weide- oder Haselruten gebastelten Pfeile sehr weit, und man konnte sogar ein Ziel damit treffen.

Ausrangierte Knöpfe und leere Garnrollen aus Holz wurden zu durchaus interessanten Spielsachen umfunktioniert.

Harm verstand es, aus allen möglichen und unmöglichen Gegenständen etwas für ihn Nützliches zu basteln. Er hatte auch eine Engelsgeduld, um die ich ihn oft beneidete. Er konnte stundenlang an einem Haufen von Utensilien herumfummeln, und wenn sein Vorhaben misslang, fing er die gleiche Arbeit von vorne an, bis das Ergebnis endlich seinen Ansprüchen genügte.

Das schwierigste Projekt, das der erst vierzehnjährige Harm in Angriff nahm, war der Bau eines Radios. Ich glaube, er hat ein Vierteljahr daran gebastelt, und am Ende hatte er einen funktionierenden Apparat. Sein Vorhaben konnte er nur verwirklichen, weil er in einer neu gegründeten Arbeitsgemeinschaft „Junge Techniker" aus Bergen von Materialien die für ihn Brauchbaren heraussuchte. Und aus einer Vielzahl von Teilen setzte er dann sein Radio zusammen. Er war stolz wie ein König auf sein Werk. Zu Recht!

Bis Anfang der fünfziger Jahre war unsere Trinkwasserversorgung nur über eine Pumpe möglich, die etwa zwanzig Meter von unserem Haus, auf der gegenüber liegenden Straßenseite, schon seit Jahrhunderten stand. Das Wasser kam aus einem Brunnen und war sehr sauber. Im Sommer, wenn es allzu heiß war, setzten wir uns unter das Ausflussrohr, einer von uns pumpte, und wir anderen ließen uns das eiskalte Wasser über den Pelz laufen. Das Gekreische hat den einen oder anderen Nachbar erheblich gestört, aber wir ließen uns von den „alten Meckerfritzen" nicht stören. Es war ein köstliches Vergnügen.

Im Winter, wenn das Thermometer zehn, fünfzehn oder sogar bis zu zwanzig Grad unter Null anzeigte, bekam unsere Pumpe einen dicken Eismantel. Dann kam kein Tropfen Wasser aus ihr herausgeflossen. Wir mussten eine Menge Wasser erhitzen und in die obere Öffnung neben dem Schlegel in die Pumpe hineingießen. Das ist leichter gesagt als getan. Die Eisschicht war bisweilen so dick, dass ein Eimer heißen Wassers nicht reichte, um den Wasserablauf frei zu bekommen. Wir Kinder standen um die Pumpe herum und schauten zu, wenn ein Erwachsener oder einer der Halbstarken Nachbarn die Pumpe „auftaute". Das Ganze ging mit Gezeter und Schimpfen einher, und wir Zuschauer högten uns einen.

Eines Wintertages musste die Pumpe mal wieder aufgetaut werden. Ich stand mit meinem Eimer zusammen mit anderen Kindern, die auch Wasser nach

Hause bringen sollten, neben der Pumpe. Wir schauten zu, wie die Pumpe vom Eis befreit wurde. Unter dem Abfluss hatte sich eine etwa einen Quadratmeter große spiegelglatte Eisschicht gebildet. Bevor die Pumpe wieder einsatzfertig war, schlidderten wir auf dem Eis, lachten und kreischten. Endlich kam ein Wasserstrahl aus dem Rohr, und wir füllten unsere Eimer. Ich war eine der ersten in der Reihe. Mein Eimer war gefüllt, und ich wollte ihn zur Seite ziehen, um dem Nächsten Platz zu machen, als ich meinen Erzfeind sah. Dieser Banause triezte mich regelmäßig – sei es beim Milchholen, sei es beim Einkauf im Lebensmittelladen – immer war er auf der Lauer, um mich zu stoßen oder zu schlagen. So ein langer Lulatsch! Er schämte sich nicht, einem halb so großen Mädchen aufzulauern und zu piesacken. Er hatte mich wahrscheinlich schon eine Weile beobachtet, als ich zu sehr mit dem Abtauen der Pumpe beschäftigt war. Ich zog meinen Eimer auf dem Eis zur Seite und ließ meinen Peiniger an den Ausfluss ran. In meinem Kopf arbeitete es. Angst und gleichzeitig Rachegelüste übermannten mich. Das war die Gelegenheit, ihm eins auszuwischen! Er zog seinen Eimer zur Seite, stellte sich davor und starrte mich an. „Na, du Kleine? Willst du etwa auch Wasser holen? Ich glaube, das wirst du nicht fertig bringen!". Entsetzt starrte ich ihn an, denn man konnte es ihm ansehen, dass er etwas Böses ausbrütete, aber ich gab ihm nicht die Chance, seinen Vorsatz zu verwirklichen. Ich stieß ihn vor den Bauch, er verlor das Gleichgewicht und rutschte nach hinten. Es machte Platsch, und er saß in seinem Eimer voller eiskalten Wassers. Er schrie wie am Spieß, was die gesamte Zuschauerzahl zum Lachen brachte. So viel Hohn und Spott hat er wohl nie zuvor ertragen müssen. Ein köstliches Schauspiel! Der Teufelsbraten konnte nicht aufstehen, er war in seinem Eimer eingeklemmt. Und - es war nicht zu glauben! – der lange Lulatsch fing an zu heulen. Bis seine Mutter kam und ihn aus der Klemme befreite. Er fror entsetzlich und zitterte und zeterte. Ich ließ meinen Eimer stehen und rannte ins Haus. Ich erzählte alles ganz schnell meiner Mutter, die mich nicht ausschimpfte, sondern sagte: „Endlich hast du es ihm mal zeigen können! Prima!" Die Mutter meines Peinigers, den ich endlich so richtig bestrafen konnte, kam doch prompt zu Mutti, um sich über mein ungehöriges Verhalten zu beklagen. Mutti gab ihr eine Abfuhr, und die wütende Frau ging vor sich hin meckernd nach Hause. Der Bengel im Eiswasser hat mich nie wieder belästigt. Ein Peiniger weniger!

Wenn ich heute bedenke, dass wir jahrelang jeden Wassertropfen von der Pumpe ins Haus bringen mussten – es war enorm anstrengend. Ich habe nie gezählt, wie viele Eimer täglich geschleppt wurden. Für die Schmutzwasserentsorgung wurde jeder gefüllte Eimer auf den Misthaufen geschüttet. Obst-und Gemüseabfälle kamen entweder zu den Hühnern, einem Schwein, das uns Fleisch und Wurst für etwa ein halbes Jahr lieferte, oder auf den Komposthaufen. Erst mit der Wasserleitung, zu deren Installierung Vater bei der Stadtverwaltung konsequent und erfolgreich gekämpft hat, waren die alltäglichen Hausarbeiten erleichtert.

Kaum war Vater nach dem Abschluss der Gartenbauschule in Primerburg wieder für immer zu Hause, begann die Militärdiktatur von neuem. Harm und ich waren Schüler der „Schwaaner Ossenschaul". Harm war zehn, ich neun Jahre alt. Zum Mittagessen konnten wir nicht mehr jeden Tag um Punkt zwölf Uhr auf der Matte stehen, weil der Unterricht noch nicht zu Ende war, aber zum Abendessen hatten wir pünktlich da zu sein. Bevor wir uns setzen durften, inspizierte Vater die Hände. Sie mussten pikobello sauber sein. An den Fingernägeln durfte nicht der geringste Schmutzfleck zu sehen sein, sonst gab es Dresche. Nach dem Abendbrot mussten wir unsere Schularbeiten zeigen. Vater hatte von einem Kollegen aus Primerburg einen Rohrstock geschenkt bekommen. Dieses Instrument zum Züchtigen, zum Bestrafen von uns Sündern, kam jeden Abend zum Einsatz. Harm kam zuerst an die Reihe mit seinen Hausaufgaben. Schreibpapier war nach wie vor äußerst knapp. Unsere Schreib- und Rechenhefte bekamen wir auf Zuteilung. Es gab weder Füllfederhalter noch Kugelschreiber. Schier unmöglich war es, eine Arbeit ohne Tintenkleckse aufs Papier zu kriegen. Jeder Klecks bedeutete eine Tracht mit dem Rohrstock. In der Schule bekamen wir meist die besten Zensuren, und so mancher Tintenklecks wurde uns verziehen, aber das war unserem Vater kein Argument, vom Rohrstock nicht doch noch Gebrauch zu machen. Ein Tintenklecks bedeutete ihm fehlende Aufmerksamkeit, schusselige Arbeit. Und das musste mit Stockschlägen bestraft werden. Ich habe ein oder zwei Mal versucht, so einen verräterischen Fleck auszuradieren. Radiergummi war noch etwas Unbekanntes für uns Kinder, also blieb nur der Finger. Was für ein Selbstbetrug! Ich wusste genau, dass ich die Tinte, wenn sie erst Mal auf dem Papier ist, nicht weg rubbeln kann, aber in meiner Verzweiflung hoffte ich, mein rechter Zeigefinger würde dem Fleck einen Schrecken einjagen und ihn zum Verschwinden bringen.

Das Unvermeidliche geschah, ich bekam Prügel.

Meine Geburtsstadt Schwaan

Mutti ist noch ledig

Die Hochzeit meiner Eltern war am 26. März 1939

In Arnswalde. Monika vorn links, Harm dritter von rechts

Monika rechts, Bebettchen zweite von rechts.
Harm dritter von links, Herwig unten links,
Cousine Sabine oben links

Monika, acht Jahre alt

Monika hält die 4b-Klassentafel

Der „Klimperchor" spielt zum Internationalen Tag des Kindes (1951)

Meine Freundin Uta (Mitte)hat Geburtstag.
Monika erste links

Opa und Oma noch vom Krieg gezeichnet

Mutti und Vater

Monikas Konfirmation 1955

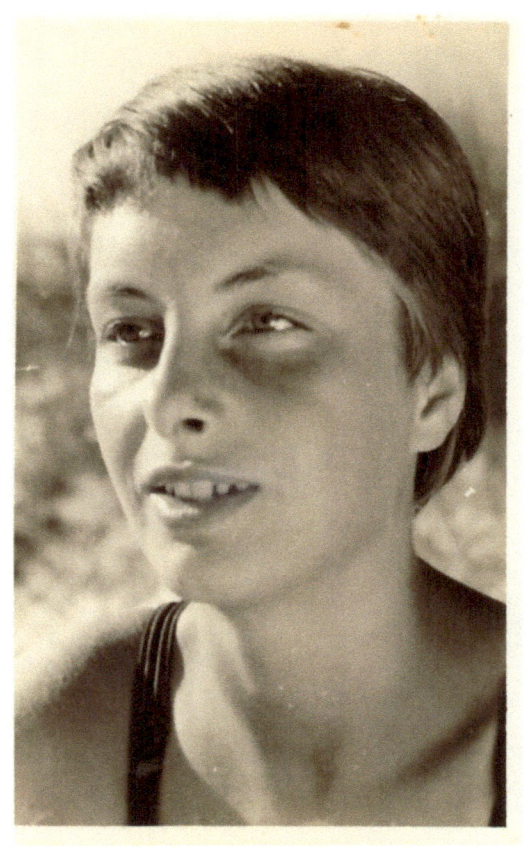

Rettungsschwimmereinsatz in Prerow, an der Ostsee, 1959

Ich habe die elenden Abende des Hausaufgabenvorzeigens gehasst wie die Pest. Harm ging es genauso. Und er war noch schlimmer dran als ich, denn Vater begann die Kontrolle unserer Schularbeiten bei Harm.

Und da Vater ja immer etwas zu Meckern hatte, bekam Harm die erste Tracht Prügel, und als ich an die Reihe kam, hatte Vater schon etwas an Wut abgebaut. Aber Schläge bekam ich auch. In meiner Not habe ich sogar versucht zu betrügen. Meine Hausarbeit war peinlicherweise schmutzig geworden. Zwei dicke Tintenkleckse! Ich habe die misslungene Seite rausgerissen und Vater eine Hausaufgabe gezeigt, die schon vor einer Woche dran war. Verdammt noch Mal! Er bemerkte den Betrug, denn ich hatte nur die beschriebene, vermasselte Seite rausgerissen und die andere, unbeschriebene im Heft gelassen. Bei dem Papiermangel hatte ich nicht gewagt, die unbeschriebene Seite zu entfernen. Er bemerkte die Rissstellen, hielt das Heft mit Zeigefinger und Daumen an der oberen rechten Kante, schüttelte es ein wenig, und die unbeschriebene Seite flatterte heraus. „Und was ist das? Wo ist die ausgerissene Seite? Hol sie her! Sofort!", schrie er mich an. „Du hast versucht, mich zu betrügen. Weißt du, was das bedeutet? Ja, weißt du das? Ich konnte vor Angst und Entsetzen nicht mehr sprechen. Das brachte seine Wut erst recht zum Überkochen, und der vermaledeite Rohrstock wurde zum Tanzen gebracht. Auf meinem Hinterteil.

Aber nicht nur zu Hause bezogen wir Prügel. Auch in der Schule gab es einige Lehrer, die ihrem Frust über die nervenden Durchschnittsschüler mit cholerischen Attacken, mit zügelloser Wut „Luft" machten. Dabei waren Backpfeifen, Kopfnüsse, Ohren langziehen, Schläge mit dem Lineal auf die Hände und sogar Prügel aufs Hinterteil der zu bestrafenden Schüler das Standardprogramm.

Unsere Biologielehrerin, eine alte Jungfer, war besonders rabiat und liebte es, die Dummköpfe der Klasse zu tyrannisieren. Ich sehe die Szene noch heute. Eine Klassenkameradin konnte die an sie gerichtete Frage nicht beantworten. Sie stotterte herum, aber unser Fräulein Bio-Lehrerin machte kurzen Prozess. „Komm nach vorn" befahl sie. Das Mädchen war verzweifelt, denn es wusste, was das bedeutete. „Fräulein Bio" näherte ihre grausamen Hände dem Gesicht der Schülerin. Mit beiden Daumen und Zeigefingern kniff sie brutal in beide Wangen und zog dabei den Kopf des Mädchens in die Höhe. Dem schmerzgepeinigten Opfer blieb nichts anderes übrig, als die cholerische Lehrerin abzuschütteln. Das Mädchen gab der Lehrerin einen Tritt, die ließ ihr Opfer los, strauchelte rückwärts und konnte sich gerade noch vor einem Sturz retten. Die Schülerin wagte es tatsächlich, der Lehrerin ins Gesicht zu schreien: „Du dooofe Ziege!" Totenstille im Klassenraum. „Fräulein Bio" war platt. So was hatte sie noch nie erlebt. Sie starrte die „aufsässige" Schülerin an und konnte keinen Pieps von sich geben. Dann drehte sie sich um und sagte: „geht nach Hause!" Die Stunde war mit diesem „Schauspiel" beendet. Aber „Fräulein Bio" musste sich immer wieder an den Schülern abreagieren, sie musste sie schlagen, sie in die Wangen kneifen, ihnen Kopfnüsse verpassen oder an den Ohren ziehen.

Auf irgendeine Weise wollten die Schüler dieser verhassten Lehrerin einen Denkzettel verpassen. Und zwar sollte das so geschehen, dass die Zielperson keinen Schüler bestrafen konnte, weil sie nicht sah, nicht erfuhr, wer die Schandtaten beging. Die Lausbuben gingen abends, bei Dunkelheit, zum Haus, in dem das Fräulein im zweiten Stock wohnte. Rechts neben der Eingangstür waren die Türklingeln aller Bewohner des Gebäudes. Die Klingel der Zielperson wurde so manipuliert, dass sie ununterbrochen klingelte. „Fräulein Bio" riss das Fenster auf und schrie so laut, dass alle Nachbarn aufschreckten: „Hört sofort auf! Hört auf hab ich gesagt. Wenn ihr nicht sofort aufhört, rufe ich die Polizei!" Die Klingel war auf Dauerläuten eingestellt. Die Täter wussten genau, dass ihre Lehrerin kein Telefon hatte. Wie sollte sie also die Polizei rufen? Es gab keine Gefahr für die Jungen, und die Nachbarn hatten endlich mal einen guten Grund schadenfroh zu sein. Sie litten ja auch unter den unberechenbaren Explosionen ihrer Mitbewohnerin. Natürlich erfuhr die gesamte Schüler- und Lehrerschaft von dem „Attentat". Wir Kinder haben uns gefreut, und die Lehrer ließen nichts von sich darüber verlauten.

„Fräulein Bio" erhielt noch eine andere Strafe, die zwei Jungen einer höheren Klasse ausheckten. Sie entfernten vom Lehrerstuhl die lose Sitzfläche, legten sie in eine Ecke und füllten das Loch mit dem Kissen von „Fräulein Bio". Das ganze hatten sie so geschickt angestellt, dass man dem manipulierten Stuhl nichts ansehen konnte. Fräulein „Bio" kam in die Klasse und begrüßte die Schüler mit ihrem gewohnten, sehr forschen „Guten Tag!" Zwischen den Zähnen quetschte sie ein „Setzen!" heraus und setzte sich selber auf ihren Stuhl. Sie rutschte mit dem Allerwertesten ins Loch. Ihre dicken Beine baumelten an den Seiten des Stuhls, und sie konnte sich nicht aus dieser lächerlichen Position befreien. Sie schrie wie am Spieß: „Holt mich raus! Aber dalli! Sofort! Hilfe!" Sie schrie so laut, dass ein Lehrer aus dem Nebenklassenraum angestürmt kam. Laut Augenzeugen musste er sich das Lachen verkneifen. Ob das stimmt, weiß ich nicht, aber ich kann es mir gut vorstellen, dass es so war. Er befreite seine Kollegin, die noch weiter herumzeterte. Er musste natürlich erfahren, wer der oder die Missetäter war oder waren. Die Jungen waren mutig genug, sich zu melden, es wäre früher oder später doch rausgekommen. Und das prompte Eingeständnis ihrer Tat brachte ihnen Pluspunkte bei der gesamten Schülerschaft ein, und wer weiß, ob nicht auch einige Lehrer insgeheim frohlockten. Die „Attentäter" marschierten ins Lehrerzimmer und holten sich beim Rektor ihre Strafe ab. Ein Tadeleintrag ins Klassenbuch und je eine ganze Seite mit dem Satz vollschreiben „Ich habe mich ungehörig verhalten und bitte um Entschuldigung". Und um sicher zu stellen, dass die Schreibarbeit prompt und sofort erledigt wurde, verdonnerte der Rektor die Beiden zu zwei Stunden Nachsitzen. Am Ende der Strafe hatten sie ihm ihr Heft mit der erledigten Arbeit zu zeigen. Für alle Schüler waren die beiden Burschen Helden.

Ein Schabernack, den die Schüler jedes Jahr im Mai für die Lehrer bereit hatten, machte auch uns Zuschauern immer wieder großen Spaß. Es gab in den vierziger und fünfziger Jahren große Mengen Maikäfer. „Maikäfer fliege, dein Vater ist im Kriege, deine Mutter ist in

Pommerland und Pommerland ist abgebrannt" sangen wir. Wir gaben ihnen Namen. Je nach Farbe oder Art der Rückenplatte waren die einen Müller, die anderen Könige, und es gab auch Schornsteinfeger. Wir spielten mit ihnen, sammelten sie, setzten sie in Pappkartons, legten ihnen junge Buchenblätter zum Futtern hinein und nahmen unsere Maikäfer mit in die Schule. Während der Pause auf dem Schulhof waren immer Lehrer in unserer Nähe, die die Aufsicht führten. Ohne dass der Lehrer oder die Lehrerin, die nach der Pause bei uns unterrichten musste, es merkte, setzten wir mehrere Maikäfer hinten auf deren Rücken. Wir nahmen unsere Plätze ein und taten als wären wir ganz artige Lämmerlein. Insgeheim beobachteten wir das Opfer. Wenn es den Gang auf und ab ging und dabei den Unterrichtsstoff erklärte, konnten wir sehen, wie weit die Maikäfer gekrabbelt waren und warteten auf den entscheidenden Moment, wo das Tierchen am Kragen angekommen war und sich dem nackten Hals näherte. Jeder Lehrer und jede Lehrerin erschraken, machten einen Satz, langten mit einer Hand an den Nacken und versuchten den Störenfried zu ergreifen. Allesamt waren immer erschrocken und fanden das ganze gar nicht witzig, aber sie taten so, als ob das nichts Besonderes wäre. Sie waren ja schließlich auch mal Kinder und hatten sicherlich genau wie wir mit Maikäfern gespielt und ihre Lehrer damit gefoppt. Zu unserem größten Vergnügen konnten einige Lehrerinnen Maikäfer nicht ausstehen. Sie kreischten, wenn so ein kleines Tierchen ihnen an den Hals gekrochen oder – noch schlimmer – in den Ausschnitt gelangt war. Wir bogen uns vor Lachen, und das Beste war, die betroffenen Opfer konnten keinen bestrafen, denn wer wusste schon mit

Gewissheit, wer die Maikäfer positioniert hatte?

Unser Physiklehrer hatte ein langes Holzbein. Wir Schüler waren von diesem dicken langen Knüppel fasziniert, der an dem nur ganz kurzen restlichen Ende seines rechten Beines angeschnallt war. Herr P. hatte sich einen eigenartigen Gang mit seinem Holzersatzbein angewöhnt. Wenn er den Lehrstoff an die Schüler weitergab, spazierte er von seinem Lehrertisch bis zur gegenüberliegenden Wand und wieder zurück. Bei jedem Schritt polterte das Bein, es schlug gewissermaßen den Takt zu seinem Vortrag. Ich musste mich immer wieder gewaltig anstrengen, um meiner blühenden Phantasie Einhalt zu bieten, denn sonst hätte ich die Physikvorträge nicht wahrgenommen. Und Schuld war das Holzbein. Ich stellte mir vor, wie sein Besitzer es wohl bekommen hat. Was war passiert, dass ihm das rechte Bein fast bis zum Po abgesägt worden war? Wie kann man so was aushalten? Hätte er nicht verbluten müssen?

Wenn Herr P. es müde war, immer mit dem Polterbein hin- und herzugehen, setzte er sich auf den Lehrerstuhl. Er umfasste den Holzpfahl mit beiden Händen und schwupp legte er ihn mit lautem Knall auf den Lehrertisch. Das hölzerne Bein sah aus wie eine Kanone, die auf die Schüler zielte.

Herr P. mochte einige Mädchen aus meiner Klasse überhaupt nicht. Diese bedauernswerten Schülerinnen hatten mit Physik aber auch gar nichts im Sinn. Sie verstanden nicht einmal die einfachsten Begriffe und Vorgänge. Und Herr P. triezte sie regelmäßig. Ich glaube, das war für ihn eine Art Ablenkungsmanöver von seinen eigenen Problemen mit dem vermaledeiten Holzbein. Wenn er sich also mal wieder unwohl fühlte oder ärgerlich war, rief er eine seiner Kandidatinnen auf und stellte ihr eine Frage. Die Schülerin erhob sich, blickte mit angstverzerrtem Gesicht um sich herum und piepste: „Ich w-w-w-weiß das n-n-nicht." „Hast du irgendwas gesagt? Lauter! Ich kann dich nicht hören! Na, wird es bald was? (Genauso wie bei meinem Vater!) Ich habe dich was gefragt, also antworte!" Das Mädchen brachte keinen Ton mehr heraus und dicke Tränen kullerten ihm die Wangen runter. Das wiederum war der Auslöser für Herrn P.s Wut. Er kochte vor Zorn und schrie sein Opfer an: „Du blöde Kuh! Dumm wie Bohnenstroh! So wenig Grips ist ja wohl einmalig! Lange Haare, kurzer Sinn! Dumm bleibt dumm, da helfen keine Pillen!" Er schrie diese seine Standardschimpfrede so schnell, dass es schien, als hätte er sie mit einem Maschinengewehr abgeschossen. Es dauerte eine Weile, bis sich Herr P. beruhigt hatte und seinen Vortrag zu Ende bringen konnte. Wir Schüler saßen bedeppert auf unseren Plätzen und wagten es nicht, unseren in Rage geratenen Lehrer anzusehen.

Herr P. konnte mit seinem Holzbein auch Fahrrad fahren. Er ging unglaublich geschickt damit um. Er humpelte mit dem noch angeschnallten Holzpfahl, der bei jedem Schritt auf dem Boden ein polterndes Geräusch machte, zu seinem Fahrrad. Er lehnte es an die Wand, schwang das gesunde Bein über den Fahrradrahmen und stützte sich mit diesem Bein am Boden ab. Dann grapschte er nach seinem Holzbein, löste den Gurt, an dem es befestigt war und schnallte es unter der Stange an, so dass es parallel darunter fixiert war. Dann gab er dem Rad mit dem echten Bein einen

Schups, steckte den Fuß in eine am Pedal befestigte Lasche und radelte los. Das war viel besser, als meine beste Zirkusnummer. Ich staunte immer wieder, wenn ich den Lehrer durch die Gegend radeln sah. Und nie ist er dabei umgekippt.

Der Geschichtsunterricht bei Frau Pa. war das Langweiligste, was man sich vorstellen kann. Ich glaube, sie gehörte zu den husch-husch- ausgebildeten Neulehrern, die ihren Schülern oft nur das bieten konnten, was in den Lehrbüchern stand. Von Geschichte hatte sie jedenfalls keine Ahnung. Sie redete, besser gesagt wiederholte fast wortgenau den Text aus dem Lehrbuch - Geschichtsbuch. Das Wichtigste für sie war, Namen und Jahreszahlen auswendig zu lernen. Ohne irgendeinen Zusammenhang zu finden, mussten wir stur das wiederholen, was sie gesagt hatte, unendlich lange Zahlenreihen und Namen von Orten und Persönlichkeiten runterbeten können und dazu auch noch nach jeder Geschichtsstunde die Zusammenfassung aus dem Geschichtsbuch abschreiben. Ich habe lange gebraucht, um an dem Fach Geschichte Interesse zu finden, bei dieser Lehrerin allerdings war nichts zu machen. Ich hasste ihren Geschichtsunterricht.

Ab der fünften Klasse lernten wir Russisch. Ich freute mich sehr auf diese völlig neue Erfahrung. Schon ein Jahr zuvor hatte ich einen ersten Eindruck von dieser Sprache erhalten, als ich im Chor, der ein russisches Volkslied mit dem Originaltext einübte, den Text lernen musste. Ich hatte noch keinen Russisch-Unterricht und demzufolge kannte ich die kyrillischen Buchstaben nicht. Die erste Russischlehrerin unserer Schule, eine wunderbare Pädagogin, schrieb mir den Text des Liedes in phonetischer Schrift auf und studierte ihn mit mir ein. Das fand ich sehr gut. Ich kann den Liedtext noch heute.

Ein Jahr später unterrichteten an unserer Schule drei Russisch-Lehrer. Die erwähnte Lehrerin und eine ältere beherrschten Russisch wie ihre Muttersprache. Der Dritte im Gespann gehörte zu den improvisierten Neulehrern. Und später gesellten sich zu dem Neulehrer noch eine oder zwei junge Lehrerinnen, die gerade ihre Hauruck-Ausbildung hinter sich hatten und uns Schülern immer nur eine Lektion voraus waren. Sie verstanden keinen anderen russischen Text als den des Lehrbuches.

Ich hatte nicht das Glück, von einer der beiden Lehrerinnen, die Russisch beherrschten und dazu auch noch hervorragende didaktische Fähigkeiten besaßen, unterrichtet zu werden. So schwand allmählich meine Anfangsbegeisterung für das Fach Russisch. Ich bekam zwar immer eine Eins, aber die Zensur spiegelte den tatsächlichen Wissensstand nicht wider.

Neben körperlichen Züchtigungen gab es einige Strafmethoden, die während meiner gesamten Schwaaner Schulzeit gegen uns Sünder angewendet wurden. Sie waren sozusagen das Standardprogramm. Die Häufigste, die verhängt wurde, wenn wir beim Schwatzen erwischt wurden, war das „Schäm dich, geh in die Ecke, mit dem Gesicht zur Wand!"

Es kam sehr selten vor, dass ich mich in die Ecke stellen musste, und wenn das geschah, empfand ich es als sehr erniedrigend. Vor allem, weil danach, in der Pause, alle Kinder mit einer typischen Geste, rechter Zeigefinger ratscht den linken, so wie man ein Messer schleift, schrien: „Pfui, pfui, schäme dich, alle Leute sehen dich!"

Ich saß viele Jahre lang in der ersten Reihe. Meine beste Freundin, Christa, saß neben mir. Wir konnten unser Mundwerk einfach nicht still halten. Wir quasselten, sobald der Lehrer oder die Lehrerin in die hinteren Reihen stiefelte, um ihre Sermone für die etwas Begriffsstutzigen zu wiederholen. Wir beide hatten den Vortrag gleich das erste Mal verstanden und verbrachten die Zeit mit Reden. Dabei mussten wir natürlich aufpassen, nicht erwischt zu werden. Und gefährlich wurde es, wenn wir beide uns kringelten vor Lachen.

Die nächsthäufige Strafe war Nachsitzen, auch eine erniedrigende Maßnahme. Vor allem, wenn man zum Nachsitzen in eine andere Klasse gehen musste, deren Unterrichtstag noch nicht zu Ende war. Schadenfreude, Häme, Spott war den Verurteilten von den dort älteren Schulkameraden gewiss, und es kam auch vor, dass der Nachsitzer verpetzt wurde. Und wenn die Eltern das erfuhren, war eine Tracht Prügel bei fast allen Bestraften fällig. Gemeinheit!

Eine Strafe, die ich nie erleiden musste, war ellenlange Texte schreiben. Wenn ein Schüler seine schriftlichen Hausaufgaben nicht korrekt oder zu oberflächlich und daher mit vielen Fehlern aufs Papier geschmiert hatte, dann musste der Schmierfink den gesamten Text drei Mal oder zehn Mal oder auch nur einmal schreiben. In den unteren Klassen, als die Kinder noch mit riesengroßen Buchstaben schrieben und jede Zeile eine schlimme Geduldsprobe bedeutete, war die Strafe möglicherweise, die vermasselte Zeile drei Mal zu schreiben. Das klingt harmlos, war es aber nicht. Um ein einziges Wort ohne Tintenklecks malen zu können, war die Konzentration aufs Äußerste gefordert. Drei Zeilen hieß mindestens eine halbe Stunde Arbeit. Zusätzliche Arbeit! In unserem damaligen Alter ist eine halbe Stunde Strafarbeit leisten eine schier unendliche Zeit.

In der vierten Klasse, da waren wir schon zehn Jahre alt, hatte einer meiner Kameraden seine Strafarbeit vorzulegen. Die Szene habe ich jetzt noch vor Augen, denn es war ein beeindruckendes Ereignis in unserer Schulzeit. Der Junge gab dem Lehrer sein Schreibheft. Der Lehrer schlug es auf, schaute es an und bekam einen puterroten Kopf. Er schrie den Jungen an: „Das ist eine bodenlose Frechheit! Wie kannst du es wagen! Unverschämtheit! Willst du dich etwa über mich lustig machen?" Was hatte der Junge verbrochen? Ganz einfach! Als Strafarbeit hatte er den Satz: „Ich habe meine Schularbeiten sauber und gewissenhaft zu schreiben" zehn Mal aufs Papier zu bringen. In Schönschrift und mit Tinte, selbstverständlich! Der Schüler hatte den Satz nur einmal geschrieben und dann zehn Mal „Gänsefüßchen" darunter gesetzt. Wegen dieses groben Verstoßes gegen die Regeln musste der Sünder drei Stunden nachsitzen und während dieser drei Stunden den Satz dreißig Mal schreiben!

In der Oberschule in Rostock gab es keine der aufgezählten Strafen mehr. Ungehöriges Verhalten wurde mit einem Tadel-Eintrag ins Klassenbuch und ins persönliche Tagebuch geahndet. Der Sünder hatte außerdem beim Rektor zu erscheinen, zu beichten und eine Standpauke zu erdulden. Es konnte allerdings auch geschehen, dass uns Gefahr drohte, wenn wir nicht an der Kundgebung zum 1. Mai mit Blauhemd der FDJ teilgenommen hatten oder wenn wir politisch inakzeptable Meinungen äußerten. Ich erinnere mich, dass zwei Schüler einer Parallelklasse von der Schule verwiesen wurden, weil sie abfällig über die NVA (Nationale Volksarmee) redeten. Ganz besonders schlimm drangsaliert wurden die Mitglieder der „Jungen Gemeinde" der evangelischen Kirche, Schüler, die der Gegenpol zur marxistisch-leninistischen obligatorischen Indoktrinierung waren. Einer meiner Freundinnen verweigerte man den Zugang zur Universität, weil sie vom „Aberglauben" nicht abließ.

Wenn ich mich nicht täusche, war es ab 1950, dass ein sehr effektives Kontrollsystem an den DDR-Schulen eingeführt wurde. Jedes Schulkind bekam ein Tagebuch. Jede Zensur, die wir erhielten, wurde in das Tagebuch eingetragen. Jeder Tadel, jedes Lob, die Hausaufgaben, Stundenpläne, Stundenausfall mit Begründung, alles, was in der Schule geschah, war Dank des Tagebuches transparent, war nachvollziehbar.

Die Erziehungsberechtigten hatten tatsächlich ein genaues Bild dessen, was ihre Kinder in der Schule leisteten, was ihre Schwächen, ihre Stärken waren. Sie erfuhren, ob ihre Kinder die Schule schwänzten, ob sie den Anforderungen gerecht wurden, ob sie diszipliniert oder durch ungehöriges Betragen aufgefallen waren. Das Tagebuch musste an jedem Montag von Vater oder Mutter unterschrieben zurückgebracht werden, und der Klassenlehrer hatte die Aufgabe, diesen Vorgang zu kontrollieren. Fehlte die Unterschrift in einem Tagebuch und wiederholte sich dieses Manko, hatte der Klassenlehrer dem nachzugehen. Das bedeutete fast immer einen Hausbesuch mit dem Ziel, die Verantwortung, die Aufsichtspflicht der Erziehungsberechtigten einzufordern.

Neben der regelmäßigen Unterschrift im Tagebuch, mussten auch alle schriftlichen Arbeiten vom Erziehungsberechtigten unterschrieben werden, obwohl die Zensuren im Tagebuch registriert waren. Das gab den Eltern die Möglichkeit, die von Sohn oder Tochter geschriebene Arbeit vor Augen zu haben und die Berechtigung der Zensur erkennen zu können.

Wenn eine Stunde ausfiel, mussten wir Schüler das im Tagebuch vermerken. War eine Stunde ausgefallen, weil der Lehrer oder die Lehrerin krank war, so schrieben wir zum Beispiel: Geschichtsstunde ausgefallen, weil Frau/Herr Soundso krank ist.

Einen Eintrag in das Tagebuch eines Schulkameraden werde ich nie vergessen. Seine Lehrerin, die berüchtigte cholerische, von allen Schülern gefürchtete, von vielen gehasste, bereits geschilderte Biolehrerin, hatte die ganze Klasse wegen eines schwatzenden Schülers angeschrien. Sie steigerte sich derart in Rage, dass sie, von ihrem Geschrei erschöpft, die Klasse nach Hause schickte. Unser Schulkamerad schrieb in sein Tagebuch: „Lehrerin verrückt gemacht. Kinder nach Hause geschickt!" Das erfuhr natürlich die ganze Schule. Für uns Kinder war er der Star des Tages. Er wurde allerdings mit einem Tadel im Tagebuch bestraft. Das machte ihn uns noch sympathischer. Toll!

Ein Ereignis hat unsere Familie in Aufruhr gebracht. Harm ging schon in die sechste Klasse und hatte eine Russisch-Arbeit total verhagelt. Eine Fünf in Russisch! Er wusste genau, dass er mit dieser Zensur vor Vater nicht bestehen konnte. Harm griff zu einer Notlösung. Er fälschte Mutters Unterschrift und gab das Heft wieder zurück. Das Heft mit dem Schandurteil musste von einem Elternteil unterschrieben worden sein. Mutti hatte keine Vollmacht, das zu erledigen. Vater war der einzige Richter über Gut und Böse. Er war der Vorsitzende des Elternbeirates. Er kontrollierte die Hausaufgaben. Er verteilte Stockhiebe, wenn wir sie „verdient" hatten. Er hätte die schreckliche Fehlleistung mit seiner Unterschrift zur Kenntnis nehmen müssen. Das versuchte Harm auf Biegen und Brechen zu verhindern. Er konnte nicht wissen, dass er von unserem Rektor verpetzt werden würde. Der kam mit Harms Heft zu uns nach Hause und bekundete sein Unverständnis für die schlechte Leistung in Russisch, wo Harm doch in der vorherigen Arbeit eine Eins bekommen habe und nie zuvor durch irgendeine Schwäche in diesem Fach aufgefallen war. Es könne vielleicht daran gelegen haben, dass Harm die Lektion einfach nicht gelernt hatte? Vater sah sich das Heft an, sah die gefälschte Unterschrift und verlor komplett die Kontrolle über sich. Er rief Harm, packte ihn am Kragen, schrie und schlug Harm dabei wie ein Verrückter. Er konnte sich einfach nicht mehr beherrschen. Opa mischte sich ein und brachte ihn zur Vernunft.

Ab 1949 kam jedes Jahr im Frühjahr und im Herbst eine Schneiderin zu uns ins Haus, um die Sommer- und

Wintergarderobe passgerecht umzuarbeiten, auszubessern oder neu anzufertigen. Frau Schröder war uralt. Das meinten wir zumindest. Sie war sehr dünn und ging etwas nach vorne gebeugt. Ihre spärlichen Haare hatte sie zu einem winzig kleinen Dutt zusammengebastelt. Sie trug eine Brille mit sehr dicken Gläsern. Diese Brille muss noch aus „Friedenszeiten" gestammt haben, denn sie konnte damit nicht gut sehen. Sie hätte längst eine stärkere haben müssen, aber so etwas gab es noch nicht. Harm und ich waren ihre Helfer. Wir hatten jeden Tag im Voraus haufenweise Kleidungsstücke, die sie zu bearbeiten hatte, aufzutrennen. Sie machte meine Kleider und Harms Hosen und Hemden weiter und länger. Aus alten Kleidungsstücken, die Oma zur Wiederverarbeitung aus Beständen ihrer Söhne und von sich selbst freigegeben hatte, schneiderte Frau Schröder neue Hemden, Hosen und Kleider. Und jedes Mal, wenn sie die Nähmaschine benutzte, fädelten wir ihr die Fäden ein. Sie konnte kein Nadelöhr finden. Aus Omas großer Knopfkiste sortierten wir ihr die gewünschten Knöpfe heraus, suchten die Schere, wenn dieses böse Instrument wieder mal verschwunden war und hörten ihr begeistert zu, wenn sie von „Früher" erzählte.

Frau Schröder war eine lebende Chronik. Sie kannte noch meinen Großvater, der schon in den Zwanzigern des zwanzigsten Jahrhunderts gestorben war. Sie erinnerte sich, dass dieser, unser Opa, Muttis Vater, sich geweigert hatte, zum Krönungsjahrestag die Kaiserflagge zu hissen. Sie berichtete, dass der Bürgermeister höchst persönlich zu Opa Peters kam, um ihn aufzufordern, seiner staatsbürgerlichen Pflicht zu genügen. Schließlich war Herr Peters ein wichtiger Mann in der Stadt. Er gehörte zu den Wohlhabendsten, hatte aber bekanntermaßen einen Dickschädel der Sonderklasse. Laut Frau Schröder hat Opa Peters den Bürgermeister rausgeschmissen.

Frau Schröder wusste nicht nur die Namen aller Bürgermeister, die von ihrer Kindheit an bis zu ihrem derzeitigen Alter an der Spitze der Schwaaner Stadtverwaltung standen. Sie wusste auch über jeden Skurriles, Ulkiges und auch Absurdes zu erzählen. Sie kannte deren Macken, deren Verrücktheiten. Sie wusste, wer viel zu sehr dem Alkohol frönte, wer an welcher Krankheit gestorben war. Einer dieser Bürgermeister hatte eine geniale Idee. Die Schwaaner Straßen sollten von der Beschmutzung durch Pferdeäpfel freigehalten werden. Laut von ihm ausgebrüteter rechtlicher Verfügung hatten alle Pferde- und Pferdefuhrwerkbesitzer das Pferdegeschirr mit einem zusätzlichen großen Beutel auszustatten, der unterhalb des Pferdehinterns so angebracht werden musste, dass die Pferdeäpfel ausnahmslos in besagten Beutel fielen. Schwaans Straßen wurden somit zum ersten Pferdeäpfel freien Ort Mecklenburgs. Ja, Frau Schröder war kurzum ein Unikum. Sie kannte die gesamte Bevölkerung unserer Stadt.

Ihre Geschichte eines Schwaaner Jungen hat uns besonders amüsiert. Der Knabe, Sohn angesehener Eltern, hasste die Schule. Jeder Schultag war für ihn eine Qual. Seine Mitschüler hänselten und peinigten ihn, und die Lehrer konnten ihn nicht leiden. Für sie war er ein Schwächling, aber da Sohn eines bekannten und einflussreichen Bürgers, durften sie es sich nicht erlauben, ihn zu misshandeln. Allerdings waren die Drangsalierungen seiner Mitschüler schwer genug zu ertragen. Er war klein und zart gebaut und hatte seinen Peinigern nichts entgegenzusetzen. Eines Tages, auf dem Weg zur Schule, als er sich wieder mal ganz miserabel fühlte, trottete er mit hängendem Kopf der verhassten Schule entgegen. Alle Augenblicke blieb er stehen, lenkte seinen Blick gen Himmel und betete „Min leiv, leiv Gott, mook dat de Schaul afbrennt!" Frau Schröder berichtete, dass sich der Wunsch leider nicht erfüllte und der bedauernswerte Junge bis zum Ende seine Schulpflicht zu erfüllen hatte.

Frau Schröder hatte einen Sohn. Der war aus dem Krieg nicht zurückgekehrt, und seit Jahren hatte sie keinerlei Nachricht über seinen Verbleib erhalten. Jeden Tag, wenn im Radio die Vermisstensuchmeldungen des Deutschen Roten Kreuzes gesendet wurden, saßen Oma, auf der Suche nach Nachrichten über ihre zwei vermissten Söhne und Frau Schröder vor dem Radio und lauschten. Ich erinnere mich noch sehr genau an die ellenlangen Namenlisten, die verlesen wurden und die dazu gegebene Information über den letztbekannten Standort, an dem sich die Genannten befunden hatten, an die Daten ihrer Militäreinheiten, an die Adressen von Angehörigen und andere Besonderheiten.

Frau Schröder sagte nach jeder erfolglosen Radiosendung, sie glaube, dass ihr Sohn noch am Leben sei, sie fühle es, und wir würden es mit ihr erleben, dass der Junge irgendwann wieder in Schwaan auftauchen würde. Und das Unglaubliche geschah! 1952 kam Herr

Schröder wieder nach Hause. Der „Junge" war krank an Leib und Seele. Es war ihr Sohn, aber seine Mutter erkannte ihn nicht, sie sah in ihm einen Fremden. Er war ein alter gebrechlicher Mann. Frau Schröder hatte Ihren richtigen Sohn verloren, denn der, der zurückgekommen war, hatte nichts mit dem vorherigen zu tun. Er starb sehr früh, und Frau Schröder hatte sich damit abgefunden, dass ihr Sohn der Vergangenheit angehörte.

Auf dem Dachboden unseres Hauses lagerten seit eh und je diverse für uns Kinder höchst interessante Dinge. Wir durften nicht auf den Dachboden, aber wenn Oma und Opa nicht im Haus waren und wir uns sicher fühlen konnten, nicht erwischt zu werden, kletterten wir die „Hühnerleiter" hoch ins verbotene Kinderparadies. Anziehungspunkt Nummer Eins war eine große Holztruhe. Die Truhe zu öffnen erforderte all unsere Kraft. Mit geeinten Kräften stemmten Harm und ich den Deckel hoch, fixierten ihn mit einem Holzknebel, und begannen darin herumzustöbern. Wir fanden Bücher, die uninteressant waren. Da ging es um Buchhaltung, Finanzangelegenheiten. Nichts für uns. Aber wir holten auch einen Haufen Faschingsverkleidung heraus. Das schönste Stück war ein Dominoanzug. Harm hat ihn anprobiert, aber er war ihm noch viel zu groß. Ich verkleidete mich als bayrisches Madel. Die Bluse war lang wie ein Kleid, der Rock ging bis zum Fußboden. Und die Schuhe waren zehn Zentimeter zu lang, dazu mit hohen Absätzen, so dass es anstrengend war, damit zu gehen. Unsere Faschingsverkleidung dauerte nur einen kurzen Moment. Langweilig. Wir fanden Interessanteres, nämlich ein mit Bindfaden verschnürtes Paket Briefe. Wir öffneten das Paket und fanden Liebesbriefe! In fein säuberlicher Schrift verfasste Liebesbriefe, die unsere Tante an ihren Liebsten, einen Peter, den wir gar nicht kannten, geschrieben hatte. Und jeder Brief endete mit „Ich umarme dich, ich küsse dich, ich vermisse dich, ich möchte dich so gerne wiedersehen!" Oh-Mann-oh-Mann! So viel Liebe zu einem Paket zusammengeschnürt auf dem Dachboden! Wir haben uns ausgemalt, wer der Liebste unserer Tante wohl gewesen sein könnte, wo sie sich heimlich trafen, was sie da wohl machten und warum die schönen Briefe in der Truhe lagen und verstaubten.

Nach der Lektüre und dem Anprobieren der Faschingskostüme und anderer Kleidungsstücke, deren Besitzer wir nicht ausfindig machen konnten, mussten wir alles wieder gut zurückpacken. Oma und Opa durften ja nicht wissen, dass wir verbotenerweise auf dem Dachboden herumgeschnüffelt hatten.

An den Dachschrägen hatte Opa Regale befestigt, auf denen jeden Herbst die Winteräpfel gelagert wurden. Eine Heuschicht diente als Polster und schützte die Äpfel vor Kälte. Regelmäßig kontrollierte Opa den Zustand der Äpfel. Schlecht gewordene sortierte er aus, die Guten mussten gedreht werden, und so hatten wir jedes Weihnachten wunderbare Winteräpfel. Natürlich naschten wir auch von den Äpfeln, aber wir sortierten die Liegengelassenen so ein, dass kein Zwischenraum zu bemerken war.

Von unseren zwei Walnussbäumen ernteten wir so viele Nüsse, dass sie für die Stollenbäckerei und für wochenlanges Nüsse-Futtern ausreichten. Auch die Walnüsse wurden in den Regalen der Dachschrägen gelagert. Oma benutzte die weiche Nussummantelung zum Färben der Schafwolle. Die Blätter packte sie unter die Kopfkissen oder an die Fußenden, um Flöhe zu verscheuchen. Den Geruch frischer Walnussblätter fand und finde ich noch immer sehr an genehm.

Das hätte ich ja beinahe vergessen! Wir Schulkinder sollten unseren permanenten Hunger auch in der Schule ein wenig beruhigen. Dafür bekamen wir ab 1947 täglich ein unbelegtes Roggenbrötchen und eine Tasse Buttermilchsuppe mit Klüten. Schulspeisung nannte man das! Diese Brötchen waren steinhart. Meinen ersten Milchzahn verlor ich, als ich in einen dieser Steine biss. So schnell habe ich nie wieder einen Milchzahn verloren. Ein einziger Biss, und raus war er.

Die Roggenbrötchen wurden dann gegen richtig schöne weiße Weizenbrötchen ausgewechselt. Aber statt uns sie so ohne was drauf zu geben, wie es mit den Roggenbrötchen gemacht wurde, bestrich man die weißen mit einer ungenießbaren Margarine. Ich glaube, Schmierfett für Maschinen hätte besser geschmeckt. Und um es richtig schlimm zu machen, schmierten die Tanten, die diese fettreiche Schulspeisung zubereiten mussten, die Ekelmargarine mindestens einen halben Zentimeter dick auf die Brötchen. Und wir durften das Fett nicht abkratzen. Die schönen Weizenbrötchen waren total verdorben.

Auch die Zeit der Ekelmargarine auf Weizenbrötchen war einmal zu Ende, und jedes Kind bekam täglich ein Brötchen mit einem Rollmops. Ich mochte zwar keinen Fisch, aber die sauren Heringsfilets verschlang ich. Wenn man sehr hungrig ist, ist man nicht allzu wählerisch. Und so ungenießbar wie die Margarine konnte kein Rollmops sein.

Das Ekelhafteste, was ich je im Leben schlucken musste, war Lebertran. Der Arzt hatte uns Kinder dazu verdonnert, jeden Tag einen Esslöffel voll von diesem abscheulichen, ranzigen, stinkenden, den Magen umkrempelnden Tran einzunehmen. Und wer führte den Befehl des Arztes aus? Na klar! Das war Vater! Er vergaß es nie, uns die Abscheulichkeit jeden Tag einzutrichtern. Und jedes Mal bäumte sich mein Magen auf, ich hatte meine Not, den Tran nicht wieder auszuspucken. Ein bisschen Mitleid hatte Vater schon mit uns bei dieser alltäglichen Prozedur. Er fand den Lebertran nämlich auch ungenießbar, wusste aber von seinem enormen medizinischen Wert. Rachitis konnte es nicht geben, wenn wir das abscheuliche Zeug regelmäßig schluckten. Also versuchte er, uns davon zu überzeugen, dass es absolut notwendig war, diese Folter zu akzeptieren. Die unersetzlichen Vitamine benannte er, und er redete von Schutz gegen Erkältung, gegen Knochenschwund und gegen alle möglichen Mangelerscheinungen, unter denen wir ohne Lebertran mit Sicherheit leiden würden. Vater brauchte nur den Korken aus der Flasche zu ziehen und einen Esslöffel zu füllen, und schon stank alles in unserem Umfeld nach Lebertrankonzentrat. Er gab uns den Rat, die Nase zuzuhalten. Das half überhaupt nicht, denn der tranige Geschmack blieb auch noch nach einer Stunde im Mund und verursachte Übelkeit. Irgendwann gab es eine verbesserte Formel, um das notwendige Gesöff leichter schlucken zu können. Aber das war wie

Schokoladenpudding mit verfaultem Fisch zu mischen und zu behaupten, das wäre doch durchaus essbar.

Mit der „Schulspeisung" war es Gott sei Dank vorbei, als Brot und Brötchen nicht mehr rationiert waren. Mutti schmierte uns Schmalzstullen, die wir jeden Schultag mit in die Schule nahmen und während der großen Pause aufaßen. Manchmal gab es auch Stullen mit Leber- oder Mettwurst. Das war aber viele Jahre lang eine Ausnahme.

Seit wir sieben oder acht Jahre alt waren, hatten wir uns an den verschiedensten Arbeiten, die je nach Jahreszeit in der Gärtnerei erledigt werden mussten, zu beteiligen. Unsere kleinen, geschickten Hände waren dabei besonders gefragt. Im Frühjahr halfen wir bei der Vorbereitung des Pflanzenverkaufs. Nachmittags, nach der Schule, zogen Harm und ich kleine zarte Kohl-Blumenkohl-, Rotkohl-, Kohlrabi-, Porree-, Sellerie-, Tabak- und Rosenkohlpflanzen aus den Frühbeeten und bereiteten Päckchen mit jeweils einem Dutzend oder einem Schock von jeder Sorte vor. Die Großbauern kauften sogar mehrere tausend Pflanzen von den verschiedensten Sorten. Tomatenpflanzen wurden einige Wochen später – jede Pflanze in ihrem Topf – verkauft. Dann hatten sie nämlich die erforderliche Höhe erreicht.

Frühmorgens begann der Pflanzenverkauf. Die Bauern aus den benachbarten Dörfern kamen in Scharen, um sich ihre Pflanzen bei uns abzuholen.

In den Frühbeeten wuchs Unkraut besonders üppig und schnell. Harm und ich bekamen regelmäßig unsere Beete zugeteilt, aus denen wir das Unkraut herausziehen mussten. Für jeden von uns wurde ein breites Brett über das Beet gelegt. Wir hatten uns bäuchlings darauf zu legen und rechts und links von uns Unkraut zu jäten. Vogelmiere und zarte, kleine Brennnesseln wanderten anschließend zu den Hühnern, die so eine frische Kräutermahlzeit ratzfatz vertilgten. Oma behauptete, dass die Eier der Hühner, die reichlich Unkraut aufpickten, ganz besonders wertvoll seien. Das Eigelb, meinte sie, sei so richtig schön gelb, und die Eierschalen hart und fast bruchsicher.

Am liebsten half ich Vater beim Pikieren seiner Zierpflanzen. Die etwa einen halben Zentimeter kleinen Pflänzchen wuchsen in einem quadratischen Kasten, eins eng an das andere gepresst. Mit einem Pikierhaken zog ich je einen Winzling ganz vorsichtig heraus und pflanzte ihn in eine topfähnliche vorgestanzte Torfform. Im Laufe der darauffolgenden Wochen konnte ich beobachten, wie meine Winzlinge zu schönen Topfblumen heranwuchsen.

Jedes Jahr im Oktober begannen die Vorbereitungen zur Kranzbinderei und Anfertigung von Gestecken für Totensonntag. Außer Wachsblumen, die sehr natürlich, echt aussahen, gab es keinerlei Materialien zu kaufen. Die ganze Familie musste Tannenzapfen verschiedener Größe und Form, Moos und Weidenkätzchen sammeln. Uns Kindern wurde die Sammlung von Tannenzapfen zugeteilt. Säckeweise brachten wir sie nach Hause. Opa und Vater besorgten Tannengrün von Edeltannen, Fichten und Douglasien – nach Absprache mit dem Förster. Steck- und Wickeldraht bekamen sie auf Zuteilung, es musste sparsam damit umgegangen werden. Die Weidenkätzchen mussten wir abpulen, also ihnen die „Schutzhäubchen" abziehen Unter diesen braunen Häubchen kamen die schönen weiß-silbrig glänzenden Kätzchen zum Vorschein. Oma brachte es uns bei, diese braunen Hüllen so zu entfernen, dass die Kätzchen unverletzt blieben. Wir Kinder hatten dabei eine so große Geschicklichkeit entwickelt, dass wir in Rekordzeit große Mengen von Kätzchen-Zweigen zur Weiterverarbeitung bereithielten. Hunderte von Kränzen und Gestecken verließen pünktlich zum Totensonntag unsere Arbeitsplätze. Nach dieser wochenlangen täglichen Arbeit, an der die ganze Familie beteiligt war – die Erwachsenen von morgens bis spät abends, wir Kinder nach der Schule bis abends um acht – warteten andere Aufgaben auf uns.

Maiskolben – das wichtigste Hühnerfutter im Winter – hingen im Arbeitsraum zum Trocknen. Jetzt kamen sie an die Reihe. Wir Kinder mussten die Maiskörner vom Strunk abpulen. Das war nicht einfach, denn viele Körner saßen so fest, dass einem die Finger wehtaten, wenn ein Kolben endlich körnerlos war. Mais wurde bei uns nie als für Menschen geeignetes Lebensmittel angesehen. Mais war einfach Tierfutter, ein ganz besonders nahrhaftes, eiweißhaltiges Tierfutter.

Während der dunklen Jahreszeit gab es noch eine andere Beschäftigung, an der die ganze Familie teilhatte: Samen Eintüten und Etikettieren. Eine kleine Präzisionswaage, noch aus der Vorkriegszeit stammend, kam zum Einsatz, um winzige Samenkörner, die nicht einzeln gezählt werden konnten, abzuwiegen und in kleine Papiertüten zu schütten. Mehrere kleine

„Messbecher am Stiel", ich glaube, in die passten drei, fünf und zehn Gramm von kleinen Samenkörnern, kamen ebenfalls zum Einsatz. Wir Kinder kannten genau die vielen verschiedenen Samenarten. Sie waren in einem Schrank, der einem Apothekerschrank ähnelte, in kleinen Schubladen aufbewahrt. Auf jeder Schublade war ein Etikett mit dem Namen des Samens. Da gab es zum Beispiel Samen von Petersilie – glatt und kraus -, Weißkohl, Rosenkohl, Rotkohl, Grünkohl, Blumenkohl, Kohlrabi, Zwiebeln, Tomaten, Gurken, Schnittlauch, Sellerie, Möhren, Erbsen und verschiedenen Blumensorten, vielleicht auch noch andere, aber die hab ich vergessen. Zum Eintüten wurde der große Esstisch mit einem glatten Wachstuch bedeckt, die Samenkästchen, die Messbecher und die Präzisionswaage wurden mitten auf den Tisch gestellt. Dort standen sie in Reih und Glied, jeder konnte einfach die Sorte herausnehmen, die gerade eingetütet werden sollte. Und die wiederum war dann entweder korrekt abgezählt oder abgewogen in die beschrifteten Tüten zu schütten. Als es noch keine echten Tüten gab, bastelten wir welche aus Zeitungspapier. Das sah natürlich nicht so gut aus. Opa war der Chefzukleber. Er musste zum Schluss alle Tüten sorgfältig mit selbst fabriziertem Flüssigleim zukleben. Dabei durften die Samenkörner natürlich nicht mit festgeklebt werden. Opa hatte das erforderliche Geschick und die Erfahrung und schaffte es immer, dass trotz des miserablen, sehr flüssigen Klebstoffes die Packungen wie von einer Maschine verpackt aussahen.

Ich erinnere mich, dass wir Gurken-, Tomaten-, Zwiebel- und Petersiliensamen selber gewannen. Alle anderen

Sorten kaufte Opa beim staatlichen Pflanzen- und Samengroßhandel. Ich glaube, die kamen aus Sachsen oder aus Thüringen – das weiß ich nicht mehr so genau - wo auch jährlich die große Gartenbauausstellung stattfand, an der Opa und Vati ebenfalls als Aussteller teilnahmen.

Harm und ich bekamen von Opa jeder eine kleine Anbaufläche im Garten zugeteilt. Wir durften uns aussuchen, was wir anbauen wollten. Ich säte Möhren, Erbsen, Bohnen, Petersilie und einige Blumensorten. Harm wählte Ähnliches. Wir bekamen alle Geräte, die erforderlich waren, „ausgeliehen" und waren verpflichtet, unsere Beete regelmäßig zu pflegen, zu gießen, Unkraut zu jäten und das Gedeihen unserer Pflanzen zu beobachten. Die Erbsen und Bohnen bekamen Rankhilfen aus Haselnussstöcken. Alle anderen Pflanzen unserer Beete wuchsen ohne zusätzliche Hilfsmittel. Über unsere Ernte durften wir frei verfügen. Wir waren immer stolz, wenn wir so manches Mittagessen mit unseren selbst geernteten Produkten bereichern konnten.

Opa war auch Imker. Er besaß ein großes Bienenhaus auf der Obstplantage. An mehreren Stellen der Obstplantage standen noch zusätzlich etliche Bienenstöcke. Es war immer spannend, wenn Opa Honig erntete. Dabei trug er einen Spezialhut, an dem eine Schutzgaze hing, die ihn vor Stichen ins Gesicht schützen sollte. Er rauchte dabei eine Pfeife, aus der ganz viel Dampf kam. Damit wurden die Bienen benebelt und stachen nicht. Opa zog sich nie Schutzhandschuhe an. Er hat die Stiche in die Hände akzeptiert, weil er meinte, die seien gut gegen Rheuma. Na, danke! Er trieb wohl einen Schmerz mit einem anderen raus. In einer großen Zentrifuge wurden die Waben leergeschleudert. Bisweilen schenkte Opa uns kleine Wabenstücke, die wir auslutschten. Dutzende von Gläsern mit Bienenhonig waren eine zusätzliche Einnahmequelle, und die Familie bekam auch einige Gläser, von Oma rationiert, natürlich! zum Eigenverbrauch.

Opa musste auch einen großen Teil seiner Honigernte abliefern. Dafür bekam er Zucker, um die Bienen im Winter zu füttern. Außerdem lieferte man ihm Honiggläser mit Deckeln, um den Honig ordnungsgemäß abzufüllen.

Ich wollte auch einmal selber Honig ernten. Auf einem großen, wunderschönen Schneeballstrauch summten Dutzende von Bienen. Zumindest eine von ihnen sollte für mich Honig produzieren. Ich steckte in eine leere Streichholzschachtel eine Schneeballblüte, ließ die Schachtel einen Spalt offen, damit eine oder mehrere Bienen sich dahinein begaben und klemmte die Schachtel zwischen einen Ast. Ich blieb auf meinem Beobachtungsposten stehen und sah dem Treiben zu. Mehrere Bienen krabbelten in die Schachtel und flogen gleich wieder raus. Endlich hatte eine Biene allein ihren Platz in der Schachtel eingenommen. Ich wartete eine Weile, und als ich meinte, die Biene habe genug Zeit gehabt, um schon ein Portiönchen Honig in der Schachtel abzulegen, nahm ich sie vom Busch weg. Ich wollte doch so gern selbst geernteten Honig haben! Kaum hatte ich die Schachtel in der Hand, verspürte ich einen so grauenvollen Schmerz im rechten Daumen, dass ich die Schachtel fallen ließ und unter gellendem

Geschrei ins Haus rannte. Mutti fing mich mit offenen Armen auf. Ich klammerte mich an ihr fest und brüllte aus Leibeskräften. Es dauerte eine Weile, bis ich Mutti erklären konnte, was passiert war. Ich hielt ihr den Daumen vor die Augen und unter herzerweichenden Schluchzern brachte ich hervor, dass ich Honig ernten wollte und dass die böse Biene mir keinen Honig abgeben wollte und dass sie mich ganz einfach gestochen habe, obwohl sie doch von mir eine wunderschöne Schneeballblüte voller Honigsaft bekommen habe. Mutti holte eine Zwiebel, schnitt eine Scheibe ab und umwickelte den Daumen, mit der Zwiebel auf der Stichstelle mit einer Mullbinde. Sie musste mich trösten und hörte sich immer wieder mein Gejammer an. Es tat aber auch furchtbar weh. Mutti fand ein zusätzliches Argument, das meinen Schmerz und meine Wut über die undankbare grausame Biene milderte: „Weißt du, Monika, die Biene, die dich gestochen hat, muss sterben. Sie hat nämlich ihren Stachel in deinem Daumen stecken gelassen, und ohne Stachel kann sie nicht leben". „Das hat sie nun davon! Sie hat den Tod verdient!", war meine Überzeugung. Seit diesem ersten Bienenstich war ich immer übervorsichtig, wenn Opa Waben aus einem Bienenstock herausholte und die Zentrifuge den Honig aus den Waben schleuderte oder wenn er Arbeiten an seinen Bienenstöcken erledigte. Ich hatte die Nase gestrichen voll von Bienenstichen.

Irgendwann im Sommer zogen die Bienenvölker auf „Wanderschaft". Sie begleiteten die Bienenkönigin, flogen im Schwarm an die verschiedensten Stellen. Opa wusste, wann die Zeit des Ausschwärmens da war. Das Bestreben eines jeden Imkers war, nicht nur seine eigenen Bienenvölker nicht zu verlieren, sondern noch andere dazu einzufangen und zu behalten. Dabei halfen wir ihm. Auf Plantagen oder an Waldrändern waren Bienenschwärme, die mit der Königin ausgeflogen waren, am häufigsten zu finden. Wir, das heißt, Harm, Hans Richard und später auch Jörg, unsere Cousins und ich, verteilten uns und suchten nach Bienenvölkern. Hatten wir eins entdeckt, wurde Opa benachrichtigt. Er kam in Windeseile und fing das Bienenvolk ein und brachte es in die Krauses eigenen Bienenbehausungen. Sowie ich von Harm oder meinen Cousins hörte: „Da, in dem Baum, ganz oben, ist ein Bienenvolk!", nahm ich Reißaus und brachte mich in Sicherheit. Ich schaute aus der Ferne zu, während die Jungen direkt unter dem Baum herum ihren Fund zelebrierten und die vielen Bienen bestaunten. Opa holte sich das Bienenvolk. Harm und sein Trupp liefen hinterher und machten sich wichtig.

Jedes Jahr von neuem grassierten bei uns im Spätherbst, im Winter und Anfang des Frühjahrs Erkältungskrankheiten. Alle Nasen trieften, es wurde gehustet und gekeucht. Der Arzt wurde nicht konsultiert, denn Oma und Mutti kannten ja das eine oder andere Kraut, das gegen diese Malaisen gewachsen war. Im Arbeitsraum der Gärtnerei hingen an einer zwei Meter langen Leine Büschel von getrocknetem Thymian gegen Husten, Minze, Majoran und Spitzwegerich, Bohnenkraut und allerhand andere, deren Namen und Wirkung ich vergessen habe. In luftdichten Gläsern bewahrte Oma getrocknete Kamillenblüten und Lindenblüten auf.

Ich wurde von besonders hartnäckigem Husten geplagt. Allein mit Thymiantee war der nicht in den Griff zu bekommen. Oma erlaubte, dass ich jeden Abend während der akuten Hustenphase einen Teelöffel voll heißer Butter mit Bienenhonig bekam. Das schmeckte mir so gut, dass ich mir wünschte, der Husten würde nicht so bald verschwinden.

Unerklärliche Kopfschmerzattacken plagten mich jahrelang während der Endsommer-Wochen. Nur auf einer Kopfseite, über dem rechten Auge. Die Schmerzen waren so stark, dass ich mich übergeben musste und mich total schlapp und müde fühlte und zu nichts zu gebrauchen war. Der Arzt meinte, es sei Migräne. Das hätte mir gerade noch gefehlt! Glücklicherweise fand eine Ärztin die wahre Ursache. Stirnhöhlenentzündung. Geholt habe ich mir diese scheußliche, meine Lebenslust nahe den Nullpunkt bringende Krankheit in der Warnow. Das Warnow-Wasser war nicht sehr sauber. Bei jedem Sprung vom Fünf-Meter-Brett drangen mit erheblichem Druck Wassermengen in die Nase und von dort in die Stirnhöhlen, wobei die der rechten Seite wohl am anfälligsten war. Es gab noch keine Antibiotika, so musste ich wochenlang täglich den heißen Dampf von Kamillentee inhalieren und mehrmals wöchentlich UV-Strahlen von der Höhensonnen-Lampe auf mein Gesicht strahlen lassen. Die „Migräne" verschwand, und wenn mich wieder mal starke Schmerzen über dem rechten Auge plagten, wusste ich Bescheid. Inhalieren war die Lösung.

Nur einmal in meinem Leben hatte ich eine Mittelohrentzündung. Das war reine Folter. Es gab keine Medikamente, um die Infektion zu bekämpfen und auch keine Mittel gegen die unerträglichen Schmerzen. Dazu kam noch, dass ich mit einem dicken Wattepäckchen auf dem kranken Ohr, das mit einem Verband um den ganzen Kopf herum befestigt und eine ganze Woche lang getragen werden musste, extra bestraft wurde. Ich sah aus wie ein riesengroßes Osterei. Alle Leute sahen mich komisch an, mir war das furchtbar peinlich. Aber ich durfte es nicht wagen, den Verband abzunehmen. Vater passte auf wie ein übereifriger Polizist.

Zum Kapitel Kinderkrankheiten habe ich noch einiges hinzuzufügen, obgleich es eigentlich nicht dazu gehört, denn es sind ja gar keine.

Harm und ich hatten uns wieder mal gestritten. Ich war wütend auf ihn, obwohl ich den Streit provoziert hatte. Mutti kam die Treppe hoch und rief mich. Ich lief zur Treppe. Mutti gab mir eine Schüssel voller Pflaumen, die sie für Harm und für mich gepflückt hatte. „Monika, teil Dir mit Harm die Pflaumen". Sie wusste ja nicht, dass ich Harm gerade den Krieg erklärt hatte und nicht gewillt war, ihm auch nur eine einzige Pflaume davon abzugeben. Mutti war schon wieder unten, um das Mittagessen zu kochen, und ich setzte mich auf eine Treppenstufe und futterte die Pflaumen. Ich fürchtete, dass Harm mich entdecken würde. In Rekordzeit hatte ich die Schüssel fast leer gemacht, es fehlten nur noch vier oder fünf noch unreife kleine, harte Pflaumen. Jetzt ward es aber Zeit, die restlichen schnell zu verdrücken, bevor Harm mich erwischen könnte. Hastig schluckte ich sie „mit Haut und Haaren" runter, zum Kauen reichte die Zeit nicht. Als Harm mich fand, war die Schüssel leer. Das Gezeter ging von neuem los. Mutti schimpfte mit mir. Zu Recht. Aber das half nicht, denn die Pflaumen waren in meinem

Magen, und Harm war leer ausgegangen. Am Tag danach bekam ich schreckliche Bauchschmerzen. Das ging vier oder fünf Tage so weiter. Ich konnte weder essen noch trinken und krümmte mich vor Schmerzen. Der Arzt kam jeden Tag, aber er wusste die Symptome nicht zu deuten, keiner wusste, dass ich eine Handvoll Pflaumen unzerkaut runtergeschluckt hatte. Ich war inzwischen erschöpft und apathisch von den Schmerzen und dem unfreiwilligen Fasten. Vorne ging nichts rein, hinten kam nichts raus. Der Arzt bereitete die Familie auf das Schlimmste vor. Und dann geschah das Wunder! Am vierten oder fünften Tag nach meiner Schandtat kamen die Übeltäter als schrumpelige, schwarze fast nicht mehr als Pflaumen zu erkennende Steine raus. Ich war wieder gesund, konnte wieder essen und trinken und hatte eine Lektion fürs Leben gelernt.

Eine nächste Lektion dauerhafter Wirkung folgte alsbald.

Opa hatte Kirschwein gekeltert. Ein etwa zwanzig Liter fassender Glasballon stand im Treibhaus auf einem hohen Tisch. Ein Gummischlauch ging durch ein Loch im Korken bis auf den Grund des Ballons, und das Ende war außen abgeklemmt. Um eine Flasche zu füllen, nahm Opa den Schlauch aus der Klemme und hielt ihn in einen Ein-Liter-Krug. Wenn der fast bis zum Rand voll war, klemmte er den Schlauch wieder ab und schüttete den Wein in eine Flasche. Im Nu war eine Flasche voll. Opa setzte den Korken rauf und packte jede Flasche in einen Korb. Mit dem Korb voller Flaschen zog er dann ab in Richtung Keller. Es dauerte eine Weile, bis Opa wieder zurückkam und erneut Flaschen füllte und sie dann in den Keller brachte.

Ich hatte von Anfang an zugeschaut. Da ich mein Mundwerk ruhig hielt, hatte Opa nichts gegen mein Zuschauen. Ich hatte genau aufgepasst, was er anstellte, um den Schlauch mit dem wohlriechenden „Saft" zum Fließen zu bringen. Der Duft machte mich schier verrückt. Ich hatte nie zuvor so wunderbar duftenden „Saft" gerochen und wollte unbedingt davon kosten, bevor Opa wieder aus dem Keller zurück war.

Ich kletterte auf den Schemel, holte mir den Krug runter, klemmte den Schlauch ab und – oh, Schreck- die Sintflut kam aus dem Schlauch geflossen! In meiner Angst, bei Verbotenem erwischt zu werden, steckte ich mir das Schlauchende in den Mund. So konnte der „Saft" nicht auf den Fußboden fließen, stattdessen floss er in mich hinein. Ich schluckte und schluckte und schluckte, und es floss immer weiter. Mit allerletzter Kraft klemmte ich den Schlauch ab und torkelte nach draußen in Richtung Rasen, neben dem Hühnergehege. Ich verlor völlig das Gleichgewicht, schwankte, alles drehte sich um mich herum, und ich fiel bewusstlos auf den Rasen unter einen Pflaumenbaum. Von allem, was folgte, erfuhr ich einige Tage später.

Opa war nichts Besonderes aufgefallen, er füllte weiterhin seine Flaschen, bis alle voll waren und ihren Platz im Keller gefunden hatten.

Zum Abendbrot war ich nicht erschienen. Es wurde nach mir gerufen, aber ich hörte nichts. Mutti fand mich. Ich stank intensiv nach Alkohol und man konnte mich nicht aus dem komatösen Schlaf wecken. Ich hatte eine schwere Alkoholvergiftung. Das war knapp! Ich hatte

Glück und konnte mein normales Leben nach drei Tagen schlimmer, lebensbedrohlicher Krankheit wieder aufnehmen. Seit diesem Delirium tremens vertrage ich keinen Wein, Champagner oder Sekt auch nicht. Mir wird speiübel, wenn ich diese Getränke nur rieche. Das hat auch einen Vorteil – ich spare viel Geld für nicht gekauften Wein.

In den Sommerferien besuchten uns für zwei bis drei Wochen meine Cousinen Erika, die mit den langen dicken Zöpfen und die in die Jauchegrube gefallen war, und Sabine, die Tochter von Tante Käthe, der Schwester meiner Mutter.

Mit Erika verbanden mich nur sehr wenig gemeinsame Interessen. Erika war eher mein Gegenpol. Sie war ruhig, bedacht, auf Beschäftigungen in Haus und Garten fixiert, ganz Omas Liebling. Sie war ja auch immer nur für kurze Zeit bei uns, und während dieser Tage hatte Oma durchgehend ihre Freude an Erika. Erikas Vater war nicht aus dem Krieg zurückgekehrt, und Oma war deshalb wohl auch besonders fürsorglich gegenüber ihren halbverwaisten Enkelkindern Erika und ihrem Bruder Richard wie auch Horst, dem Sohn von Vaters Bruder, der in der letzten Kriegswoche gefallen war.

War Erika wieder abgereist, musste ich mir ständig von Oma anhören: „Nimm Dir mal ein Beispiel an Erika!" und „Warum bist Du nicht so gesittet wie Erika?" oder „Erika klettert nie auf Bäume und spielt nicht mit den Jungen auf der Straße, sie benimmt sich, wie es sich für Mädchen gehört". Ich schaltete dann auf „Durchgang", ließ Omas Sermon in ein Ohr rein und aus dem anderen wieder raus und scherte mich nicht darum.

Einige Male fuhr ich während der Sommerferien nach Warin, wo Erika, ihr Bruder Richard, ihre Mutter, Tante Gerdi und ihre andere Oma wohnten. Der Wariner See war das Schönste von ganz Warin, ideal zum Baden und Herumtollen. Ich habe es nicht oft geschafft, Erika dahin zu locken. Sie hatte aber auch viele Arbeiten zu erledigen: Ziegenfutter für die beiden Milchquellen besorgen, Wohnung reinigen, Einkäufe erledigen, Kuchen backen, kurzum, sie fand immer etwas, um sich und damit auch mich zu beschäftigen.

Mein Cousin Horst, Omas jüngster Enkelsohn, war ein Fall für sich. Er wohnte mit Tante Evchen, seiner Mutter, in West-Berlin. Horst war als Kleinkind unglaublich quirlig, lebhaft, ja geradezu wild und oft unberechenbar. Er kannte keine Angst und keine Gefahr, probierte alles aus und geriet so manches Mal in Not. Bei Oma und Opa hatte er tatsächlich Narrenfreiheit. Alle Streiche, die er ausbrütete wurden ihm verziehen. Armer kleiner Horst, er hatte doch seinen Vater nicht einmal kennen gelernt! Horst war nicht bösartig, überhaupt nicht, aber alle Erwachsenen, die in irgendeiner Weise während seines Aufenthaltes in Schwaan für ihn verantwortlich waren, hatten ständig Angst, es würde ihm etwas Schlimmes passieren. Und es passierte mit Horst auch oft genug Bedrohliches, Unvorhersehbares. Mutti war jeden Abend froh, wenn Horst in seinem Bettchen lag und schlief.

Ich sehe ihn heute noch, wie er sich eine ein Meter lange Eisenstange organisiert hatte und auf einem großen Glasfenster eines Frühbeetes stand und mit der Stange auf dem Glas rumstampfte. Opa war der Erste, der ihn sah. Er rannte so schnell wie ich ihn nie zuvor habe laufen sehen zu Horst, wobei er schrie: „Komm sofort da runter!" Und was machte Horst? Er lachte und stampfte fröhlich weiter, seine Augen blitzten schelmisch. Es sah aus, als ob er seinen Opa herausfordern wollte, ihm beweisen wollte, dass er machen konnte, was er wollte. Opa schnappte sich Horst am Schlafittchen, riss ihn von dem Glasfenster runter, schmiss die Eisenstange weit von sich und verpasste Horst eine Tracht Prügel, wie der Junge sie nie zuvor und wohl auch nie danach von Opa erhalten hat. Nicht auszudenken, was mit Horst geschehen wäre, wenn das Glas zerbrochen wäre! Aber bei aller Narrenfreiheit, die er bei Oma und Opa hatte, konnte Opa an diesem Tag gar nicht anders, als dem Jungen den Hintern zu versohlen. Der Schreck, das Kind durch zerbrechendes Glas in Lebensgefahr zu sehen, war so groß, dass er sich nicht bremsen konnte und ihn verdrosch. Oma, die Horst grundsätzlich verteidigte und nicht zuließ, dass jemand auch nur einen kleinen Finger gegen ihn erhob, sagte nichts, denn sie war genauso geschockt wie Opa und sah Horst schon auf dem Weg ins Krankenhaus verbluten und seinen Geist aufgeben.

An einem schönen Julisonntag fuhren Mutti, Harm, Horst und ich nach Warnemünde, um ihm, den Berliner, die Ostsee zu zeigen und einen wunderbaren Tag am Meer zu verbringen.

Kaum am Strand angekommen, startete Horst einen Wettlauf mit Mutti. Sie rief ihm zu, er solle zurückkommen. Horst lachte wie ein Zirkusclown, machte Grimassen und lief Mutti davon. Sie bekam kaum noch

Luft, konnte nicht weiter laufen und rief uns zu Hilfe, um den Jungen einzufangen. Als wir ihn wieder bei unserer Sandburg hatten, nahm Mutti Horst ins Gebet: „Horst, schau mal, hier sind Hunderte von Menschen. Wenn du wegläufst, finden wir dich nicht wieder, und du findest uns auch nicht. Dann bist du ganz allein auf der Welt. Willst du das?" „Nein, Tante Berti, nein das will ich nicht!" „Na, dann ist ja alles gut! Bleib immer hier bei uns in der Nähe, lauf nicht wieder weg!". Horst setzte sich in die Sandburg und grub ein tiefes Loch, baute ein Schloss und war ganz artig. Harm und ich gingen ins Wasser, und Mutti blieb mit Horst allein. Sie muss einen Moment eingedöst sein, denn sie merkte nicht, dass Horst wieder verschwand. Als wir beide aus dem Wasser kamen, fanden wir Mutti völlig aufgelöst, in Panik. Kopflos lief sie wie eine Klucke, die ihr Junges verloren hat, hin und her. „O, Gott, O, Gott! Wenn der Junge verschwunden ist, dann bring ich mich um! Wie sollen wir ihn finden in dieser Menschenmenge! O, Gott, ich werde verrückt!"

Wir beruhigten Mutti, obwohl uns der Schreck über Horsts Verschwinden auch in die Knochen gefahren war. „Mutti, wir gehen jetzt jeder in eine andere Richtung: Wir fragen immer wieder, ob jemand Horst gesehen hat. Wenn wir ihn nicht gefunden haben, treffen wir uns nach fünf Minuten wieder bei unserer Sandburg, und dann alarmieren wir die Polizei." Die vereinbarte Zeit war kaum vorbei, da kam Mutti mit Horst an der Hand zur Burg. Der Junge hatte sich in der kurzen Zeit schon „Freunde" gesucht, war mopsfidel und konnte die Aufregung überhaupt nicht verstehen. Na ja, er war ja auch erst fünf Jahre alt.

Horst bekam bedingungslos seine Lieblingsgerichte serviert. Das heißt, dass wir alle auch das essen mussten, was Horst sich wünschte. Man konnte ja nicht zwei verschiedene Gerichte kochen. Manchmal aßen wir von Montag bis Freitag Makkaroni mit Zucker, Horsts Leib- und Magengericht. Schrecklich! Sonntags wurde auf Horsts Lieblingsessen keine Rücksicht genommen. Oma bestimmte, was es sonntags zu essen gab.

An Feiertagen wie auch an Sonntagen wurde der Mittagstisch mit dem schönen, durchscheinenden Edelporzellan und handgeschliffenen Kristallgläsern gedeckt. An einem dieser Sonntage hat Horst Oma zum Weinen gebracht. Er hatte sich einen Weinkelch gegrapscht und schlug damit auf den Tisch, so dass der Kelch trotz des dämpfenden Tischtuches zerbarst. Horst hielt den Kelch noch am Stiel in der Hand, der untere Teil lag zersplittert daneben. Es war mucksmäuschenstill. Alle starrten auf Horst und warteten darauf, was wohl geschehen würde. Oma schluchzte und stammelte, ach Gott, das schöne Weinglas! Horst, wie konntest du das nur tun. Es ist doch ein kostbares, handgeschliffenes Weinglas! Und Tränen kullerten ihr aus den Augen. Horst war selbst erschrocken, hielt noch einen winzigen Moment das kaputte Glas in der Hand, legte es beiseite und lächelte die ganze Tischgesellschaft an, als ob er sagen wollte: „ist doch gar nichts passiert".

Harm und ich konnten Horsts Sonderstellung nicht verstehen. Ihm selbst sahen wir es nicht nach, er war noch zu klein, um das zu begreifen. Aber wir waren wütend auf Oma und Opa. Warum darf er sich alles erlauben, während wir für geringfügige, bedeutungslose

„Vergehen" hart bestraft werden?

Wenn Horst abends ins Bett gebracht wurde, hatte ich den Auftrag, mit ihm Schlaflieder zu singen und je nach seiner Laune Geschichten zu erzählen. Das waren für mich die schönsten Momente mit Horst. Er hatte eine wunderbare Sopranstimme. Wir sangen zusammen. Er liebte Kanons. Und er liebte auch Märchen. Das war ja mein Spezialgebiet, und jede Märchenstunde mit Horst war ein Erlebnis.

Mit Sabine verstand ich mich wunderbar. Sie war übrigens in den Sommerferien meine beste Spielgefährtin während meiner Kindheit und meine Vertraute während unserer Oberschulzeit. Wir schrieben uns mindestens einmal in der Woche Briefe und tauschten uns aus über unser Schulleben und über unser Umfeld. Nie zuvor und auch nie danach habe ich so viele Briefe geschrieben wie an Sabine in meiner Grund- und ganz besonders in der Oberschulzeit.

Sabine bei uns in Schwaan war immer die Garantie abwechslungsreicher Ferienerlebnisse. Wir hatten kein Spielzeug, brauchten auch keins. Der Wald in unserer Nähe bot reichlich Möglichkeiten, uns wie in einer verzauberten Welt zu fühlen. Sabine nahm an allen unseren Spielen teil, ob mit Jungen oder ohne. Wir gingen gemeinsam in die Badeanstalt und boten unsere tollen Sprünge vom Sprungturm vor den Jungen dar, die staunten und selten ähnliche Darbietungen fertigbrachten.

Ich fuhr auch mehrmals während der Sommerferien zu Sabine nach Demmin. Um nach Demmin zu kommen, musste ich erst einmal nach Rostock mit der Bahn und dann mit dem Bus weiter fahren. Mit der Bahn konnte man auch die gesamte Strecke zurücklegen, aber da hätte ich mehrmals umsteigen müssen. Mit dem Bus war es einfacher. Ich fuhr mit Mutti nach Rostock, und dort gingen wir zur Bushaltestelle, ganz in der Nähe des Hauptbahnhofs. Mutti wartete mit mir bis zur Abfahrt. Ich stieg ein, Mutti gab dem Busfahrer Bescheid, er solle mich doch bitte im Auge behalten und mich in Demmin rausschmeißen. Ich fuhr immer allein und war ganz stolz, es ohne Begleitung zu schaffen.

Demmin war noch sehr gezeichnet von den wiederholten Bombenangriffen. Viele Straßen waren arg beschädigt. Die Ruinen zahlreicher Wohnhäuser waren behelfsmäßig „bewohnbar" gemacht worden.

Bei Tante Käthe, Sabines Mutter, gab es etwas Außergewöhnliches, etwas unglaublich Kostbares. Himbeerbonbons. Sie waren In einem großen Glasbehälter, so einem, wie sie in Kaufmannsläden auf Verkaufstischen standen. Tante Käthe und Onkel Fide führten ja vor dem Krieg und auch noch während des Krieges bis zur Zerstörung des Gebäudes, in dem sich der Laden befand, ein Lebensmittelgeschäft. Und dieser Bonbonbehälter voll herrlich anzusehender und nach mehr, immer mehr schmeckenden Himbeerbonbons, war, glaube ich, das Einzige, was sie nach der Bombardierung des Gebäudes, gerettet haben. Leider vermehrten sich die Bonbons nicht. Tante Käthe gab Sabine und mir jeden Tag eine dieser Köstlichkeiten. Mit Bedauern sahen wir, dass der Glasbehälter sich allmählich leerte. Ich hatte nie in meinen acht Lebensjahren so wunderbar schmeckende Bonbons gelutscht.

Die Stadt Demmin sah, gelinde gesagt, scheußlich aus. Überall Ruinen und verwahrloste Gärten. Sabine und ich brachten fast den ganzen Tag draußen zu. Sabine zeigte mir ihre Umgebung. Wir erforschten das Peene-Ufer, badeten in der Badeanstalt und nahmen an den Aktivitäten der von der Schule organisierten „Ferienspiele" teil. Morgens um acht begann so ein „Ferienspiel"-Tag, und er endete nachmittags gegen fünf. Alle Schulkinder konnten mitmachen. Für viele alleinerziehende Mütter war das eine vorzügliche Hilfe. Sie wussten ihre Kinder unter Aufsicht bei Spiel und Toben und konnten unbesorgt ihrer Arbeit nachgehen. Während der Ferienspiele übten wir „Theaterstücke" ein, meistens Märchen der Brüder Grimm, oder wir gestalteten Vorstellungen, bei denen wir sangen, Volkstänze vorführten oder unsere Turnkünste darboten. Die Gruppen wetteiferten mit- und gegeneinander. Die Sieger bekamen eine bemalte Pappmedaille und eine „Urkunde". Sabine und ich waren immer stolz wie Königinnen, wenn wir nach erfolgreicher Vorführung unsere „Auszeichnungen" bekamen.

Zu meinem achten Geburtstag bekam ich einen Roller. Ich hatte ihn mir schon so oft gewünscht, aber es gab keinen Roller zu kaufen. Ich träumte von einem Tretroller. So einen hatte nämlich Willy, einer meiner Spielgefährten. Wenn er bei uns mit seinem Super-Roller aus Vorkriegszeiten, oder Friedenszeiten, wie Oma immer sagte, vorbei rauschte, konnte ich meinen Neid kaum im Zaum halten. Ich bat Willy wohl hundert Mal, mich doch einige Minuten mit seinem Tretroller fahren zu lassen. Ich bettelte und bettelte. Vergebens. Er ließ es nicht ein einziges Mal zu. Dafür erlaubte er mir, mit seinem großen Schaukelpferd zu schaukeln. Er benutzte es nie. Den Grund erfuhr ich nicht, das war mir auch egal. Hauptsache, er ließ mich sein Schaukelpferd benutzen. Das war zumindest ein kleiner Trost für den verweigerten Tretroller. Das Schaukelpferd stand in der Toreinfahrt auf Kopfsteinpflaster. Es war sehr stabil und groß, hatte aber keine Bremsmöglichkeit an den hinteren Kufenenden. Ich brachte das Pferd in Bewegung, gab Gas, das Schaukelpferd überschlug sich, und ich knallte mit dem Kopf aufs Pflaster. Etwas benommen und schwindelig stand ich auf, kletterte erneut aufs Pferd, schaukelte wie verrückt, immer schneller und schneller, bis es sich wieder überschlug und ich erneut mit dem Kopf auf die Steine prallte. Ein wunderschöner Sternenschweif, so schön wie von zehn Wunderkerzen, entsprang meinem arg geprellten Kopf. Mit einer dicken, schmerzenden Beule am Hinterkopf und Rauschen in den Ohren verabschiedete ich mich von dem gefährlichen Spielzeug. Ich habe es nie wieder benutzt.

Jetzt hatte ich also einen Roller. Im Vergleich zum Tretroller war meiner ja rein gar nichts, aber ich versuchte, mich selber davon zu überzeugen, dass ich ein wunderbares Geschenk erhalten hatte, dass ich mit meinem Roller genauso schnell fahren konnte wie der blöde Geizkragen, Besitzer des einmalig tollen Tretrollers.

Mein Roller war sehr klein. Er hatte mit Gummiringen bezogene Eisenräder. Wenn ich die Gummiringe auf den Rädern ließ, fuhr der Roller langsam wie gebremst. Wie langweilig! Ich rollte also die Gummiringe ab, befestigte sie am Holzrahmen mit einem Bindfaden und zog los. Ohne Gummibereifung fuhr ich mit dem Roller wie der Wind. Es konnte gar nicht schnell genug werden. Ein Problem hatte ich allerdings mit meinem jetzt schnellen Roller. Wenn die Straße nicht einwandfrei eben war, wenn nur ein Stein in die Rille eines der Räder kam, dann rutschte der Roller zur Seite und ich flog im hohen Bogen auf die Straße. Handflächen und Knie hatten während meiner Rollerraserei permanent schlimme Hautabschürfungen, die ich selber verarztete. Mutti hatte ausreichend Pflaster und Desinfektionsmittel für unsere alltäglichen kleinen Blessuren auf Lager. Meine Knie waren bisweilen wochenlang bepflastert.

Ich forderte doch tatsächlich die Jungen unserer Straße zu Wettfahrten mit dem Roller heraus. Übrigens, es gab kein einziges Mädchen, das einen Roller hatte. Nur einige Jungen und ich. Zum Wettrollern zogen wir Teilnehmer auf die Chaussee. Noch gab es keine Autos, keine Lastwagen, die uns hätten in Gefahr bringen können. Und auf der Chaussee störte uns niemand, und wir störten selbst bei dem gewaltigen Lärm, den wir verursachten, auch keinen Meckerer, denn wir rasten weit von den Wohnhäusern entfernt. Unsere Wettkämpfe auf der Chaussee waren allerdings nicht unproblematisch. Etwa alle zwanzig Meter unterbrach eine Fuge jede Betonplatte. Außer mir hatten die Roller der Rennteilnehmer luftgefüllte Gummibereifung, es waren, wie Oma sagte, „Friedensware"–Roller. Deren Besitzer mussten sich nicht vorsehen, wenn sie über die Fugen fuhren, aber ich hatte damit eine Gefahrenquelle, die mir so einige große Stürze einbrachte. Ein Sturz aber hielt mich nicht davon ab, immer wieder an Wettfahrten teilzunehmen, obwohl ich nie gewinnen konnte. Ungefähr zwei Jahre hat mir mein Roller treu gedient. Am Ende war er zu klein, und er sah auch nicht mehr allzu gut aus. Er hatte ja auch bei jedem Sturz etwas Schaden gelitten.

Meine Cousine Kika wohnte mehrere Jahre lang bei uns. Ich glaube, das hatte mit der Geburt ihrer beiden Brüder zu tun, die nach dem Krieg auf die Welt kamen. Die Wohnung ihrer Eltern war nicht gerade großzügig gestaltet. Der Platz dürfte nicht ausgereicht haben, um vor allem während der ersten Lebensjahre der Jungen Kinderwagen, Laufgitter, Baby- und Kinderbett unterzubringen.

Kika und ich hatten im Erdgeschoss ein kleines Zimmer. Es hatte einen Zugang zu Omas und Opas Schlafzimmer. Dieser Durchgang war tabu. Nur Kika wagte es, bisweilen im Schlafzimmer rumzuschnüffeln, immer auf der Suche nach etwas Brauchbarem. Gewöhnlich gelangten wir vom Hausflur durch die Speisekammer zu unserem kleinen Zimmer.

Kika hatte einen Stein im Brett bei Oma und Opa. Sie war ihr erstes Enkelkind und verbrachte mehr Zeit bei ihren Großeltern als bei sich zu Hause. Ich wurde Nutznießerin ihres großzügigen Umgangs mit Kika.

Kika und ich verschlangen Bücher. Wir waren geradezu lesesüchtig. Punkt acht Uhr abends hatten wir das Licht auszuknipsen. Wir wollten aber immer wieder noch weiterlesen. Deshalb mussten wir uns einiger Tricks bedienen. Kika wusste dank ihrer gründlichen Schnüffelei, dass Opas Reserve-Taschenlampen in einer

Schublade der Kommode in Omas und Opas Schlafzimmer aufbewahrt wurden. Dort lagerten auch die Batterien. Kurz vor acht ging Kika vorsichtig ins verbotene Schlafzimmer, holte eine Taschenlampe und die dazu erforderlichen Batterien aus der Schublade, und wir konnten weiterlesen. Ich kroch zu Kika ins Bett und unter ihrer Bettdecke lasen wir, bis wir vor Müdigkeit nicht mehr lesen konnten. So kam es, dass die frisch aus Westberlin von Tante Evchen geschickten Batterien immer fast leer waren, wenn Opa sie als neu auswechselte. Nach jedem Leseabend hat Kika nämlich die Batterien aus der Taschenlampe genommen und sie ganz geschickt in die Verpackung zurückgelegt. Opa schimpfte wie ein Rohrspatz über die verdammte Betrügerei des Westberliner Batterien-Verkäufers, der fast leere Batterien für neu verhökerte. Eine bodenlose Schweinerei war das! Kika hatte überhaupt keine Angst, dass Opa eventuell ihre Trickserei bemerkte. Ich bin mir fast sicher, dass er es bemerkte und nur so tat, als wüsste er von nichts. Denn Kika war ja Opas Liebling. Zu Hause, bei ihrem Vater, hatte Kika unter seinen schrecklichen, cholerischen Wutausbrüchen zu leiden. Anlässe dazu fehlten ihrem Vater nie. Er hatte genau wie auch mein Vater eine lockere Hand. Ohrfeigen, Kopfnüsse und wild verteilte Schläge gehörten bei ihm zum Alltag. Kein Wunder, dass Kika viel lieber bei Oma und Opa wohnte als zu Hause.

Der Weg zu unserem Zimmer durch die Speisekammer war eine permanente Versuchung. In der Speisekammer lagerten die wunderbaren Leckerbissen, die, von Oma streng rationiert, verteilt wurden. Kika hatte den Rumtopf entdeckt und lud mich ein, gemeinsam davon zu probieren. War das lecker! Die Zunge brannte zwar ein wenig und mir wurde ganz dösig im Kopf, aber es schmeckte herrlich. Das haben wir aber nur einmal gewagt. Opa hatte etwas gemerkt und irgendeine Bemerkung gemacht, die Kika verstand und sie zur Vorsicht mahnte. Wir vergriffen uns auch am großen Salzgurkenfass, aber das fiel nicht allzu sehr auf, denn Salzgurken kamen regelmäßig auf den Abendbrottisch, und in dem Fass war irgendwann nur noch Lake.

Einige Wochen vor Weihnachten, als die Weihnachtsbäckerei in vollem Gange war, wurden zwei riesengroße Keksdosen mit weißen und braunen Pfeffernüssen gefüllt. Die Keksdosen wurden ausgerechnet in unserem Zimmer „versteckt". Da hatte Oma wahrhaftig den Bock zum Gärtner gemacht. Kika und ich übertraten ständig das Verbot, die Dosen zu öffnen und davon zu naschen. Ich erinnere mich an ein oder zwei Weihnachten, an denen die Dose mit den weißen Keksen fast leer war. Oma schimpfte und drohte, wenn ich den Dieb erwische, dann kann er sich auf was gefasst machen! Sie sagte nie, dass Kika oder ich die Diebe waren, obwohl auch sie wahrscheinlich wusste, von wem die Initiative ausgegangen war. Sie buk in Windeseile eine neue Ladung.

Zu meinem neunten Geburtstag, also im April 1950, bekam ich eine Mandoline geschenkt, ein kleines, wohl recht altes Kunstwerk, dessen richtigen Wert ich erst erkannte, als ich schon erwachsen war.

Jetzt bekam ich Unterricht bei Fräulein L., der Leiterin des „Mandolinenchors" der Schwaaner Schule. Sie brachte mir bei, der Mandoline erträgliche und nach langer Übungszeit schöne Töne zu entlocken. Von nun an hieß es ständig: üben, üben, üben. Oma hatte sich mit dem Geschenk wohl ins eigene Fleisch geschnitten, denn wenn sie mich aufforderte, Staub zu wischen oder diese oder jene Putzarbeit zu verrichten, kam ich mit der Ausrede: „Oma, das geht jetzt nicht, ich muss üben". Und zum Beweis ließ ich meine Finger über das Griffbrett laufen und tremolierte die Saiten so stark, dass die damit erzeugten Töne sie überzeugten: Tatsächlich, Monika übt!

Nicht immer hatte ich Lust auf der Mandoline zu üben. Das geht ja wohl allen Kindern so, die nicht gerade sehr begabt sind und das Musizieren nicht von der Wiege an zu ihrem Lebensinhalt machen. Ich war alles andere als ein Wunderkind, mein Mandolinenspiel reichte gerade aus, um im Schulorchester mitzuspielen und zu Hause bei Familienfeiern zusammen mit Mutti am Klavier zu musizieren.

Der Mandolinenchor der Schwaaner Zentralschule und später das Schulorchester der Goethe-Oberschule Rostock mussten an den verschiedensten Veranstaltungen den musikalischen Rahmen mitgestalten. So wurden wir zum Beispiel auf einen Pferdewagen „verladen", auf dem normalerweise Rüben oder Kartoffeln transportiert wurden. Mit ein wenig Heu unter dem Hintern ruckelten wir in die nächstgelegenen Dörfer, wo unsere Auftritte anlässlich einer Propagandaveranstaltung wie „Tag der Republik", Jahrestag des Sieges der „Glorreichen Sowjetunion" und ähnliche stattfanden. In späteren Jahren wurde der

Pferdewagen durch einen LKW ersetzt, aber die Anlässe waren fast immer die gleichen. Alle Jahre wieder!

Die wichtigsten Auftritte des Mandolinenchors, der Volkstanzgruppe und ab 1952 dann auch noch des von Musiklehrer H. geleiteten Schulchors fanden aber in Schwaan statt. Wir musizierten am 1. Mai auf dem großen Platz im Lindenbruch, am 1. Juni, dem Internationalen Kindertag, ebenfalls am selben Ort, und im Herbst oder Winter auf Bühnen unter Dach.

Unsere Pflichtveranstaltung zum 1. Juni, dem Internationalen Kindertag, war Gott sei Dank nur das Vorspiel. Anschließend, nach erfüllter Darbietung unseres Programms, waren wir frei und durften mit allen Kindern toben und uns an den verschiedensten „Gewinnspielen" beteiligen. Es gab „Taubenschießen", nur für Schüler ab 12 Jahren, „Eierlaufen" mit einem Gipsei!, „Sackhüpfen" und blöde, langweilige Ringelreihenspiele. Die Sieger bekamen einen Papporden, und das war's. Der Jungen Lieblingsgerät, eine Kletterstange, an deren Spitze eine echte Bockwurst hing, die der Kletterer von der Spitze abreißen und verschlingen durfte, war die Attraktion. Nur ganz wenige schafften es, die Wurst von der Stange zu holen. Das wussten die Veranstalter. Bei der Knappheit – Fleischprodukte gab es auf Lebensmittelmarken – war immer nur eine sehr begrenzte Anzahl von Würsten vorhanden. Ich beneidete die Sieger, mir lief das Wasser im Mund zusammen, und die Bengel stellten sich vor uns hungrige Zuschauer in Pose und verschlangen ihre Beute. So was Fieses!

Während der ersten fünf Nachkriegsjahre gab es einen Tag vor dem Internationalen Kindertag für alle Schüler ein Festessen, das wir in unseren Klassenräumen aufgetischt bekamen: Gulasch aus Pferdefleisch, jedes Mal vom Rossschlachter gespendet. Alte, ausgediente Ackergäule, die entweder gestürzt oder dem natürlichen Tod nahe waren, brachte man zum Rossschlachter. Das zähe Fleisch wurde durch sehr langes Kochen essbar weich gegart, und wir Kinder konnten uns nichts Besseres vorstellen, als Kindertagsgulasch serviert zu bekommen. Wir konnten uns sogar Nachschlag holen, die wohl einzige Gelegenheit, uns wirklich satt zu essen. Das war jedes Jahr das Beste am Kindertag.

Einmal im Jahr fanden auf Kreisebene und für die Kreis-Sieger auf Bezirksebene Kulturwettbewerbe statt. Daran nahmen unser Mandolinenchor, das Volkstanzensemble und unser Chor teil. Ich erinnere mich sehr gut an eine „Gedichte-Aufsagerin", Schülerin einer anderen Schule, die jedes Jahr, immer wieder, ihre Glanzleistung vortrug. „Die Glocke" von Schiller. Wie langweilig! Diese Schülerin war wohl die einzige im Kreis und sogar im Bezirk, die „Die Glocke" auswendig herunterbeten konnte. Es dauerte furchtbar lange, bis sie fertig war, und wir wollten doch endlich an der Reihe sein, um unseren Auftritt hinter uns zu bringen und ganz schnell die Anspannung loszuwerden. Es waren immerhin die besten Schulchöre, -orchester, Turnerriegen, Gymnastik- und Tanzgruppen und manchmal sogar Theatergruppen, die gegen ebensolche aus allen Kreisschulen wetteiferten. Die Besten dieser Ebene durften in die Bezirkshauptstadt Schwerin reisen, und da ging es darum, einen guten Platz unter den allerbesten Teilnehmern zu erreichen. Ich weiß nicht mehr, wie oft unsere Schule zu den Gewinnern des Wettbewerbs zählte. Außer Frage steht, dass sie mehrmals zu den Ersten gehörte.

Ab 1952 erfuhr unser Musikunterricht einen Quantensprung. Die Schwaaner Schule bekam einen Musiklehrer, der während des Krieges Kapellmeister des Rundfunkorchesters war. Bei Kriegsende hatte er alles verloren. Seine Familie, seine kostbare Violine und seine Arbeit. Ohne ein Dach über dem Kopf, ohne Dienststelle und ohne Aussicht, als Kapellmeister Arbeit zu finden, musste er sich damit begnügen, eine „Hau-Ruck-Express-Ausbildung" als Lehrer zu akzeptieren. Er heiratete eine junge Kollegin und wurde nach Schwaan, an die „Ossenschaul" verpflichtet. Ich habe erst als Erwachsene nachvollziehen können, nein, das stimmt nicht, ich habe mir schon eher vorgestellt, was für eine Qual es bedeuten muss, wenn ein Berufsmusiker, der es gewohnt ist, ein Orchester zu leiten, unbedarften Grundschülern, die von Musik kaum eine Ahnung hatten, die auch in ihrem Zuhause keine musikfreundliche Atmosphäre vorfanden, im Fach Musik zu unterrichten. Dieser Lehrer baute den Schulchor auf. Seine ersten Chorproben werde ich nie vergessen. Herr H. war sehr streng und ungeduldig. Ich muss ihm zugutehalten, dass er nie einen Schüler geschlagen hat, obwohl er oft genug einen Grund gehabt hätte, mit Schlägen undisziplinierte Schüler zur Raison zu bringen. Viele andere Lehrer schlugen ihre Schüler. Statt Schüler mit Schlägen zu bestrafen, zerdepperte er seinen Geigenbogen. Wenn das geschah, waren wir mucksmäuschen still und wagten es nicht, uns zu bewegen.

Herr H. und seine Frau wurden bald nach ihrer Ankunft in Schwaan Freunde unserer Familie. Für Mutti war das ein Glücksfall. Endlich war da jemand, der ihre Vorliebe für Musik nicht nur teilte, sondern von Berufs wegen Musiker war. Meine Eltern und Familie H. trafen sich regelmäßig zu gemütlichen Abenden. Ich wurde seine Lieblingsschülerin. Ich hatte damals schon drei Jahre lang Mandolinenunterricht, konnte Noten lesen, und ich hatte Spaß am Musikunterricht. Aber die unmusikalischen Kinder oder diejenigen, die der Musik absolut nichts Gutes abgewinnen konnten, hatten ein schweres Leben bei Herrn H. Wie gesagt, er schlug keinen Schüler, aber er schrie sie an und fuchtelte mit dem Geigenbogen in der Luft rum, dass die armen Betroffenen vor Angst ins Schwitzen kamen.

Ich war dreizehn Jahre alt, als Herr H. mit uns nach Güstrow ins Theater fuhr, wo wir zum ersten Mal eine Oper hörten. Bevor die Reise losging, erklärte er uns, wovon „Eugen Onegin" von Tschaikowsky handelte. Das machte er hervorragend. Jede Arie, jede Szene habe ich genossen. Und dann kam die Aufführung! Es war ein wunderbarer Abend. Einige Melodien kannte ich schon. Mutti sang ja ständig Opern- und Operettenmelodien, auch Lieder von Schubert und unzählige Volkslieder. Eine Oper aber von A bis Z hatte ich zuvor noch nicht erlebt.

Und etwas ganz Verrücktes an diesem Opernbesuch in Güstrow war, ich zog zum ersten Mal in meinem Leben ein Paar Nylonstrümpfe an. Nylonstrümpfe waren der neueste Schrei. Es war furchtbar schwierig, welche zu bekommen. Ich glaube, meine ersten Nylons kamen aus dem Westen. Ein kostbarer Schatz! Es war eisig kalt an jenem Abend. Von wegen Nylonstrümpfe wärmen die Beine! Stimmt nicht, aber sie waren elegant. Meine Beine ähnelten gefrorenen Mikado-Stäbchen. Das musste ich aushalten können, schließlich hatte ich es so gewollt. Wer das Eine will, muss das Andere mögen! Zur Rückfahrt nach Schwaan durfte ich mir auf dem Güstrower Bahnhof von meinem ersparten Taschengeld eine Bockwurst kaufen. Der Hunger war groß, und die Wurst schmeckte wie ein Festessen.

Die Nylonstrümpfe hatten so ihre Tücken. Kaum hatte man sie sich angezogen, fing irgendwo eine Masche an zu laufen. Es gab für dieses Problem eine Lösung, obwohl sie ziemlich umständlich war. Man konnte nämlich im Reparaturladen die Laufmaschen wieder aufnehmen lassen. Das funktionierte mit einem extra dafür gebauten Haken, den man sich auch später selber kaufen konnte. Für die Reparatur im Spezialladen musste man Geduld mitbringen. Es dauerte einige Tage, bis man die reparierten Strümpfe wieder abholen konnte.

Wie schon erwähnt, musste sich Vater nach seiner Rückkehr von der Gartenbaufachschule in Primerburg intensiv um unsere Gärtnerei kümmern. Opa war zwar noch der Besitzer, aber Vater übernahm den größten Teil der Treibhausbepflanzung und deren Wartung. Außerdem kümmerte sich Vater um die Rundumrenovierung der gesamten Gärtnerei, ein Unternehmen, das mehrere Jahre dauerte. Dazu gehörte ein unglaublich viel Geduld und Nerven erforderndes Organisationstalent. Man muss wissen, dass ein Privatbetrieb wie der Unsere keinerlei Unterstützung von den staatlichen Verwaltern der Ressourcen bekam. Unsere Gärtnerei war ein kapitalistischer Betrieb. Der sozialistische Staat hatte keinen Platz für Privatwirtschaft und torpedierte permanent alle Bemühungen, den Betrieb auf Vordermann zu bringen. Eigenartiger Weise fanden wir Kinder uns in der Kategorie der Arbeiterkinder wieder, denn Vater war Angestellter seines Vaters, also Arbeiter, und wir, die Arbeiterkinder, hatten durchaus einige Vorteile davon. Sowohl Harm als auch ich durften In Rostock die Oberschule besuchen und das Abitur machen. Und wir bekamen problemlos die Zulassung zum Studium und ein Stipendium.

Vater nahm auch engagiert am gesellschaftlichen und politischen Leben teil. Er war viele Jahre lang Kreis-Vorsitzender des „Kulturbundes zur demokratischen Erneuerung Deutschlands". Ich erinnere mich an viele gemeinsame Treffen meines Vaters mit meinem Klassenlehrer, Herrn Hendrich, der mit uns so manchen Ausflug in die ehemaligen Wendensiedlungen unternahm, uns Hünengräber (manche Schüler nannten sie Hühnergräber) und andere bewundernswürdige steinzeitliche Stellen in unserer Nähe zeigte.

Später, als Mitglied der LDPD (Liberal Demokratische Partei Deutschlands), übernahm Vater beim Rat der Stadt den Vorsitz der Kommission für Soziales, Erziehung und Gesundheit. (Ich lege nicht die Hand ins Feuer für die korrekte Bezeichnung der Ämter, denn ich habe das vergessen, aber sicher weiß ich, dass Vater sich um die erwähnten Belange für die Stadt Schwaan kümmerte). Dafür musste er viel Zeit opfern, vor allem war er abends oft unterwegs – ganz zu unserem Vorteil!

An der Verwirklichung mehrerer wichtiger Projekte wie zum Beispiel dem Bau der Wasserleitung und dem Bau der neuen Schule hat er in herausragender Art mitgewirkt.

Vater hatte also sehr viel Arbeit zu erledigen. Er konnte bald nicht mehr regelmäßig unsere Schulaufgaben kontrollieren, machte aber unvorhersehbare Kontrollen. Und wenn er uns dann bei „Schludrigkeit", Fehlern oder Husch-Husch gemachten Schularbeiten erwischte, kam der Rohrstock zum Einsatz. Wir hatten immer Angst vor unserem Vater. Wir stellten uns das Undenkbare vor, dass die Kinder, deren Väter nicht aus dem Krieg zurückgekommen waren, Glück hatten, weil sie nicht ständig von Strafen bedroht und geschlagen wurden. Das ist monströs, aber wir Kinder hatten damals noch keine Vorstellung von Vaters entsetzlichen Horrorerlebnissen während der jahrelangen Metzelei an der russischen Front. Wir wussten nichts von den drakonischen, inhumanen Strafen, Folter und Krankheiten, die unser Vater in den drei Jahren im sowjetischen Gulag ertragen musste. Sie hatten ihn zu einem unberechenbaren Choleriker gemacht.

Ganz schlimm erging es unserem damals kleinen Bruder Herwig. Vater konnte nicht akzeptieren, dass er behindert war, dass er nicht so stark war wie Harm und ich. Vater fand immer einen Anlass, Herwig anzubrüllen und zu schlagen. Mutti hat Höllenqualen ausstehen müssen, wenn Vater Herwig am Schlafittchen packte, ihn in den Arbeitsraum zog und dort unter unerträglichem Gebrüll auf ihn eindrosch. Mutti hatte keine Möglichkeit, einzugreifen, seine brutalen Strafaktionen zu verhindern.

Damals war es Gang und Gäbe, Kinder zu züchtigen, sei es zu Hause oder in der Schule. Es war unerträglich, Herwigs Gewimmer anzuhören. Ich bekomme jetzt noch Gänsehaut, wenn ich daran denke.

Herwig hatte das Pech, nicht nur von Vater unmenschlich behandelt zu werden. Er war auch in der Schule Opfer von Misshandlungen und Spott. Er wurde drangsaliert, wo und wann immer seine Mitschüler und auch einige Lehrer Gelegenheit dazu fanden. Man nannte ihn Hinkefuß und Hühnerhabicht. Hinkefuß, weil er einen Defekt an einem Fuß hatte, der es ihm nicht erlaubte, schnell zu laufen. Beim Gehen merkte man kaum etwas davon. Woher der Name „Hühnerhabicht" kam, weiß ich nicht. Herwig musste am Sportunterricht teilnehmen, ohne dass auf seine physische Behinderung Rücksicht genommen wurde. Man muss sich mal vorstellen, dass ein Kind, das nicht laufen kann, gezwungen wurde, an allem, was im Sportunterricht auf dem Plan stand, mitzumachen, sei es Wettlaufen, Hochsprung, Weitsprung, Kugelstoßen, Schlagballweitwurf, Geräteturnen, Mannschaftsspiele. Jede Sportstunde war für ihn eine Qual. Am schlimmsten waren die „Sportfeste", die einmal jährlich stattfanden. Die gesamte Schülerschaft nahm daran teil. Wenn Herwig vor aller Augen den Hundert-Meter-Lauf startete und wie ein Haufen Unglück versuchte, ans Ziel zu kommen, erlitt er Höllenqualen. Die Schüler johlten und schrien und machten sich über ihn lustig. Kein einziger Lehrer hat diesen entwürdigenden Szenen je ein Ende bereitet!

Kurz nach Beginn der Sommerferien unternahmen wir jedes Jahr eine Klassenfahrt. In den ersten Schuljahren durften wir Schüler nur kurze Tagesfahrten machen, wenn überhaupt. Die erste ging nach Nienhagen bei Warnemünde. Frühmorgens trafen wir uns auf dem Stellplatz. Die einzige Ausrüstung – ein Stullenpaket. Wir wurden auf einen LKW geladen, und die Fahrt konnte losgehen. Unsere Lehrerin erzählte uns von den Besonderheiten des Nienhagener Waldes auf der Steilküste der Ostsee. Wir erfuhren, dass dort die Bäume wie Gespenster aussehen sollten, dass der ständige Wind sie dermaßen schüttele und zerzause, dass sie aussähen wie monsterartige Märchengestalten. Das war natürlich ein Fressen für meine Phantasie. Nicht nur verwandelten sich die Bäume in Gespenster, nein, sie wurden zu schauderhaften Persönlichkeiten in meiner Märchenwelt.

Als wir ankamen, mussten wir noch eine gewaltige Strecke zu Fuß bewältigen, bis wir den Gespensterwald erreichten. Was für eine Enttäuschung! Die Bäume waren verkrüppelt oder nur schief gewachsen, aber so sehen doch keine Gespenster aus. Ich war enttäuscht von der Realität, dafür aber sehr angetan von der Ostsee, die man direkt vom Waldrand aus vor sich hatte. Und die Steilküste fand ich wunderbar. Wir durften aber nicht vom Wald ans Ufer laufen. „Keine Zeit. Wir müssen wieder zurück nach Hause", gab die Lehrerin zu verstehen. Und Fräulein B., immer auf unsere Sicherheit bedacht, warnte: „Ihr bleibt schön hier oben! Nicht, dass mir einer von euch den Hang runterfällt!" Schade, dass wir nur einen Tag dort waren. Ich hätte zu gern Greifen oder Verstecken gespielt. Immer vom Ufer bis zum Wald, die Steilküste hoch und runter und runter und hoch. Und die Gespensterbäume waren dafür ein ideales Versteck. Das hätte unsere Lehrerin nun wieder nicht erlaubt. Es sei zu gefährlich!, würde sie gesagt haben. Für mich stand fest: das ist Blödsinn! Einfach großer Blödsinn. Was soll daran denn gefährlich sein? Aber gegen die Lehrerin kam man nicht an. Meine große Lust auf Steilküsten - rauf - und – runter – Toben musste auf eine andere Gelegenheit warten. Die Lehrerin wäre dabei total fehl am Platz.

Eine der nächsten Klassenfahrten brachte uns nach Teterow. In Teterow gab es neben der Besichtigung der Altstadt, an die ich überhaupt keine Erinnerung mehr habe, eine Motorradrennbahn und – ganz wichtig – auf der Burgwallinsel wurden Ausgrabungen gemacht. Das war spannend. Faustkeile, Pfeilspitzen aus Feuerstein und Knochen von Menschen aus der Steinzeit. Ich sah das alles zum ersten Mal und sofort stand für mich fest: ich werde Archäologin. Das Wort kannte ich damals noch nicht. Ich glaube, unser Lehrer sagte dazu: „Da werden Ausgrabungen gemacht." Also ich wollte unbedingt eine „Ausgraberin" werden. Im Laufe der Jahre habe ich allerdings mein Berufsziel mehrmals gewechselt. Und am Ende, als Rentnerin, kam ich von der „Ausgraberin" zur Fossiliensammlerin. Da können die Faustkeile, Pfeilspitzen und einige tausend Jahre alten Menschenknochen nicht ankommen gegen meine Hunderte von Millionen Jahre alten Fossilien!

Nach Abschluss der siebten Klasse fuhren wir nach Thüringen. Eine ganze Woche lang! Die Bahnfahrt nach Thüringen würde heute wohl kein einziger Schüler mehr antreten wollen. Wir waren einen ganzen Tag unterwegs. Von einem Bummelzug zum nächsten mussten wir drei oder vier Mal umsteigen. Die Waggons hatten Holzbänke. Nicht gerade das Bequemste. Die Gepäcknetze hatten tatsächlich richtige Netze aus starkem Garn, die jeweils an eisernen halbrunden Trägern befestigt waren. Ich habe mich mal in so ein Gepäcknetz reingelegt. Ich dachte, man könne darin ja wohl ein wenig schlafen, aber da hatte ich mich sehr getäuscht. Diese Eisenträger machten jegliche bequeme Lagerung unmöglich. Sie drückten an den Schultern, am Rücken in Höhe der Brustwirbel, in der Mitte des Rückens und am Becken. Scheußlich! Keine fünf Minuten konnte ich es da aushalten.

In der Nähe von Ilmenau bezogen wir Quartier in einer Schule. Ein großes Klassenzimmer war zum Schlafsaal umfunktioniert. Wir schliefen auf Strohsäcken. Sanitäranlagen gab es nicht. Plumpsklos mussten reichen. Zum Waschen fanden wir einen Wasserhahn im Schulgebäude und eine Pumpe auf dem Schulhof vor. Die einzigen Wasserquellen für die ganze Bande von etwa dreißig Schülern. Waschen fiel fast immer aus. Zähneputzen ebenfalls. Zum Frühstück hatten ehrenamtliche Helferinnen Stullenpakete fertig gemacht. Mittags oder abends – je nach Dauer der Ausflüge – gab es jeden Tag Leipziger Allerlei: eine Gemüsesuppe mit frisch geerntetem Gemüse. Man durfte nicht krüsch sein, wenn ab und zu ein paar hellgrüne Raupen in der Suppe schwammen. Das war unvermeidlich, denn Kohlweißlinge und andere Pflanzenfresser legten in den Blumenkohlköpfen ihre Eier ab. Und daraus schlüpften die Raupen. Das war echte „Bio-Nahrung". Ohne Gift gegen Unkraut und Schädlinge zu benutzen, ernteten die Bauern Gemüse mit Zugabe. Manchmal war in der

Suppe auch ein wenig richtiges Fleisch drin. Sie schmeckte jeden Tag aufs Neue wunderbar. Wir waren aber auch immer sehr, sehr hungrig.

Eine ganze Woche lang wanderten wir von morgens bis abends durch die Landschaft Thüringens. Die sehr langen Entfernungen von einer sehenswürdigen Stadt in die andere legten wir mit der Bahn zurück.

Die von Pflaumen- und Kirschbäumen eingesäumten Chausseen und die Wälder boten Schatten bei sengender Hitze. Leider waren weder die Kirschen noch die Pflaumen reif.

Der Rennsteig und Oberhof waren die ersten Etappen. Berge und Wälder – was kann es Schöneres geben?

Dann ging es weiter zum Kickelhahn bei Ilmenau. Wir sind den ganzen Tag lang gewandert. Und da kamen wir an die Stelle, an der der schon ziemlich alte Goethe seine vielleicht letzten Verse gedichtet hat: „Über allen Gipfeln ist Ruh'/ In allen Wipfeln spürest Du/ Kaum einen Hauch/Die Vögelein schweigen im Walde/ Warte nur! Balde/ Ruhest du auch." Den Text werde ich nie vergessen. Er ist wunderschön.

Weimar war die nächste Station. In Goethes Sommerhaus und im großen Haus am Frauenplan mitten in Weimar, wo Goethe fast das ganze Jahr lang wohnte, durften wir uns jedes Zimmer anschauen. Es hatte ja was für sich, dass es noch keine Touristenmassen gab. Die Museumsführer nahmen sich alle Zeit der Welt, um uns so viel wie möglich zu zeigen. Den vielen Büchern Goethes, die in beiden Häusern aufbewahrt wurden, schenkte ich nicht mein größtes Interesse. Ich fand die Sammlung von Mineralien und wunderschönen Steinen phantastisch. Da konnten die Ausgrabungen in Teterow nicht mithalten!

Anschließend „besuchten" wir Schiller und Liszt. Schillers Haus war ja sehr bescheiden, wenn man es mit Goethes Residenz vergleicht. Im Haus von Franz Liszt durften wir das „stumme Klavier" des Musikers besichtigen. Auf diesem Klavier, das keinen Ton von sich gab, soll Liszt jeden Tag stundenlang geübt haben. Um die Nachbarn nicht verrückt zu machen, musste ein Klavier ohne Saiten herhalten. So konnte sich niemand über Lärmbelästigung beklagen, und Liszt übte wie besessen auf dem Instrument, wodurch er zu einem der allerbesten Pianisten aller Zeiten wurde.

Eisenach und die Wartburg waren ebenso Höhepunkte unserer Thüringen-Reise. Natürlich haben wir uns den berühmten Tintenfleck angeschaut, den Martin Luther in einem der vielen Räume der Burg an der Wand verewigte, als er vom Teufel heimgesucht wurde. Er warf nach dem Bösen mit dem Tintenfass. Das traf aber nicht den Teufel, sondern zersplitterte an der Wand und hinterließ den großen Tintenklecks. Der war für uns das wichtigste von der Wartburg.

Die Klassenfahrt in den Harz war für mich die letzte der von der Schwaaner Schule organisierten Reisen. Ich war jetzt vierzehn Jahre alt. Nach langer, fünfzehn Stunden dauernder Bummelzugfahrt hatten wir unser Ziel erreicht. Wenn ich mich nicht täusche, bezogen wir Quartier in einer Schule in der Nähe von Halberstadt, und von dort zogen wir entweder zu Fuß oder mit der Bahn in die Ortschaften, die auf unserem Reiseplan standen. Unterbringung und Verpflegung waren denen der Thüringenreise ähnlich.

Wir besichtigten das wunderschöne Wernigerode mit seinem berühmten Rathaus und dem kleinsten Haus der Stadt, ganz in der Nähe des Rathauses. Die Leute, die vor drei- oder vierhundert Jahren in so kleinen Häusern wohnten, müssen ja wohl winzig gewesen sein. Sonst hätten die ja gar nicht da reingepasst.

Zum ersten Mal besichtigte ich mit meiner Klasse eine Tropfsteinhöhle. Eine wunderbare, eine phantastische Märchenwelt! In der Höhle war es sehr kalt und feucht, aber das war Nebensache, draußen würden wir es wieder angenehm warm haben. Die vielseitigen Figuren, Bauten, Landschaften, die die Stalagmiten und Stalaktiten entstehen ließen, fachten die Phantasie der ganzen Gruppe an, so dass ein ziemlich lautes Gekreische und unsere ohrenbetäubenden Kommentare den Reisebegleiter auf die Palme brachten. Uns hat die Tropfsteinhöhlenbesichtigung großartig gefallen.

Einen Tag verbrachten wir auf einer langen Wanderung zum Hexentanzplatz. Ich konnte mir sehr wohl vorstellen, was die Hexen dort angestellt und getrieben haben. Gruselig, aber spannend!

Wir durften sogar auf den Brocken fahren. Zum Zeitpunkt unserer Reise war der Brocken noch für Besucher offen. Kurz danach wurde er ein militärisches Sperrgebiet, und aus der Traum! Ganz einfach toll fand ich die Fahrt mit der kleinen Brockenbahn. Sie stöhnte und pfiff, mehrmals ging ihr die Puste aus, und sie blieb stehen. Dann nahm sie einen Anlauf und schnaufte den Berg hoch, bis sie es endlich geschafft hatte. Wir waren drauf und dran, die Bahn anzuschieben, weil sie uns Leid tat. Aber sie schaffte es aus eigener Kraft. Sie hatte eben auch ihren Stolz.

Als wir auf dem Brocken ankamen, war es lausig kalt. Bei der Abfahrt hatten wir Hochsommer, dort oben war es Winter. Wir zitterten vor Kälte und stürmten geradezu das kleine Brockenrestaurant, um uns ein bisschen aufzuwärmen. Kurz vor der Rückfahrt der Brockenbahn nach Wernigerode mussten wir das Restaurant verlassen. Wir tasteten uns vorwärts durch eine dicke, fette Nebelwand. Da waren wir nun auf dem Brocken, wollten uns die Welt von so hoch oben anschauen und sahen nichts, rein gar nichts!

Als Harm und ich schon etwa zwölf oder dreizehn Jahre alt waren, hatten wir häufig während der Sommerferien eine Reihe von Aufgaben in der Gärtnerei zu übernehmen. Die unter einem Plastikzelt reifenden Tomaten mussten zwei Mal täglich geerntet werden. Das war eine meiner Lieblingsaufgaben. Die Tomaten waren ohne Flecken, ohne jegliche Schäden und schmeckten hervorragend. Ich habe nie wieder so wunderbar mundende Tomaten gegessen wie damals aus unserer Ernte.

Ganz schlimm war hingegen das Gießen der Pflanzen in den Frühbeeten. Die Frühbeete waren mit dreißig Zentimeter hohen Brettern eingerahmte Doppelbeete. Jede Beet-Hälfte war vielleicht 1 1/2 Meter breit. In der

Mitte war auf zwanzig Zentimeter höheren Pfählen ein breites Brett als Auflage der Fenster befestigt. Jedes Fenster bestand aus einer durchgehenden, in Holz gerahmten Glasscheibe. Es wog mehr als zehn Pfund. Zumindest ist das das Gewicht, das sich mir ins Gedächtnis eingeprägt hat. Ob es stimmt, kann ich nicht beschwören. Für mich wog es eine Tonne. Die Fenster waren nicht befestigt. Sie lagen oben lose auf dem Brett der erhöhten Mitte und unten auf dem Beet-Rahmen. Wie ein Kartenhäuschen. Nur, dass das Fenster des Häuschens schwer, sehr schwer war.

Mit einer Hand musste ich ein Fenster hochheben und dabei aufpassen, dass es nicht ins Beet rutschte, denn dann wären viele Pflanzen zerstört worden. Und das hätte ein furchtbares Donnerwetter ausgelöst. Mit der anderen Hand hatte ich den Gartenschlauch auf die Pflanzen zu richten und sie zu gießen. Wenn eine fensterbreite Fläche gewässert war, durfte ich den Schlauch nicht auf den Boden werfen, um beide Hände frei zu haben. Ich musste das Schlauchende mit der linken Hand halten und knicken, so dass kein Wasser rausfließen konnte und das Fenster mit der rechten Hand auf den Rahmen legen und das nächste hochhieven. Vater hat uns beigebracht, wie man es anstellen sollte, sich nicht die Finger beim Ablegen eines Fensters auf den Beet-Rahmen einzuklemmen. Aber ich schaffte es selten, meine Finger nicht zu quetschen, die Fenster waren für mich einfach zu schwer. Am besten ging es, wenn Harm und ich zusammen diese Arbeit erledigten. Er konnte das Fenster heben, ich begoss die Pflanzen. Prima! Aber meist hatte jeder von uns unterschiedliche Aufgaben zugeteilt bekommen.

Jahraus, jahrein gab es im Winter, im Frühling, im Sommer und im Herbst eine Arbeit, die ich hasste: Strümpfestopfen. Harm wurde verschont, aber ich konnte mich nicht davor drücken. Oma hatte mir beigebracht, wie Strümpfe tadellos zu stopfen sind. Meine Geduld war dabei immer überstrapaziert. Deshalb habe ich oft versucht zu pfuschen, aber wehe, Oma bemerkte meine Schluderei! Alles wieder aufmachen und jetzt anständig stopfen! Was für eine Zeitverschwendung! Ich hätte Tausend Mal lieber gelesen. Das wiederum war Zeitverschwendung für Oma. Höchstens Schulbücher akzeptierte sie als erforderliche und die Bibel als nützliche Lesestoffe.

Ich war knapp vierzehn Jahre alt, als ich endlich brauchbare, wahre Information suchte über das damals noch total in Misskredit geratene Tabuthema Sexualität. Klar, das Wort Sexualität gab es gar nicht. Hinter vorgehaltener Hand tauschten Nachbarn sich über die neuesten von Rowdies begangenen Schandtaten, über verbotene Liebesaffären, über diesen und jenen Mann, der „fremd" gegangen und als Strafe sich die „Gießkanne verbogen hatte" und über junge Frauen unserer Stadt, die - noch Schülerinnen – schwanger geworden waren, aus. Es gab kein Fernsehen, und längst nicht alle Einwohner besaßen ein Radio, aber die Klatschnachrichten waren ungeschlagen am effektivsten. Allerdings durften wir nicht zuhören. Wenn unsere Nachbarin von gegenüber an die Tür klopfte und wir saßen noch am Esstisch, schaute Oma uns an, machte nur ein Zeichen mit der Hand, das bedeutete: "Geht raus!". Sie brauchte keinen Ton zu sagen, wir wussten Bescheid und verschwanden, dabei hätten wir nur allzu gern gewusst, was für Neuigkeiten da verkündet wurden. Auch von Mutti, die mir doch immer half, wenn ich etwas nicht verstand, konnte ich keinerlei Information über das verbotene Thema erwarten. Also ging ich nach oben, in Omas Wohnzimmer, in dem ich ein riesengroßes, dickes Aufklärungsbuch über alle möglichen Gesundheitsprobleme, Heilmittel, Malaisen, Hygiene und Erste-Hilfe-Maßnahmen fand. Es war gut versteckt hinter einer Reihe von Opas Fachbüchern.

Oma war unten im Arbeitsraum der Gärtnerei, und ich hatte – da war ich mir sicher – ausreichend Zeit, um in diesem schlauen Buch Antworten auf meine vielen Fragen zu finden. Das Buch war schwer wie ein Eisenbrocken. Ich legte es mitten auf Omas Tisch und sah mir erst einmal das Inhaltsverzeichnis an. Das half mir nicht weiter, denn kein einziges Kapitel bot konkrete Information über „mein" Thema. Also ging meine Suche weiter. Ich schaute mir eine Vielzahl von Illustrationen an, die zwar interessant waren, mich aber meinem Ziel nicht näher brachten. Ich war so in meine Suche vertieft, dass ich nicht gewahr wurde, dass Oma nach oben gekommen war und mich wohl schon eine Weile beobachtete. Ich fand jetzt eine Illustration über eine Scheidendusche. Ich verstand zwar nicht, wozu die gut sein sollte, aber die Illustration war beeindruckend, und ich glaubte, jetzt endlich etwas Brauchbares zu erfahren. Just in diesem Moment schrie Oma mich an, beschimpfte mich, als ob ich ein Verbrechen begangen hätte. Sie riss das Buch vom Tisch, lief damit ans offene Gaubenfenster und rief alle Leute, die sich unten vor dem Arbeitsraum - Käufer und Angestellte – befanden zusammen und verkündete Ihnen: „Sehen Sie sich dieses Buch an!" Sie zeigte dabei auf die „unverschämte Illustration. Und das liest meine Enkeltochter!" „So was Ungehöriges! Das ist ja kaum zu glauben!"

Ich habe mich dermaßen geschämt, so vor allen Leuten bloßgestellt zu werden und wäre am liebsten in den Boden versunken.

Bis zur zehnten Klasse in der Oberschule musste ich warten, um die gewünschte Information über das verbotene Thema auf legale Weise zu bekommen. Aber selbst da waren die Erklärungen wie ein Versteckspiel. Es war so umständlich, alles zu verstehen. Und wirklich praktisch war es auch nicht. So viel Latein und Anatomie! Teenagernöte berücksichtigende Erläuterungen suchten wir vergebens.

Sonntags, während der dunklen Jahreszeit, spielten wir abends „Mensch, ärgere Dich nicht!" oder Halma oder Mühle. Da machte sogar Oma mit. Ich konnte es absolut nicht ertragen zu verlieren. Aber beim Spiel zu heulen, das kam bei mir nicht vor. Ich fraß meinen Ärger in mich hinein. Vor allen zu plärren hielt ich für erniedrigend, also verkniff ich es mir. Es fiel mir sehr schwer. Obwohl ich oft verlor, fand ich Brettspiele immer wieder unterhaltsam. Ich habe ja auch einige (wenige) Male gewonnen. Das machte es mir leichter, beim Verlieren den Frust nicht zu zeigen.

Mit Harm spielte ich oft „U-Bootkrieg" oder „Schiffe versenken". Auf einer Seite „Rechenpapier" (als es endlich Papier zu kaufen gab) positionierte jeder Spieler seine Schiffe – Schnellboot, Zerstörer, U-Boot und Kreuzer – in einem Quadrat, und zwar waagerecht, senkrecht oder diagonal. Die horizontale Linie wurde mit Buchstaben beschriftet, die senkrechte mit Zahlen. Jedes Schiff hatte je nach Größe und Bedeutung eine bestimmte Anzahl von Kreuzen. Zwischen jedem Schiff musste ein gewisser Abstand gehalten werden, so dass es immer genügend Zwischenraum zwischen einem und dem anderen gab. Sie durften sich auf dem Quadrat nicht berühren. Das Schnellboot hatte drei, der Zerstörer vier, das U-Boot fünf und der Kreuzer sechs Kreuze. Von jeder Sorte gab es mehrere, die meisten waren Schnellboote, die wenigsten, aber „wertvollsten" waren die Kreuzer. Es ging darum, die Schiffe des Gegners zu orten und zu „zerstören". Wer zuerst alle Schiffe versenkt hatte, war der Gewinner. Harm, unser Mathe- und Physikgenie, gewann meistens, aber auch ich hatte bisweilen das Glück, alle seine Schiffe auf Grund zu setzen.

Gern spielten wir beiden auch „Am Galgen aufhängen". Dabei dachte sich jeder Spieler ein Wort aus. Auf einen Zettel schrieb man den Anfangsbuchstaben und für die folgenden je eine kurze Linie. Der Spielgegner musste das Wort raten. Wichtig war, so wenig wie möglich Fehlbuchstaben zu nennen, denn jeder genannte, der in dem zu ratenden Wort nicht vorkam, bedeutete, dass ein Körperglied an den Galgen kam. Zum Beispiel: der erste falsche Buchstabe brachte den Kopf an den Galgen, der zweite den Hals, der dritte den Körper, der vierte einen Arm, der fünfte den anderen Arm, der sechste ein Bein, der siebte das andere Bein und schon hing der ganze Verlierer am Galgen und hatte das Spiel verloren. Wer die wenigsten Körperteile am Galgen hatte, war der Sieger. Und das war ich oft!

Unter uns Kindern, manchmal auch mit Nachbarskindern, spielten wir „Name, Stadt, Land". Das war nicht nur sehr unterhaltsam, sondern man lernte auch eine Menge dabei. Um mit Gewinnchancen dabei mitmachen zu können, suchte ich im Weltatlas nach Gewässern, Ländern und Städten deren Anfangsbuchstaben von A bis Z gingen. Die lernte ich auswendig und übte fleißig, um sie immer ganz schnell parat zu haben. Wir erweiterten das Spiel mit Pflanzennamen und anderen, die ich vergessen habe. Nacheinander sagte einer der Spieler lautlos für sich das ABC auf, bis ein anderer sagte: „Stopp", und der „Ansager musste den Buchstaben nennen, bei dem er angekommen war. Und sofort, mit Blitzgeschwindigkeit, mussten alle Mitspieler Name, Stadt, Land, Gewässer und Pflanze auf ihren Zettel schreiben. Wer zuerst alles gelöst hatte, schrie: "Halt!" Er oder sie musste dann seine Lösungswörter laut vorlesen. Alle anderen Mitspieler sagten ihre. Wenn jemand das gleiche Lösungswort oder mehrere gleiche wie der Vorleser aufgeschrieben hatte, gab es dafür nur fünf Punkte. Jedes einmalige Wort erntete zehn Punkte. Bei diesem Spiel machten wir einen unerträglichen Lärm (für die Erwachsenen!), denn ohne Geschrei und Gezanke ging es nicht und machte es auch keinen Spaß.

Bei gutem Wetter verbrachten wir den größten Teil unserer Freizeit entweder auf der Straße oder im Wald. Nachdem mein Roller ausgedient hatte, wurden Rollschuhe meine Favoriten. Ich besaß keine Rollschuhe, war daher immer auf die Großzügigkeit meiner Freundin Uta angewiesen. Sie raste wie der Teufel zusammen mit ihrer besten Freundin Britta um die Wette. Wenn sie dann mal genug davon hatte, stand ich als erste auf der

Warteliste, um ihre Rollschuhe zu übernehmen. Dann war ich wunschlos glücklich. Anfangs, als ich noch nicht allzu sicher Rollschuhlaufen konnte, waren Stürze alltäglich. Das hielt mich nicht davon ab, wie wild geworden zu rasen. Je schneller, desto besser! Ich befand mich im Rennrausch. Verschwitzt, erschöpft, nachdem die Glückshormone überschwappten und ich mich wie auf einer Wolke fühlte, beendete ich mein Rollschuhvergnügen und freute mich schon wieder auf die nächste Gelegenheit.

An einem wunderschönen, sonnigen, warmen Junisonntag 1951 tobten Harm und ich auf der Obotritenhöhe. Als wir uns auf den Heimweg machten, kam uns meine Cousine entgegen und sagte: „Ihr habt eine Schwester!" Wir dachten, Kika spinnt. Weder Harm, 11 Jahre alt, noch ich, 10 Jahre alt, hatten mitgekriegt, dass Mutti schwanger war. Wir rannten nach Hause, und Vater bestätigte, dass gerade um 12°°Uhr unsere Schwester Ursula Elisabeth, genannt Ulla, geboren war. Sechs Tage später kam Mutti mit Ulla nach Hause, und von dem Tag an begann eine sehr unruhige, anstrengende Zeit für die ganze Familie. Ulla brauchte Wochen, wenn nicht sogar Monate, um sich an den „normalen" Tag-Nacht-Rhythmus zu gewöhnen. Sie brüllte jede Nacht, wie uns schien, ununterbrochen und brachte uns um den notwendigen Schlaf. Vater konnte meistens durchschlafen. Er war von der harten Arbeit so erschöpft, dass ihn Ullas Geschrei selten weckte. Mutti hingegen wachte bei jedem Pieps, den das Baby von sich gab, auf und versuchte, den Schreihals zu beruhigen. Harm und ich wachten oft mitten in der Nacht auf und hatten morgens Schwierigkeiten, aufzustehen und in die Schule zu gehen.

Jeden Nachmitttag, an dem die Sonne schien, hatte ich Ulla im Kinderwagen spazieren zu fahren. Mein Gott, wie habe ich das gehasst! Den Kinderwagen vor mich hinschieben zu müssen war das absolut Langweiligste der Welt. Immer schön gesittet die Straße hoch und runter fahren, während andere Kinder tobten, was für eine Zumutung für mich Wildfang!

Ich fand bald eine Lösung, meine Pflicht mit dem Vergnügen zu kombinieren. Wenn ich mit Ulla im Kinderwagen loszog und Uta ihre tägliche Rollschuhtour schon hinter sich hatte, bat ich sie, mir die Rollschuhe zu leihen. Ich versteckte sie am Fußende des Kinderwagens unter der Zudecke und ging schön ordentlich, gemächlich los in Richtung Chaussee. Dort angekommen, holte ich die Rollschuhe aus meinem Versteck, schaute vorsichtig in alle Richtungen, um sicher zu sein, dass mich niemand beobachtete und schnallte sie mir an und startete mein Rennen. Bis zur Waldecker Bahnbrücke schob ich dabei den Kinderwagen. Ulla war inzwischen von meiner Raserei und dem dabei entstandenen Lärm und dem Hin- und Herschaukeln wie benebelt. Sie lag ruhig im Wagen, hatte die Augen geschlossen und schlief wie ein kleiner Engel, dachte ich. Ich stellte den Wagen an der Böschung in der Nähe der Badeanstalt ab und nahm meine Rollschuhtour ohne meine Schwester wieder auf. Wie im Rausch raste ich in Richtung Waldeck, kam wieder zurück, raste wieder in die entgegengesetzte Richtung und war ganz einfach glücklich. Ich hörte nicht, dass Ulla die ganze Zeit über schrie. Von wegen, sie schlief! Eben nicht! Ulla schlief nicht, weder am ersten noch am letzten Tag meiner illegalen Rollschuhfahrten. Das behauptete zumindest eine böse Nachbarin, die am Ende der Straße, dort, wo die Chaussee beginnt, wohnte. Sie hatte mich beobachtet und fühlte sich verpflichtet, Mutti über meine alltägliche Missetat zu informieren. „Und stellen Sie sich mal vor! Sie lässt den Wagen an der Böschung stehen, und ihre kleine Schwester bleibt da ganz allein. Sie kümmert sich nicht mehr um sie, bis sie genug hat von ihrer Rollschuhrennerei! Und das Baby schreit und schreit, und Ihre Tochter tut, als ob sie das nichts anginge!" Mutti bedankte sich bei der doofen Petzerin und nahm mich ins Verhör. Mutti verstand meine Situation, konnte aber nicht dulden, dass ich meine Baby-Schwester unbeaufsichtigt am Chausseerand stehen ließ. Ich musste ihr versprechen, das nie wieder zu tun. Wie viele Rollschuhvergnügen mir deshalb wohl entgangen sind? Wer weiß.

Radfahren mochte ich eigentlich noch lieber als Rollschuhfahren, trotz des schlimmen Ausgangs meiner ersten Fahrt mit dem Fahrrad. Aber ich hatte kein Rad. Ich hatte auch keine Rollschuhe, aber Uta hat mir ihre eigenen oft geliehen, so dass es fast war, als hätte ich welche.

Opa hatte ein Fahrrad. Das war furchtbar groß für mich, und es gehörte ihm, nicht mir! Opa hatte das Fahrrad gegen einen Zentner Kartoffeln eingetauscht und hütete es mit Argusaugen. Er brauchte es für die Erledigung der verschiedensten Arbeiten. Zum Materialbesorgen, zum Abholen von Pflanzen, die per Bahn geschickt worden waren und am Bahnhof auf Opa warteten, um schnellstens eingepflanzt zu werden. Manchmal erlaubte

Opa, dass ich mit seinem Fahrrad fuhr. Am ehesten bekam ich die Erlaubnis, wenn ich etwas an seiner Stelle erledigen sollte. Eine Trauergemeinde, zum Beispiel, hatte vergessen, einen Kranz abzuholen. Der musste zur Beerdigung in spätestens einer Stunde in Göldenitz, einem fünf Kilometer entfernten Dorf, an die Trauergemeinde ausgehändigt werden. Ich bekam den Auftrag und durfte Opas Rad benutzen. Er bläute mir ein, vorsichtig zu fahren und den Kranz nicht zu beschädigen. „Den Kranz hältst du mit der linken Hand, das Lenkrad bedienst du mit der rechten. Auf keinen Fall den Kranz am Lenker aufhängen! Davon geht er kaputt! Du kannst doch mit einer Hand Radfahren, oder?" „Natürlich kann ich das!", war meine forsche Antwort. Das war eine platte Lüge. Ich konnte nicht mit einer Hand Radfahren, noch nicht. Zumindest konnte ich es nicht, ohne alle Augenblicke die andere Hand wieder zu Hilfe zu nehmen. Das ging mit dem Kranz gar nicht. Den sollte ich ja auf keinen Fall am Lenker aufhängen. Ich machte mich mit Kranz und Fahrrad auf den Weg nach Göldenitz. Bis zur Chaussee schob ich das Rad. Ich wollte verhindern, dass Opa eventuell merken könnte, dass ich schummelte. Erst ab der Chaussee bestieg ich das Rad. Unmöglich, das mit nur einer Hand zu schaffen! Das super-große Rad musste ich schon mit beiden Händen halten, um nicht gleich umzukippen. Also Kranz am Lenker aufgehängt, Bein über die Stange geschwenkt, mit dem anderen Bein abstoßen, dabei das Rad in aufrechter Position in Schwung bringen und schnell in die Pedale treten und das Rad auf geraden Kurs manövrieren! Erst dann konnte ich den Kranz in die Hand nehmen und Geschwindigkeit aufbauen und in Richtung Göldenitz brausen. Als die Fahrt bergauf ging, schlenkerte das Rad, und ich kippte um. Der Kranz flog im Bogen zur Seite, ich erntete mal wieder Schürfwunden an Knie und rechter Hand, aber das war nun nicht von Bedeutung. Ich musste schnellstens den Kranz, der vom Sturz gelitten hatte, wieder auf Vordermann bringen. Von Oma hatte ich eine Menge in Sachen Kranzbinderei gelernt, und ich schaffte es tatsächlich, das Gebinde wieder wie neu aussehen zu lassen. Ja, Geschick muss man haben! So ein Sturz durfte nicht noch einmal passieren. Der Rest der Fahrt bis zur Trauergemeinde war eine wahre Tortur. Ich habe Blut und Angst geschwitzt. Ich kam gerade noch rechtzeitig am Ziel an. Die Bäuerin, die den Kranz entgegen nahm, bedankte sich und gab mir ein Päckchen mit auf den Heimweg, das ich bei Oma abliefern sollte. Oma hatte mit der Trauerfamilie einen Tauschhandel vereinbart: Kranz gegen ein Pfund Butter! Die Butter konnte ich unbeschädigt zu Hause abliefern, und ich bin auch nicht noch einmal gestürzt – auf dieser Fahrt, wohlgemerkt!

Ich weiß nicht mehr, wie ich wieder einmal zu einem Rad gelangt war. Das Wie ist ja auch nicht wichtig. Ich hatte für eine ganze Stunde ein wunderbares Fahrzeug, um meinem Drang nach Geschwindigkeit freien Lauf zu lassen. Ich liebte es, mit dem Fahrrad zu rasen. Es konnte gar nicht schnell genug sein.

Die Stunde war leider fast vorbei, als ich noch einmal so richtig Gas gab, um mit Glücksgefühlen die Tour beenden zu können. Ich fuhr mit beachtlicher Geschwindigkeit auf dem Fahrradweg, parallel zum Fußgängerweg. Plötzlich wechselte ein Mann vom Trottoir auf den Fahrradweg. Er ging direkt in meine

Richtung. Ich schrie: „Gehen Sie weg! Ich kann nicht bremsen!" Der Mann schaute mich an, als ob ich eine Verrückte wäre und schritt mir entgegen. Ich konnte nur noch schreien: „Gehen Sie weg!" Und dann geschah das Unvermeidliche. Der Fußgänger – wie ein Magnet – zog das Fahrrad an. Es gehorchte mir nicht. Ich konnte es nicht zum Stillstand bringen. Ich fuhr ihm direkt zwischen die Beine. Der Mann fiel auf die Knie und schrie wie ein Tier, das gerade geschlachtet wird. Das Fahrrad lag neben ihm, ich war an der Seite des Mannes zu Fall gekommen. Ich rappelte mich auf und raste weg. Fahrerflucht! Ich war geschockt und konnte nicht mehr richtig denken. So schnell es ging, lief ich nach Hause und versteckte mich auf dem Heuboden, wo ich vor Angst fast verrückt wurde. Nach einer Weile ging ich auf Zehenspitzen, um auch nicht den geringsten Lärm zu machen, nach unten. Ich sah nichts Verdächtiges. Von der Straße hörte ich keinerlei Geräusche, die mit dem Geschehen zusammenhängen könnten. Langsam, mich immer wieder hinter Bäumen und Mauern versteckend, schlich ich mich an die Stelle meiner Missetat heran. Der Mann war verschwunden. Das Fahrrad lag noch da, wo ich es liegen gelassen hatte. Blitzschnell lief ich, es aufzunehmen und fuhr es auf unser Grundstück. In einer Ecke neben der Laube stellte ich es ab.

Ich habe Glück gehabt. Der Vorfall ist ohne Folgen für mich, unbemerkt von Opa und Vater, gelaufen. Der Mann, dem ich zwischen die Beine gefahren war, hat sich nie gemeldet. Er hat nie von sich hören lassen, nie Schmerzensgeld verlangt, obwohl er dafür zweifelsfrei ein Motiv hatte. Aber er war es ja, der auf dem Radfahrerweg ging.

Jede Gelegenheit, die sich mir bot, ein Fahrrad für einige Momente ausleihen zu dürfen, nutzte ich aus. Meine Geschicklichkeit fürs Radfahren nahm erstaunlich schnell zu, und – wie konnte es auch anders sein - ebenfalls meine verdammte Tollkühnheit kannte bald keine Grenzen mehr. Es konnte nicht schnell genug gehen. Wenn irgendeiner meiner Spielkameraden, Eigentümer eines Fahrrades und durch langanhaltende Erfahrung viel sicherer als ich, auf unserer Lieblingsstrecke, der Chaussee Richtung Göldenitz, die abenteuerlichsten und gefährlichsten Manöver fuhr, fühlte ich mich verpflichtet, es ihm nachzumachen. Dazu gehörte, bei Riesengeschwindigkeit freihändig zu fahren. Selbst in den Kurven schlenkerten wir mit den Armen in der Luft herum, lenkten das Rad mit dem Oberkörper und ruderten mit den Armen, als ob wir flögen. Dabei kreischten wir wie die Verrückten. Die Glückshormone flossen in Strömen. Ich fühlte mich überglücklich. Als nächste, noch gefährlichere Nummer, hieß es: Mit den Füßen, die auf den Lenker gepackt wurden und rudernden, hoch gestreckten Armen, das Fahrrad lenken! Und der Gipfel: Füße und Arme hängen lassen und nur mit Verlagerung des Gewichtes nach rechts oder links den Kurs halten! Ein Auto oder, schlimmer noch, ein Lastkraftwagen, hätte uns nicht entgegen kommen dürfen. Das hätten wir wahrscheinlich nicht überlebt. Aber solche Gedanken kamen uns gar nicht erst. Die Chaussee gehörte uns, nur uns!

Zu Ende des Schuljahres, Anfang Juli, baten wir – fünf Jungen und ich – unseren Klassenlehrer, Herrn Hendrich, eine Radtour mit uns zu unternehmen. Wir schlugen vor, an einen etwa zwanzig Kilometer entfernten See zu fahren, an dessen Ufer Sonnentau wuchs. Ich glaube, in ganz Mecklenburg war das die einzige Stelle, an der diese seltene fleischfressende Pflanze noch zu finden war. Herr Hendrich war einverstanden. Opa zeigte sich großzügig, und als er hörte, dass Herr Hendrich mit uns fahren würde, hatte er keine Bedenken. Das stimmt nicht ganz, denn er konnte es sich nicht verkneifen mich zu ermahnen: „Monika, ich will das Rad wieder heil zurück haben!"

Herr Hendrich fühlte sich verpflichtet, uns vor dem Start eine Verhaltenspredigt zu halten: Kein Rennen, kein Freihändigfahren, nicht nebeneinander, sondern hintereinander fahren! Auf Verkehrsschilder achten! Herr Hendrich stellte sich an die Spitze, ans Ende der Gruppe beorderte er den ältesten von uns sechs Schülern. Dann brachen wir auf. Die Stimmung und das Wetter konnten besser nicht sein. Herr Hendrich hielt, kräftig in die Pedale tretend, eine nicht enden wollende Rede über die Eigenheiten der Gegend, über die vielen Hünengräber, die Wendensiedlungen, die Flora und Fauna. Typisch Lehrer! Ja, er war begeistert von seiner Rede, und sicherlich hoffte er, dass wir es auch waren. Bei dem dritten Hünengrab, an dem wir vorbeifuhren, wurde er lauter, er gestikulierte und geriet geradezu in Ekstase, dass wir uns arg zusammenreißen mussten, um nicht lauthals los zu prusten. Unser lieber Herr Hendrich, trunken vor so wunderschöner Natur und Erinnerungen an geschichtliche Ereignisse, merkte nicht, dass wir uns ganz anders amüsierten und ihm überhaupt nicht zuhörten. Wir machten Witze und strampelten mit Vergnügen dem Ziel entgegen. Es ging über Landstraßen, Kieswege und auch an Waldrändern entlang.

Herr Hendrich war am Ende der Schlange geblieben. Seine Kette war abgerutscht. Und während er an seinem Rad fummelte, nutzten wir Banausen die Gelegenheit, uns gegenseitig zu beweisen, dass wir selbst auf engsten Wegen mit Windgeschwindigkeit rasen konnten. Ein sehr schmaler, sandiger, mit Baumwurzeln durchfurchter Weg an einer wohl vier Meter hohen, steilen Böschung war die Herausforderung, der wir einfach nicht widerstehen konnten. Wir traten in die Pedale und beschleunigten unsere Räder, dass es eine Lust war, uns den Wind um die Ohren pfeifen zu lassen. Was für ein wunderbares Gefühl! Mein Vordermann schrie plötzlich und bremste mit aller Kraft, als gelte es, Lebensgefahr abzuwenden. Sein Rad geriet ins Schleudern, aber er konnte es ohne zu stürzen anhalten. Ich hatte keine Chance. Der nur vierzig Zentimeter breite Weg ließ keinen zweiten Fahrer neben sich zu. Ich bremste verzweifelt, aber ich war viel zu schnell, um das Rad zum Stehen bringen zu können. Es machte sich selbständig und raste die Böschung runter, ich folgte mit einem spektakulären Salto hinterher. Ich landete mitten im Kornfeld, lag dort, alle Viere von mir gestreckt und versuchte mich aufzuraffen. Ich glaube, es gab keinen Körperteil, der durch den sehr harten Aufprall nicht angeschlagen war. Alles tat weh. Der Kopf brummte, alles drehte sich um mich herum. Aber es sah auch wunderschön aus! Das schon gelblich werdende Korn, die roten Klatschmohnblüten und die himmelblauen Kornblumen, eine Idylle umgab mich. Ich wusste nicht, wie ich auf die Beine kommen sollte. Jede Bewegung war eine Qual. Ich setzte mich mit gespreizten Beinen auf den Boden, stützte mich mit den nach hinten gestreckten

Armen ab und versuchte aufzustehen. Es gelang nicht. Die Jungen schrien lauthals nach mir. Sie konnten mich nicht sehen, denn das Kornfeld hatte sich über mir geschlossen. Jetzt schrie der ganze Chor nach mir. Ich nahm mich gewaltig zusammen, versuchte, den Schmerz zu unterdrücken, strauchelte durchs Kornfeld und krabbelte auf allen Vieren die Böschung hinauf. Alle starrten mich an, als ob ich gerade aus der Unterwelt aufgetaucht wäre. Ich muss auch ziemlich zerzaust ausgesehen haben. Das Haar hing voller Kornhalmen, mein Hemdblusenkleid hatte ein Dreieck, an Unterarmen, Knien und Stirn zeichneten sich Schrammen und Beulen ab. Herr Hendrich war blass und sicherlich vor Schreck sprachlos. Er kriegte keinen Ton raus. Er kaute auf seiner Unterlippe und bewegte seinen Kopf von rechts nach links, wie ein Ventilator, bis er seine Fassung wiedererlangt hatte. Ich glaube, ihm schlotterten die Beine. Das ist verständlich, schließlich war er für uns verantwortlich. „Sucht das Fahrrad!" befahl er uns. Die Jungen machten sich auf die Suche. Das Rad lag im Kornfeld versteckt. Zwei Jungen schleppten es die Böschung hinauf. Und da sah ich, dass das Rad mehr sichtbaren Schaden erlitten hatte als ich. Was für ein Desaster! Das Vorderrad war acht-förmig, der Lenker verbogen und eins der Pedale klemmte. Wie sollte ich Opa gegenüber treten, ohne vor Angst und Scham tot umzufallen? Die Jungen meinten, keine Angst, das kriegen wir wieder zurecht gebogen. Zu viert machten sie sich an die Arbeit. Und tatsächlich konnte ich mit dem lädierten Rad weiterfahren. Ich brauchte keine Klingel mehr, denn das Vorderrad schlug gegen die Gabel, wobei ein permanentes Klack-Klack-Geräusch entstand. Jeder konnte mich von weitem hören. Um die restlichen

Defekte zu beseitigen hätte ich das Rad in eine Werkstatt bringen müssen, aber dafür hatte ich weder die Zeit noch Geld, um eine Reparatur bezahlen zu können. Ich hatte das Rad sofort nach unserer Rückkehr an Opa zurückzugeben.

Herr Hendrich ordnete die sofortige Rückfahrt an. Sonnentau haben wir nicht gesehen. Die Lust darauf war uns auch vergangen. Das war unsere erste und auch letzte Fahrradtour mit Herrn Hendrich, unserem Lieblingslehrer. Schade!

Zu Hause angekommen, stellte ich das Rad an seine gewohnte Stelle. Ich sagte kein Sterbenswörtchen über meinen Sturz ins Kornfeld. Das Kleid mit dem Dreieck zog ich aus, bevor Oma oder Mutti sehen konnten, dass es beschädigt war. Meine Blessuren versorgte ich selber, und ich nahm mich am Riemen, um niemandem zu zeigen, dass ich Schmerzen hatte. Später beichtete ich Mutti, was geschehen war. Ihr konnte ich alles sagen. Sie verpetzte mich nicht. Mit ihrer Hilfe habe ich auch das Kleid wieder in Ordnung gebracht.

Am nächsten Tag rief Opa mich zu sich. Ein gewaltiges Donnerwetter war mir sicher! Opa zeigte auf das an der Wand lehnende Fahrrad. „Gestern hat das noch etwas anders ausgesehen! Stimmt's? Was ist passiert?" Ich erzählte ihm alles und bat ihn, mein ungehöriges Verhalten zu verzeihen. Opa zeigte sich wieder einmal großzügig. Er sagte auch Vater nichts von dem Vorfall. Aber er meinte, für die nächste Zeit sei sein Fahrrad für mich tabu. Na, ja, irgendwann war auch diese Schranke überwunden, und ich durfte das Rad wieder benutzen.

Bei den Jungen Pionieren war ich inzwischen zur stellvertretenden „Freundschaftsratsvorsitzenden" avanciert, das bedeutet, dass ich die zweite Pionierchefin der Schule war. Wie es dazu kam und wie die Wahl vonstattenging, habe ich vergessen. Die Pionierarbeit war sehr begrenzt. Unsere Pionierleiterin las uns Texte über „wichtige" Persönlichkeiten der Sowjetunion, deren Wirken und Leben vor, die wir anschließend diskutierten. Die Diskussion war ganz einfach unsere Nacherzählung des von ihr vorgetragenen Themas. Sie verbesserte unsere Fehler. Der große Held Stalin nahm dabei die wichtigste Stelle ein. Wir erfuhren auch von sowjetischen Komsomol-Mitgliedern, die ihr Leben im Kampf gegen die Nazis geopfert hatten. Sogar sowjetische Junge Pioniere waren Helden des Großen Vaterländischen Krieges. Wir hörten mit Staunen und Ehrfurcht von ihrer Unerschrockenheit und ihrem Mut. Für uns waren alle sowjetischen Pioniere Helden. Zu Hause durfte ich bei Oma oder Opa nicht davon erzählen.

Auch von deutschen Widerstandskämpfern während der Novemberrevolution 1919 und von Antifaschisten erfuhren wir auf unseren Pioniernachmittagen. Der Kieler Matrosenaufstand, die ermordeten Aufständischen während der Novemberrevolution, Leben und Kampf von Ernst Thälmann waren besondere Vortragsthemen unserer Pionierleiterin. Für Opa waren diese Menschen alle Verräter, Umstürzler, Anarchisten. Ich hatte keine Ahnung, was das sein sollte, lernte aber schnell, dass im Beisein von Opa oder Oma über unsere Pionierarbeit nicht geredet werden durfte, sonst würde das Familienklima beschädigt. Diese Ambivalenz sowohl zu Hause wie auch in der Schule, unter Bekannten und

Freunden hat meine Kindheit und Jugend geprägt. Ich lernte zu unterscheiden, was man sagen konnte, durfte, musste, was verschwiegen werden musste, wem ich trauen konnte, wem nicht.

Zu meiner Pionierarbeit gehörte auch die Gestaltung der Wandzeitung. Ich durfte Schüler aussuchen, die jedes Mal, wenn die Wandzeitung neu gestaltet werden musste, damit betraut wurden. Das war nicht leicht, denn es gab kaum Schüler, die sich dafür interessierten. Es bedeutete ja Arbeit. Unproduktive, unbezahlte Arbeit. Und für ein schnödes Lob für so eine Arbeit war kaum jemand zu begeistern. Es kam so, dass ich häufig die Neugestaltung der Wandzeitung selber erledigte. Damit sammelte ich Pluspunkte.

Wanderungen in die Dörfer und Wälder unserer Umgebung gehörten zum Standardprogramm der FDJler und Pioniere vom Frühjahr bis zu den Sommerferien und im Frühherbst. Wir bildeten Kolonnen, an deren Spitze FDJler mit der FDJ-Fahne marschierten. Ich durfte in der ersten Reihe mitmarschieren und den Pionierwimpel tragen. Für die Fahne war ich zu jung, zu klein und mir fehlte noch die erforderliche Muskelkraft. Ich war stolz mit meinem Wimpel. Ich fühlte mich unglaublich wichtig, obwohl ich überhaupt nicht wusste, warum wir im „Gleichschritt Marsch!" durch die Gegend stampften und Lieder wie das vom jungen Trompeter, der im Kampf fiel oder „Bandeira rossa" aber auch „Schön wird die Zukunft sein, für Dich und mich/ Tage voll Sonnenschein, für Dich und mich/ Drum sing ein schönes Lied, das Freude schafft/ Denn alles Glück ersteht/ Aus eigner Kraft" sangen. Damals war der Singular noch nicht abgeschafft, das Kollektiv noch nicht die einzig akzeptierte Form der neuen Gesellschaft. Wir sangen auch im Chor „Die Gedanken sind frei" und „Brüder, reicht die Hand zum Bunde" oder „Dona nobis pacem". Einige Jahre später waren diese Lieder von der Liste gestrichen.

Ich erinnere mich noch sehr gut an einen dieser Aufzüge. Nach strapazierendem Marsch durften wir eine Pause machen. Mitten im Wald. Wir setzten uns, holten unsere „Marschverpflegung", eine Schmalzstulle, raus, verputzten sie und sangen und erzählten uns dies und das, als ich plötzlich wie von offenem Feuer verbrannt aufsprang und wild um mich schlug und schrie. Ich hatte mich auf einen Ameisenhaufen gesetzt. Die Ameisen liefen zu Hunderten an meinen Beinen hoch und runter und respektierten nicht einmal mein Hinterteil. Das war grauenhaft. Aber noch schlimmer war, dass die Großen, die blöden Lulatsche, sich über mich lustig machten. Sie bogen sich vor Lachen. Das war gemein, niederträchtig. Typisch große Jungen! Das Erlebnis war mir eine Lehre. Ich habe mich nie wieder auf bloßen Waldboden gesetzt.

Meine Freundin Uta hatte eine tolle Überraschung für mich. „Du, Monika, willst Du mit mir zum Handballtraining mitkommen? Wir brauchen noch einige Spielerinnen, und ich glaube das könnte Dir gefallen".

Natürlich war ich sofort Feuer und Flamme, obwohl ich nicht die geringste Ahnung von den Spielregeln des Handballspiels hatte.

Das Training begann mit Aufwärmübungen. Das gefiel mir. Und dann wurde Handball gespielt. Meine Mannschaft und die Gegnerinnen rauften sich um den

Ball. Jede versuchte ihn mit allen erdenklichen Tricks in die Nähe des Tores zu kriegen, um dann ein Tor zu werfen. Das war ein Geschubse, ein Grabschen und ständiges aggressives Anstoßen, dass ich ganz schnell die Lust an diesem grässlichen Kampfgeschehen verlor. Und das sollte Handball sein? Ich hatte mir vorgestellt, dass die Spieler sich gegenseitig den Ball zuwerfen und damit dann zum Tor stürmen mussten, und wenn einer den Ball verlor, dann sollten eben die Ballgewinner mit dem Ball zum Tor rennen und ihn reinschießen. Aber diese Grobheit, den Ball durch gemeines Drangsalieren wie bei einem Ringkampf zu erobern, die konnte ich absolut nicht begreifen. Das war doch kein Sport. Das war ungehörig.

Ich schilderte Uta meine enttäuschende Ersterfahrung mit dem Handballspiel, und erntete eine Lachsalve. „Monika, das ist so. Jeder Spieler muss versuchen, dem Gegner den Ball abzuluchsen, und dabei kommt es zu Rangeleien. Man darf zwar den Gegner nicht schlagen, ihm kein Bein stellen oder einen Fußtritt verpassen, aber alles andere ist nicht nur erlaubt, nein, es ist typisch für Handball."

„Dann spielt doch Euren Handball ohne mich. Ich mag das nämlich gar nicht. Von wegen mir den Ball klauen! Ohne mich!"

Das war der Anfang und zugleich auch das Ende meiner Handballkariere.

Anfang 1953, ich war noch nicht zwölf Jahre alt, bekam ich eine außergewöhnliche Auszeichnung von der Pionierorganisation. Ich wurde für zwei Monate in die

Pionierrepublik „Wilhelm Pieck", am Werbellinsee in der Nähe von Berlin, geschickt. Für Oma und Opa war es eine „Verschickung", für mich eine herausragende Belohnung für meine bis dahin geleistete Arbeit. Wir waren mehrere Hundert Kinder, alle Schüler der sechsten Klasse, die nach ähnlichen Kriterien ausgewählt worden waren. Die schulischen Leistungen mussten sehr gut sein, und wir hatten gute Ergebnisse in unserer Pionierarbeit aufzuweisen.

Der Schulunterricht unterschied sich nicht sehr von dem, der uns in Schwaan geboten wurde. Wir hatten gute Lehrer, aber auch einige, die keinen Schüler begeistern konnten. Der Wissensstand war bei uns allen ziemlich ausgewogen und sehr ähnlich. Die gleichen Lehrpläne, -bücher und Anschauungsmaterialien, die an allen Schulen der DDR benutzt wurden, waren natürlich auch in der Pionierrepublik Standard. Es gab keine leistungsschwachen Schüler. Eigentlich hätten die Lehrer mit uns zufrieden sein können. Die meisten waren es auch.

Völlig neu für mich war, dass einige Mädchen schon ihre Menstruation hatten und beim Duschen ihre Brüste verdeckten, als ob sie sich schämten, schon mehr zu haben als wir Unterentwickelten, die Mehrheit.

Jeden Abend vor dem Schlafengehen versammelten wir uns im Klubraum, um mit der Pionierleiterin den Tagesablauf zu analysieren und das Programm des kommenden Tages zu erfahren. Kritik und Selbstkritik, wobei das Banalste zu größter Bedeutung hochstilisiert wurde. Ich hasste und fürchtete diese Versammlungen.

Mindestens einmal in der Woche stand ich auf der Liste der Missetäter, deren Zahnputzbecher einen weißen Rand hatten, weil sie sie nicht korrekt nach dem Mundspülen gesäubert hatten. Ich weiß noch genau, wie mich das geärgert hat, denn ich hatte meinen Becher gewaschen, aber wahrscheinlich nicht gründlich abgespült, so dass Zahnpasta am Rand antrocknete, was in nassem Zustand nicht zu sehen war. Ich musste vor versammelter Mannschaft meinen Fehler eingestehen und Besserung schwören. Das war peinlich, sehr peinlich. Ich fühlte mich wie ein lausiger Dreckfink.

An einer dieser Tagesabschlussversammlungen berichtete ein Mädchen meiner Gruppe, sie habe etwas furchtbar Unangenehmes erlebt. Sie wollte sich bei der Lehrerin, die an dem Abend Dienst hatte, Binden besorgen und was sah sie, als sie ins Zimmer trat? Unser Geschichtslehrer hatte die halbnackte diensthabende Lehrerin auf seinem Schoß und fummelte an seiner Hose und an ihr herum. Die beiden Überraschten hatten keine Zeit, sichtbare Beweise ihrer ungewöhnlichen Handlungen zu verbergen. Wir versuchten uns vorzustellen, was die Beiden wohl miteinander veranstalten wollten und konnten uns keinen Reim daraus machen. Das wiederum fanden die Größten und Erfahrensten unter uns total dumm und kindisch. Tagelang, wenn kein Erwachsener in der Nähe war, tuschelten wir über den Vorfall und ließen dabei unserer Phantasie den größten Spielraum. Beide Lehrer wurden durch neue ausgewechselt.

Die zwei Monate in der Pionierrepublik waren anstrengend. Eine Zeit voller Widersprüche und einiger angenehmer, aber auch vieler unangenehmer Erlebnisse. Es herrschte eine paramilitärische Disziplin. Jeden Morgen und jeden Abend hatten wir zum Appell stramm zu stehen. Permanent mussten wir die gefürchteten Kritik- und Selbstkritiksitzungen über uns ergehen lassen. Dabei erfuhr ich erstmals die Erniedrigung, angeschwärzt oder für etwas beschuldigt zu werden, was ich nicht getan hatte. Ich konnte es nicht begreifen, dass unter uns Kinder waren, die mit Begeisterung frei weg erfundenes, angebliches Fehlverhalten oder Missetaten anderer bekannt gaben und sich ihrer Macht, andere erniedrigen zu können, erfreuten. Mir fiel es sehr schwer, während jener zwei Monate immer auf der Lauer sein zu müssen.

In der Pionierrepublik erlebten wir den Tod Stalins. Es war der 5. 3.1953. Was für ein Ereignis! Kollektivtrauer war angesagt. Wie bei Oma am Karfreitag durften wir tagelang nicht singen, nicht lachen, nicht toben. Trauerveranstaltungen fanden statt, zu denen die begabtesten Gedichteaufsagerinnen mit viel Pathos und vor Weinen erstickten Stimmen den verstorbenen Genius der Welt preisen mussten. Gott der Kommunisten war nicht mehr. Der Vater der ganzen sozialistischen Welt war tot. Wir waren verwaist. Was für ein ungeheuerlicher Verlust!

Ich kannte aus meiner Familie die widersprüchlichen Meinungen, die absolute Verdammung (Opa) und das Gegenteil (Vater) über Stalin. Selbstverständlich nahm ich an den organisierten Trauerveranstaltungen teil. Das waren Pflichtveranstaltungen, und keinem von uns wäre es auch nur im Traum eingefallen, nicht zu erscheinen. Ich habe mich dabei still verhalten, so unauffällig wie möglich. Stalins Tod hat mich nicht berührt. Ich habe nichts empfunden. Beeindruckt war ich allerdings von den Mädchen, die wie Schauspielerinnen ellenlange Gedichte deklamierten oder allegorische Texte vortrugen und dabei geradezu in Ekstase gerieten, laut lamentierten und weinten. Es war ein faszinierendes Theater.

Einige Tage nach Stalins Tod wurden wir nach Hause geschickt. Das offizielle Programm war eigentlich noch nicht zu Ende, aber ich war heilfroh, dass diese Etappe vorbei war.

Am 18. April 1953 wurde Bernd, unser Schlusspunkt, geboren. Jetzt zählten wir drei Kriegsgezeugte und zwei Zufallsnachkriegskinder. Mutti hatte mit Bernd überhaupt nicht gerechnet. Sie war immerhin schon vierzig Jahre alt, und ihre Gesundheit ließ sehr zu wünschen übrig.

Bernd verwechselte die Nacht mit dem Tag und umgekehrt. Sein Geschrei hat uns so manche schlaflose Nacht bereitet. Ich weiß nicht, wie Mutti es anstellte, nach so einer Nachtwache am folgenden Tag die Augen offen zu halten und ihr Arbeitspensum zu bewältigen. Die ersten Monate mit Bernd waren anstrengend für uns alle, aber mit der Zeit gewöhnten wir uns an den Stress, und es kam der Tag oder besser gesagt die Nacht, da der Junge durchschlief und Ruhe und Routine wieder einzogen.

Ulla, zwei Jahre älter als Bernd, war Vaters Liebling geworden. Seine kleine Ulla! Als ich so alt war wie sie, genoss ich den Status des kleinen Lieblings. Harm, der Älteste, war der Stammhalter, der Nachfolger, der starke, große Junge, ganz der Vater. Ein Mann! Und ich durfte mir so allerhand erlauben, was Vater bei Harm nicht durchgehen ließ. Als Vater aber 1947 aus russischer Gefangenschaft zurückkehrte, war seine Fähigkeit, mit Kindern umzugehen, mit ihnen zu spielen, zu toben, ihr Geschrei auszuhalten völlig verloren gegangen. Da gab es keinen Liebling mehr, und Harm war auch nicht mehr sein ganzer Stolz. Wir drei, also Harm, Herwig und ich, waren einfach eine Zumutung für ihn. Es galt, uns zu züchtigen, zu disziplinieren, so wie er es wohl mit seinen Rekruten gemacht hatte. Vater brauchte sechs lange Jahre, um sein Nervenkostüm wieder einigermaßen in den Griff zu bekommen. Er schlug uns nicht mehr so häufig, kontrollierte nicht mehr systematisch unsere Hausaufgaben, obwohl er bei Herwig nach wie vor ständig ein Haar in der Suppe fand und bei den nichtigsten Anlässen wild auf ihn eindrosch. Aber es gab nicht mehr jeden Tag ein Donnerwetter. Jetzt war also Ulla an der Reihe, als sein kleiner Liebling zu gelten, meine Ablösung. Mich störte das kaum. Ich hatte genug zu tun mit der Schule, hatte Freundinnen und immer viel Beschäftigung. Langeweile kannte ich nicht. Allerdings wurde meine sowieso karge Freizeit arg beschnitten. Ich musste ständig Ulla spazierenfahren oder sie mit Spielen bei guter Laune halten. Mit Bernds Geburt nahmen meine Verpflichtungen in Sachen Geschwisterbetreuung enorm zu. Auch Harm hatte seinen Beitrag zu leisten. Kaum kamen wir von der Schule nach Hause, begann unsere Schicht mit den beiden Kleinen. Harm beschäftigte sich hauptsächlich mit Bernd. Er badete ihn, wechselte seine Windeln, gab ihm sein Fläschchen, knuddelte und sang mit ihm. Wie ein Vater! Ich beneidete ihn um seine Engelsgeduld. Ich konnte es nicht nachvollziehen, wie er sich, ohne zu murren, so intensiv, voller Liebe und Hingabe um seinen Bruder kümmern konnte.

Seit dem Tag, an dem Ulla sich ohne Hilfe von der Stelle bewegen konnte, erlebte Mutti bisweilen schlimme Überraschungen. Jeden Tag zum Mittagsschlaf heckte Ulla ein anderes Programm aus. So kletterte sie zum Beispiel aus ihrem Bettchen auf den Waschtisch, setzte sich in die große Porzellanwaschschüssel und badete. Dabei planschte sie so sehr, dass am Ende kaum noch Wasser in der Schüssel war. Das Bett war nass, sie selbst troff und zitterte vor Kälte, aber sie war glücklich. Ein anderes Mal war sie aus dem Bett geklettert, hatte sich die Windel vom Po gezerrt, ihre Schuhe in den Nachttopf gestellt und wie zur Dekoration einen Haufen daneben gesetzt. Jedes Mal, wenn Harm oder ich sie nach dem Mittagsschlaf holen sollte, war Mutti schon darauf gefasst, wieder von Ullas Einfallsreichtum überrascht zu werden.

An einem schönen Sommertag 1953, Bernd war drei Monate alt, hatte Mutti ihn in seinen Kinderwagen gepackt und ihn im Garten unter einem Schatten spendenden Busch abgestellt. Eine Stunde später wollte sie ihn wieder ins Haus holen. Der Wagen war leer. Ein Trara, ein Geschrei! Mutti war völlig aus dem Häuschen. „Bernd ist verschwunden! Er ist geklaut worden!" Die ganze Familie rannte wie Hühner ohne Köpfe durch das Grundstück. Selbst die anwesende Kundschaft beteiligte sich an der Suche. Nichts. Bernd blieb verschwunden.

Ulla war ungewöhnlich ruhig. Sie schaute dem Trubel zu und ging ganz langsam in Richtung Holzschuppen, in dem das Brennholz fein säuberlich, ordentlich wie Oma es angeordnet hatte, aufgestapelt war. Sie betrat den Schuppen und machte sich an einer Kuhle in der Mitte des Holzstapels zu schaffen. Dort hatte sie genug Platz gefunden, um Bernds Kopfkissen als Polster für ihr Brudernest zu deponieren, und darauf hatte sie Bernd gelegt. Bernd schlief in seinem neuen Nest. Wie sie es geschafft hat, ihren Bruder dorthin zu schleppen und in die Kuhle zu zerren, konnte niemand nachvollziehen. Das war eine Glanzleistung. Und Ulla war echt stolz, als Mutti sie im Holzschuppen vor Bernds Nest fand. Ihre Augen blitzten, als ob sie sagen wollte: „Schaut her, ich habe meinem kleinen Bruder doch ein wunderschönes Nest gebaut!"

Wochen später gab Ulla wieder einmal Anlass für große Sorge. Mutti und ich waren in der Küche mit der Vorbereitung des Mittagessens beschäftigt. Bernd lag in seinem Kinderwagen, den Mutti im Wohnzimmer abgestellt hatte. Ulla spielte irgendwo und brabbelte dabei immer vor sich hin. Nach einer kurzen Weile wurde Mutti stutzig. Ulla hatte aufgehört, sich mit sich selbst zu unterhalten. Sie war nicht zu hören und auch nicht zu sehen. „Monika, schau mal im Wohnzimmer nach, ob Ulla da ist!" Ich ging ins Wohnzimmer, und da war Ulla tatsächlich. Sie stand vor dem Kinderwagen und starrte fasziniert in den Wagen hinein. Sie gab keinen Ton von sich, starrte nur auf Bernd. Ich beugte mich über den Wagen, um nachzusehen, ob Bernd schlief. Da lag er, schon blau angelaufen, und atmete schwer, aber es kam keine Luft in seine Lungen. Ich schrie: „Mutti, komm schnell, Bernd erstickt!" Mutti riss ihn aus dem Wagen, hielt ihn an den Füßen und ließ ihn mit dem Kopf nach unten hängen und gab ihm leichte Schläge auf den Rücken. Es ging alles sehr schnell. Eine große Zwiebel kullerte auf den Fußboden, Bernd zuckte mehrmals hin und her und begann zu schreien wie er es einige Sekunden nach seiner Geburt getan hatte.

Ulla hatte einen Moment zugesehen, wie Mutti Zwiebeln gepellt hatte. Ulla liebte Zwiebeln über alles. Sie kaute auf rohen Zwiebeln, als ob sie Schokolade wären. Sicherlich wollte sie ihrem Bruder etwas Gutes tun, als sie eine Zwiebel stibitzte und sie ihm in den Mund steckte. Dabei muss sie die Zwiebel so tief in Bernds Rachen geschoben haben, dass sie ihm im Hals stecken blieb. Das war noch mal gut gegangen! Mutti und mir zitterten die Knie, als Bernd wieder atmete und die blaue Gesichtsfarbe zu Weiß wechselte.

Ulla hatte eine eigene Sprache entwickelt. Sie redete wie ein Buch, aber nicht einmal ein einziges Wort war verständlich. Mit theatralischen Gesten begleitete Ulla ihre Vorträge, und sie hatte es gern, wenn die ganze Familie ihrem Schauspiel zusah. Mit der Zeit lernten wir einige ihrer wichtigsten Vokabeln und machten uns einen Spaß daraus, sie aufzufordern, uns ihre eigenen Bezeichnungen für die verschiedensten Gegenstände zu sagen. Die Zwiebel hieß bei ihr Bagaschili. Zur Lampe sagte sie Lullullullampampam. Und wenn sie uns sagen sollte, wie sie heißt, leuchteten ihre Augen vor Freude und sie rief: Mädi-Kause-Ullallein. Und sie wohnte in De Mak-Pfenzi-State- Deiundeizig (übersetzt war das: In der Mark-Pfennig-Straße Dreiunddreißig). Wie sie wohl darauf gekommen ist? Tatsache ist, dass sie es mit mir bestens aufnehmen konnte, was ihre Phantasie betraf.

Als Ulla fünf Jahre alt war, durfte sie zum ersten Mal am Laternenumzug teilnehmen – natürlich in meiner Begleitung. Sie hatte eine schöne Vollmondlaterne bekommen und bereitete sich mit Begeisterung auf den Septemberabend, an dem die Kinder mit ihren Laternen durch die Straßen ziehen sollten, vor. Sie sang den ganzen Tag „Laterne, Laterne, die Sonne, Mond und Sterne,/ Brenne aus, mein Licht, brenne aus, mein Licht, aber nur meine liebe Laterne nicht!/ Ich gehe mit meiner Laterne und meine Laterne mit mir./ Da oben leuchten die Sterne, hier unten leuchten wir./ Mein Licht geht aus, wir gehen nach Haus, labimmel, labammel, labumm." Dazu kam noch ein absurder Vers, den wir Kinder immer mit Begeisterung sangen: „Hamburg, Lübeck, Bremen, wir brauchen uns nicht zu schämen, denn de Olsch, mit de Lücht, de de Lüer bedrücht, de de Eier halt und nich betalt!/ Ahl, ahl, ahl, Madamming kümm mol dahl, Mariken sitt in Kellerlock un all de Kaffe is överkocht." Und der Abschluss war: „Lott is dot, Lott is dot, Julie licht in Starben, wer sall dann, wer sall dann unsre Wirtschaft arben." Das Letzte sangen wir sowohl beim Laternenumzug wie auch bei anderen Gelegenheiten. Wir stellten uns die tote Lotte vor und sahen Julie mit dem Tode ringen und spannen uns eine Geschichte aus vom verwahrlosten Hof, den hungernden Tieren, den Mäusen und Ratten, die sich auf dem Heuboden ein Stelldichein gaben. Wunderbar schaurig!

Ich habe als Erwachsene des Öfteren versucht, eine Erklärung dafür zu bekommen, warum kleine Kinder großen Gefallen finden an absurden Texten. Eine Antwort finde ich bis heute nicht. Aber zumindest fand ich bestätigt, dass nicht nur Deutsch sprechende Kinder, sondern auch die Spanisch und Englisch Sprechenden, die ich in Lateinamerika und in den USA kennenlernte, die absurdesten Texte am liebsten hörten, nachplapperten und sangen.

Ulla übte fleißig ihr Laterne-Lied und spazierte dabei mit dem dreijährigen Bernd an einer, der Laterne in der anderen Hand. Irgendjemand muss Ulla Streichhölzer gegeben oder ihre Laternenkerze angezündet haben, denn ich glaube nicht, dass Ulla das allein geschafft hatte. Aber bei ihr konnte man das ja nie wissen! Ihre Laterne leuchtete jetzt, wie sie zum Umzug leuchten muss. Zum xten Mal sang Ulla ihr „Laterne, Laterne, die Sonne, Mond und Sterne…", als sie auf einmal wie verrückt geworden schrie: „Mein Berndi brennt, mein Berndi brennt!!!". Und sofort in Folge hörten wir Bernds Gebrüll. Er kreischte wie ein verletztes Tier. Was war geschehen? Bernd hatte Ulla die Laterne aus der Hand genommen oder sie hatte sie ihm gegeben. Bernd machte mehrere Schlenker, und dabei geriet die Laterne in Flammen. Von der Laterne sprang das Feuer auf Bernds Hose, und in Sekunden stand er in Flammen wie eine brennende Fackel. Ich weiß nicht, wer mit einer Decke auf Bernd zustürmte, ihn damit einwickelte und das Feuer erstickte. Bernd wimmerte vor Schmerz, und Ulla war geschockt. Sie stammelte immer weiter: „Mein Berndi brennt, mein Berndi brennt!" Und weinte untröstlich. Bernd hatte eine etwa zehn Quadratzentimeter große Brandwunde dritten Grades auf dem rechten Oberschenkel. Er musste jeden Tag zum Arzt gebracht werden, der die Wunde versorgte und den Verband wechselte. Trotz aller ärztlichen Sorgfalt infizierte sich die Wunde. Sie wurde immer größer und sah furchterregend aus. Bernd hat schrecklich gelitten. Wochenlang! Und wiederum war Harm der Einzige, der ihn beruhigen konnte, der ihn zum Schlafen brachte, ihm später im Auftrag des Arztes den Verband wechselte, die Wunde mit stinkender Lebertransalbe bestrich, ihn betüterte, ihn fütterte und mit ihm spielte. Harm war damals 16 Jahre alt und der kleine Floh Bernd gerade drei. Harm galt für Bernd wohl sogar als Vater.

Die große Brandwunde war kaum verheilt, da sorgte Bernd wieder mal für Aufregung. Opa hatte eine Reparatur am Dach des Wirtschaftsgebäudes erledigt und die Leiter stehen gelassen. Bernd fand, dass jetzt eine gute Gelegenheit gekommen war, um seine Neugier zu befriedigen. Er wollte unbedingt wissen, was es da oben Interessantes zu sehen gab. Er kletterte die Leiter rauf, inspizierte sein Blickfeld und fand nichts Besonderes, das es wert gewesen wäre, genauer hinzuschauen. Er setzte sich auf den Rand des Daches und ließ die Beine runterbaumeln. Und dann fing er an zu singen, woraufhin einer von uns, ich weiß nicht mehr wer es war, ihn hörte und die ganze Bescherung sah. Ich weiß auch nicht, wer ihn vom Dach runterholte. Ich erinnere mich nur, dass die Aufregung zu Hause mal wieder riesengroß war, dass wir Großen alle zusammen aufgerufen wurden, keine Leiter nach getaner Arbeit stehen zu lassen und aufzupassen, dass Bernd nicht wieder sein Leben in Gefahr brachte.

Unsere Vorsichtsmaßnahmen fruchteten nicht. Bernd fand wieder eine Herausforderung, seine Klettersucht und Neugier zu befriedigen. Wieder war es Opa, der die Leiter am Pflaumenbaum stehen gelassen hatte. Das war eigentlich ganz logisch, denn er hatte seine Arbeit am Baum noch nicht beendet, war nur kurz ins Haus gegangen und wollte gleich darauf zum Baum zurück. Bernd war ihm zuvorgekommen. Als Opa nämlich beim Baum ankam, saß Bern in der Spitze und freute sich wie ein König, als er Opa unter sich sah. Opa wollte ihn vom Baum runterholen, aber das zu schaffen war er nicht mehr gelenkig genug. Vor allem war es für Opa unmöglich, Bernd von dem höchsten Ast, auf dem er saß, runter zu bugsieren. Opa schrie um Hilfe, immer in der Angst, der Junge könne vom Baum fallen. Diesmal war Harm der Retter. Er brachte Bernd in Sicherheit. Alle redeten auf den Bengel ein, von wegen Gefahr und runterfallen können. Aber Bernd war noch zu klein, um das alles verstehen zu können. Wir mussten uns damit abfinden, dass er immer und überall Gefahren regelrecht suchte.

Eine von Bernds „Exkursionen" hätte ihn beinahe das Leben gekostet. Er war ausgebüxt, spazierte auf der Straße und kam dem Bordstein immer näher. Er verlor das Gleichgewicht und purzelte auf die Straße, auf der im selben Moment der „Kohlemann" mit seinem Fuhrwerk gefahren kam. Dieser stets betrunkene Kohlemann überließ seinem Pferd die Arbeit. Das Tier kannte seinen alltäglichen Weg, den es immer ruhigen, gemächlichen Schrittes abklapperte. Jetzt lag Bernd mit dem Kopf genau unter dem Huf des Ackergauls. Das Pferd muss gespürt haben, dass sich unter dem Huf etwas bewegte. Mit dem Huf „fühlte" es ganz sachte und vorsichtig an dieser Stelle und setzte das Bein neben Bernds Kopf und blieb stehen. Der Kohlemann saß oben auf dem Kutschbock, besoffen wie fast immer, und bekam von all dem nichts mit. Eine Kundin, die gegenüber beim Schlachtermeister einkaufen wollte, hatte alles beobachtet. Sie stürmte aus dem Laden raus und nahm Bernd aus der Gefahrenzone weg. Mutti kam ihr entgegen gerannt. Ihr schlotterten die Beine, und sie hatte einen Weinkrampf. Sie bedankte sich wohl Tausend Mal bei der Retterin. Bernd hatte als Erinnerung an dieses Ereignis eine Schramme von der Stirn bis zur Schläfe, aber es war nur eine Hautabschürfung, die keine Narbe hinterlassen hat. Das Pferd setzte seinen Trott fort. Es wusste ja, wohin es das Fuhrwerk bringen musste.

Am 17. Juni 1953 waren wir in der Schule. Nach dem Unterricht, zu Hause, spürten wir, dass etwas Außergewöhnliches passiert sein musste. Alle Erwachsenen redeten, Angst und Sorge standen ihnen ins Gesicht geschrieben. Wir versuchten, ihren Gesprächen zu folgen, aber sie redeten verschlüsselt. Am Abend des 17. Juni gaben die Nachrichtensender sehr unterschiedliche Informationen bekannt. Der DDR-Sender berichtete über Sabotage, Angriff der Imperialisten auf die junge sozialistische Republik, den Versuch der Verräter, die im Dienst der BRD agierten, die Erfolge der DDR zunichte zu machen. Und die Rede war auch von ehemaligen Nazigrößen, die ihre Chance für gekommen hielten, um am Umsturz teilzuhaben.

Opa hörte den Sender NWDR Hamburg und erfuhr ganz andere Neuigkeiten. Ich weiß nicht, wie Opa und Vater sich austauschten, ohne dass es dabei zum Familienkrieg kam. Tatsache ist, dass alle zu Hause zutiefst besorgt, unruhig und voller Angst waren. Es gab viele Gerüchte – über die Abdankung der DDR-Regierung, über die „Entführung" Otto Grotewohls nach West- Berlin, über das Eingreifen der Volkspolizei gegen Demonstranten und dann über den Einzug sowjetischer Panzer in Berlin und das Schießen auf die Menschenmassen, die sich an einer Großkundgebung beteiligt hatten. Die Rede war von vielen Toten.

Aus Rostock kam die Nachricht, an der Neptunwerft und in Rostock-Warnemünde an der Warnowwerft, den größten Industriebetrieben der Region, hätten Werftarbeiter eine Kundgebung initiiert, an der sich ein Großteil der Bevölkerung beteiligt habe, aber all das konnte von niemandem in unserem Umfeld weder bestätigt noch dementiert werden. Es sollten sowjetische Truppen am Rostocker Bahnhof gesehen worden sein, die dabei waren, mit Güterzügen Panzer an eventuelle Einsatzstellen zu bringen. Bekannte von uns arbeiteten auf den Werften und berichteten von den Vorfällen, aber wir Kinder durften uns nicht in der Nähe der Erwachsenen sehen lassen.

Am 18. Juni war die Stimmung an der Schule eigenartig. Alle Schüler hatten irgendetwas erfahren. Wir tauschten unsere recht dürftigen Informationen aus und versuchten, das Puzzle zusammenzubauen. Auf jeden Fall gab es mehr Schüler, deren Eltern zu Hause hauptsächlich vom NWDR und nicht vom DDR-Sender über die Ereignisse in Berlin erfahren hatten und die auch nicht am Mithören gehindert worden waren. Wir, die Schüler der sechsten Klasse, grölten in der Pause: „Ulbricht, wir wollen dich nicht!" und „Ulbricht an die Wand!" Einer der Jungen stellte einen Stuhl an die Wand, holte das Ulbricht-Porträt runter und stellte es mit dem Gesicht gegen die Wand. Wir fanden das toll, obwohl uns dabei auch etwas mulmig war.

Nach der Pause hatten wir Unterricht bei unserem Lieblingslehrer, Herrn Hendrich. Wir saßen alle mucksmäuschenstill auf unseren Plätzen, als er den Klassenraum betrat. Sein Blick ging an den leeren weißen Fleck an der Wand. Er biss sich auf die Unterlippe, schaute um sich, rief einen der Jungen auf und sagte: „Häng das Bild wieder auf und hört auf, Unsinn zu machen!" Noch ziemlich blass und mit etwas zittriger Stimme begann er seine Lektion. Er hat nie wieder ein Wort über diesen Zwischenfall verlauten lassen, auch nie gefragt, wer das Bild abgehängt hat und wie wir auf die Idee gekommen waren, so etwas zu veranlassen.

Harm und ich hörten regelmäßig den Schulfunk des NWDR. Das war zwar verboten, und wir mussten uns davor hüten, mit Spielkameraden oder Mitschülern über die Programme zu debattieren. Schließlich durfte es niemand erfahren, wir mussten uns vor Petzern vorsehen. Vater bekam nichts davon mit. Während der Sendezeiten arbeitete er entweder draußen oder in den Treibhäusern. Ein beliebtes Programm behandelte das Thema Verkehrssicherheit. Wir hatten kein Auto. Um Jahrzehnte war die Anschaffung eines Fahrzeuges verschoben, also war es eigentlich komisch, dass wir ausgerechnet an der Verkehrssicherheit Gefallen fanden. Ich erinnere mich an Situationen, die beschrieben wurden, bei denen ein Fahrer wegen nicht Betätigung des Blinkers einen Unfall verursacht hatte. Die Zuhörer wurden aufgefordert, herauszufinden, warum das Blinklicht in der beschriebenen Situation notwendig war. Und so gab es Dutzende von Beispielen, von denen wir eine Menge lernten. Das Besondere an den Schulfunksendungen war, dass sie sehr interessant, gut verständlich, einfallsreich und mitreißend waren. Man bekam Lust auf mehr, und das bedeutet: wunderbare Qualität.

Sonntags, sozusagen als Krone der Radioprogramme für Kinder und Jugendliche, hörten wir die Serie über Kalle Blomquist, den Meisterdetektiv. Wir verpassten nicht eine einzige Sendung und spielten das Gehörte nach. Das Leitmotiv sangen wir begeistert mit. Ich kann es heute noch! Wir hatten keine Ahnung, wer Astrid Lindgren war. Wir bekamen auch später keinerlei ihrer Werke zu lesen, zu hören oder zu sehen, ob in Buchform oder im Rundfunk oder Film. Ich habe von Pippi Langstrumpf zum Beispiel erst Ende des 20. Jahrhunderts erfahren, als ich endgültig nach Deutschland zurückgekehrt war. Kalle Blomquist war lange Zeit unser Liebling, der unsere Phantasie zum Blühen brachte.

Anfang der Fünfziger Jahre bekamen wir Kinder- und Jugendbücher, die wir wie wunderbare Leckerbissen verschlangen. Ob die Söhne der großen Bärin, ob Tom Sawyer oder Huckleberry Finn oder alle Wilhelm Busch-Figuren oder die Struwwelpeter-Hauptpersonen – wir identifizierten uns mit vielen von ihnen und kannten alle Geschichten auswendig und spielten sie nach. In der Schule half ich während der großen Pause der Lehrerin, die die Schulbibliothek leitete. Ich lernte den gesamten Bestand der Bibliothek kennen, durfte Kinder bei der

Auswahl beraten, kontrollierte die Ausleihfristen und las natürlich alle Bücher mit Ausnahme derer, die für die ersten fünf Klassen vorgesehen waren. Dafür war ich schon zu groß! Diese Beschäftigung machte mir Spaß und ich konnte damit auch Pluspunkte in Sachen Pionierarbeit sammeln.

In unserer kleinen Stadt Schwaan gab es einige außergewöhnliche Menschen, die jeder Einwohner kannte. Wir hatten den schon erwähnten Ausrufer oder auch wandelndes Radio genannt. Es gab Zissi Bumbass, einen geistig Behinderten, der urgemütlich war und sich mit allen Leuten gut stand. Er erzählte den ganzen Tag lang unverständliche, zusammenhangslose Geschichten und freute sich wie ein Schneekönig, wenn man ihm zuhörte. Leider gab es Leute, viel zu viele Leute, die ihn hänselten, die ihn verspotteten und ihn verunsicherten, aber Zissi Bumbass war ein meist fröhlicher Mensch.

Und wir hatten auch den schon erwähnten Kohlemann. Er war schon recht alt, als ich ihn kennenlernte. Und er war Alkoholiker. Wir haben ihn nie nüchtern gesehen. Er verteilte Kohle und Briketts für die Schwaaner Bevölkerung. Er besaß ein Fuhrwerk und einen alten, langsamen und gemütlichen Ackergaul. Dieser Gaul kannte genauestens den alltäglichen Weg, den der Kohlemann abklappern musste, um die Kundschaft zu bedienen. Er selbst saß auf dem Kutschbock immer im Tran. Manchmal war er so betrunken, dass er nicht mehr sitzen konnte und auf dem Kutschbock wie ein leerer nasser Sack hing. Sein Pferd hielt alle Augenblicke an. Dann kamen die Kunden aus ihren Wohnungen, nahmen sich ihre Ladung, und das Pferd trottete weiter bis zum nächsten Kunden. Manchmal schaffte es der Kohlemann, die Ladung selber vom Fuhrwerk runterzuholen, aber das geschah eher selten. Er hatte das Glück, dass er sich auf sein Pferd hundertprozentig verlassen konnte.

Mutti hatte den Abendbrottisch fertig gedeckt, aber es war noch etwas zu früh, um Oma, Opa, Vater und uns Kinder zu rufen. Ich war allein im Esszimmer, als plötzlich der Kohlemann reingetorkelt kam. Er stank bestialisch. Nicht nur nach Schnaps, sondern auch nach nie gewaschen. Mit glasigen Augen starrte er mich an, brabbelte etwas Unverständliches und setzte sich auf Opas Platz. Ausgerechnet auf Opas Platz! So eine Unverschämtheit! Er bediente sich, schmatzte wie ein Schwein, rülpste und, oh Grauen, pinkelte sich in die Hosen. Ich habe mich selten so geekelt wie an diesem Abend. Oma kam gerade im richtigen Moment, nämlich, als sein Urin unter dem Esstisch eine Pfütze gebildet hatte. Oma packte ihn am dreckigen Kragen und bugsierte ihn nach draußen. Opa half ihm, auf seinen Kutschbock zu klettern. Das Abendbrot wurde um eine halbe Stunde verschoben, denn das Zimmer musste erst gelüftet und die Pfütze beseitigt werden. Und Opas Platz wurde von den Spuren, die der ungebetene Gast hinterlassen hatte, gereinigt.

Das Beste von der gesamten Schulzeit waren die Ferien. Am letzten Schultag gab es Zeugnisse. Am Tag danach versammelten sich alle Schüler im Klubhaus der MTS (Maschinen- Traktorenstation, Lager und Verteilerstelle aller größeren landwirtschaftlichen Geräte, die an die LPG (Landwirtschaftliche Produktionsgenossenschaft, DDR-Kolchosen) ausgeliehen wurden). Dieser

Versammlungsraum war einer der größten, den es in Schwaan für die verschiedensten Kulturveranstaltungen gab, bevor die neue Schule gebaut war. Der Chor und der Mandolinenchor (ich nannte ihn „Klimperchor") begannen ihren Auftritt. Der Rektor unserer Schule hielt eine Rede, in der er über die Leistungen der Schülerschaft berichtete. Anschließend wurden die besten Schüler ausgezeichnet. Ab der vierten Klasse gehörte ich jedes Jahr zu den Besten. Die Auszeichnung war ein Anstecker aus Bronze, der an den Trägern der Pionierkluft angesteckt wurde. Wie die Orden der sowjetischen Soldaten! Nach diesen Schuljahresabschlussfeiern waren wir frei! FERIEN!

Am 04. Juli 1953, nachdem die Zeugnisse verteilt und das Schuljahr offiziell beendet war, stürmten Harm und ich in die Badeanstalt, um uns in der Warnow, vom Sprungturm springend und wie verrückt herumtobend auf den Ferienbeginn so richtig einzustimmen.

Harm stieg auf den Sprungturm, besser gesagt, auf die Ruine, denn von dem Turm war nur noch ein Wrack mit einem defekten Einmeterbrett vorhanden. Er lief auf das Brett, rutschte aus, knallte mit dem rechten Oberarm auf die Brettkante und segelte ins Wasser. Durch den Aufprall auf dem Brett hatte er sich den Oberarm gebrochen, und durch den Aufprall aufs Wasser verschoben sich die Bruchstellen. Was für ein grausamer Ferienbeginn!

Harm musste in der Rostocker Chirurgischen Klinik operiert werden. Wir besuchten ihn dort am Tag nach der Operation. Der verletzte Arm war mit einem dicken Draht durchbohrt worden und hing in einer galgenartigen Schlinge. Mein armer lieber Bruder! Als er nach etwa einer Woche nach Hause durfte, hatte er einen mindestens einen Zentimeter dicken, sehr schweren Gipspanzer an, der den ganzen Oberkörper bis zur Hüfte bekleidete. Der operierte Arm ragte aus dem „Gipsanzug" heraus und war im rechten Winkel auf der Höhe der Brust mit dem Gipspanzer verbunden. Der Sommer 1953 war sehr heiß, und mein Bruder musste sage und schreibe neun Wochen lang diesen schrecklich lästigen Gipspanzer mit sich herumschleppen. Alle seine Freunde und ich vergnügten uns nach Lust und Laune in der Badeanstalt, und er musste zu Hause bleiben. Das waren Harms mieseste Ferien.

Abgesehen von den verschiedensten Pflichten, die wir Kinder zu Hause zu erfüllen hatten, kam für mich als wichtigste Ferienbeschäftigung das Schwimmen in der Badeanstalt aufs Tapet. Und bisweilen zum Wochenende eine Fahrt nach Warnemünde, um in der Ostsee zu baden. Ich glaube, ich stamme von einem Fisch ab, denn Baden, Schwimmen bedeutete für mich reines Glück. Ich konnte einfach nicht genug vom Toben, Springen vom Sprungturm, um die Wette Schwimmen und Greifen-Spielen bekommen. Jeden Tag kam ich völlig ausgelaugt, aber glücklich nach Hause.

Bisweilen musste ich um Punkt 17°°Uhr unsere Ziegen melken. Das war allerdings eine scheußliche Arbeit, denn beide Ziegen verweigerten mir ihren Dienst. Sie wollten einfach nicht von mir gemolken werden. Ich habe sehr kleine Hände und musste mich sehr anstrengen, um Milch aus den Ziegeneutern zu melken. Vielleicht habe ich sie dabei gekniffen. Könnte möglich gewesen sein. Die Biester trampelten, wollten mich treten. Einmal kippte der Eimer um, und das bisschen Milch, das im Eimer war, floss ins Heu. Ein andermal setzte die bockigste der Beiden einen Fuß in den Eimer, wodurch die ganze Milch verdorben war. Wer will schon Milch mit Ziegendreck trinken! Ich bekam Schimpfe, und die Ziegen högten sich einen. Zumindest war das mein Eindruck. So ein Mist. Buchstäblich! Ein Glück, dass solche Missgeschicke nicht ständig passierten.

Bis zur achten Klasse, dem letzten Schuljahr in der Zentralschule Schwaan verlief mein Schülerin-Dasein ohne nennenswerte Zwischenfälle ab. Ich war inzwischen Klassenerste, und Harm und ich brauchten unsere Hausaufgaben nicht mehr Vater zur Kontrolle vorzuzeigen. Er hatte es nach wie vor mit Herwigs Schwächen zu tun. Jeder geringfügige Anlass brachte ihn zum Überkochen. Er schlug ihn erbarmungslos. Herwig hatte mit zwölf Jahren seinen ersten epileptischen Anfall. Vater konnte das absolut nicht ertragen. Kann es sein, dass er sich schämte, einen behinderten Sohn zu haben? Herwig beendete seine Schulzeit mit der mittleren Reife, und er wurde Lehrling bei Vater. Was für eine Zumutung für Herwig! Er schaffte den Abschluss der Lehre und war somit Geselle, aber krankheitsbedingt war er sehr benachteiligt. Er musste immer stärkere Medikamente einnehmen. Anfälle häuften sich und auch seine physischen Kräfte ließen nach. Er half im Betrieb mit, wenn er konnte, und Vater gewöhnte sich allmählich daran, dass der Junge – ob er es nun wollte oder nicht – nie gesund, stark und eine Stütze im Betrieb sein würde.

Ab meinem zwölften Lebensjahr verbrachte ich die Herbstferien auf dem Kartoffelacker. Die vielen Bauern in unserer Umgebung brauchten dringend Erntehelfer. Wir Kinder wurden morgens mit einem Fuhrwerk abgeholt und abends wieder zurückkutschiert. Kartoffelsammeln ist eine harte Arbeit. Den ganzen Tag gebückt, fast im Lauftempo die Ackerfurchen leersammeln, die schweren Kiepen mitschleppen, und wenn sie voll waren, zum Sammel-Wagen bringen und ausschütten – das ging gewaltig auf die Knochen. Damals scherte sich noch niemand um Sachen wie Kinderschutz oder Gesundheitsgefahren für die noch nicht ausgewachsenen Kinder, die Schwerstarbeit leisteten. Wenn wir Glück hatten, bezahlte uns der Bauer fünf Mark pro Arbeitstag. Wohlgemerkt: das waren Fünf-DDR-Mark! Von dem so gesparten Geld kaufte ich mir entweder Bücher oder Wolle (wenn ich welche im Laden fand) oder Stoffe, aus denen unsere Schneiderin für mich Kleidung nähte.

1952 wurden die ersten LPGs – Landwirtschaftliche Produktionsgenossenschaften – gegründet. 1960 war die Kollektivierung der Landwirtschaft vollendet. Es gab keine Großbauern mehr, es gab auch keine Kleinbauern mehr. Es gab nur noch LPGs. Die Mitglieder einer LPG hatten ihren Landbesitz der LPG zu übergeben. Sie durften nur einen geringen Teil ihrer Ackerflächen und ihrer Nutztiere behalten. Es gab neue LPG-Mitglieder, die ihren neuen Status als Mitglieder der Genossenschaft schamlos ausnutzten, um sich auf die faule Haut zu legen. Solche Leute verdarben die Arbeitsmoral und trugen dazu bei, dass vielen arbeitswilligen Mitgliedern die Lust an der Erfüllung der Ziele verging. Aber das Schlimmste bei der Kollektivierung war die

Gleichmacherei und die Unmöglichkeit, eigene Initiative, Anstrengung und Fleiß einzubringen. Die Bauern waren entmündigt und enteignet.

Die landwirtschaftlichen Maschinen befanden sich in den MTS – Maschinen- und Traktorenstationen. Die MTS liehen die erforderlichen Maschinen an die LPGs. Und die LPGs hatten nach Vorschrift zu arbeiten. Sie mussten ihren Anbauplan erfüllen. Wenn die Kartoffelerntezeit da war, fehlten den LPGs die notwendigen Erntehelfer. So wurden wir in der Schule aufgefordert, uns an der Ernte zu beteiligen. Die Arbeit – ob nun bei einer LPG oder bei einem der wenigen bis 1960 noch frei arbeitenden Bauern - war die gleiche. Auch die Bezahlung war die gleiche. Aber bei den Bauern wurden wir viel besser verpflegt. Am Arbeitstag auf dem Kartoffelacker gönnten sie uns eine halbe Stunde Mittagspause. Und sie verteilten sehr leckere Butterbrote mit was drauf. Das machte die Mühsal des Kartoffelsammelns erträglicher.

Ich sehe mich noch beim Abendbrot vor Opas Radio. Wir alle, einschließlich Vater (er hatte sich im Laufe der Jahre von seiner nur-DDR-Sender-hören dürfen- Einstellung distanziert), hörten Nachrichten vom NWDR. Jeden Tag wurde die Anzahl der Personen, die aus der DDR nach West-Berlin geflüchtet waren, bekanntgegeben. Täglich waren es Tausende. Sie wurden ins Aufnahmelager Friedland in Niedersachsen gebracht und von dort weiter verteilt. Wenn ich mich nicht irre, waren es ab 1952 bis 1961, dem Jahr des Mauerbaus, in der Mehrzahl Bauern, die die Kollektivierung nicht akzeptieren konnten, aber auch Ingenieure, Ärzte, Geschäftsleute und andere, die im Westen Zuflucht suchten. Auch aus unserem Umfeld verschwanden Leute. Der Hotelbesitzer, dem gedroht worden war, sein Hotel zu konfiszieren oder mehrere Lehrer unserer Schule „hauten" von heute auf morgen „ab". Das Wort „abhauen" war der gängige Begriff für „In-die-Bundesrepublik-flüchten". Kurz bevor der Hotelbesitzer abhaute, veranstaltete er ein Theater, das wohl alle, die davon erfuhren oder sogar davon betroffen waren, nie vergessen werden. Im Westen gab es die ersten Fernsehgeräte. Der Hotelier – so wurde gemunkelt – hatte so ein Wundergerät und soll allen Interessierten versprochen haben, zu einer genau bestimmten Zeit, an einem genau bestimmten Tag bei ihm fernsehen zu dürfen. Zu besagtem Termin hatte sich eine Menge Zuschauer angesammelt. Als der Versammlungssaal des Hotels voll mit Fernsehzuschauern war, stellte sich der Hotelbesitzer in Pose. Er fragte noch einmal: „Sie wollen alle bei mir fernsehen, stimmt's?" „Ja, das wollen wir", soll die einstimmige Antwort gewesen sein. Darauf öffnete er das große Fenster, machte eine einladende Bewegung und sagte: „Wenn Sie jetzt aus diesem Fenster schauen, dann können Sie wunderbar in die Ferne sehen. Das ist mein Fernsehen, das ich Ihnen bieten kann. Ist es nicht wunderschön?"

Ich weiß nicht mehr, wie lange ich zum Konfirmandenunterricht gehen musste um konfirmiert zu werden. Zwei Jahre oder gar drei? Ich erinnere mich nur, dass es mir unendlich vorkam. Der Unterricht fand im Gemeindesaal des Pfarramtes statt. Religionsunterricht war das Langweiligste, was ich je erlebt habe. Wir mussten sehr viel auswendig lernen. An erster Stelle natürlich den Katechismus. Wortwörtlich. Kein einziges Wort durfte durch ein Synonym getauscht werden. Dann

Dutzende von Kirchenliedern, die Weihnachtsgeschichte und vieles mehr. Jeden Sonntag sollten wir zum Gottesdienst gehen. Jeder Schüler bekam ein Heftchen, in das der Pastor nach dem Gottesdienst als Zeichen der Anwesenheit einen Stempel drückte und seine Unterschrift (als Kürzel) darunter setzte. Wir hatten oft keine Lust, am ebenfalls langweiligen Gottesdienst teilzunehmen, aber jeder von uns brauchte eine bestimmte Mindestzahl von Stempeln und Unterschriften. Wir schummelten. Diejenigen, die nicht gekommen waren, gaben uns im Voraus ihre Heftchen, und die Anwesenden schmuggelten die Heftchen der Fehlenden unter die der Anwesenden, ohne dass der Pastor es merkte. Das war normalerweise ein sicheres Unterfangen. Wenn aber nur ganz wenige zum Gottesdienst erschienen waren, konnten diese den Schwänzern keinen Gefallen tun, denn der Pastor hätte das gemerkt. Insgesamt haben alle Teilnehmer am Konfirmandenunterricht ihre Heftchen mit ausreichend Stempeln vorzeigen können. Und wir alle haben die Prüfung bestanden.

Zur Konfirmation gehörte es, ein neues schwarzes Kleid, für die Jungen, einen dunklen Anzug zu tragen. Von meiner Westtante Lisbeth bekam ich zwei Meter schwarzen Taft. Unsere Schneiderin nähte mir daraus das Konfirmationskleid. Wochenlang im Voraus war ich auf der Suche nach schwarzen Schuhen, die ich glücklicherweise rechtzeitig im Schuhladen kaufen konnte.

Fast alle Mädchen trugen seit ihrem Kleinkindalter Zöpfe. Zur Konfirmation durften sich die meisten Mädchen beim

Frisör die Zöpfe abschneiden und eine Kurzhaarfrisur anfertigen lassen. Ich hatte ja nie Zöpfe gehabt (die kleinen dünnen Rattenschwänzchen, die ich mir mit einer Nagelschere Jahre zuvor abgeschnitten hatte, zählen nicht). Aber einfach mit Bubikopf zur Konfirmation zu gehen – das war unmöglich. Mein Haar wurde extra so geschnitten, dass anschließend mit riesengroßen Wellenklammern eine Frisur geformt werden konnte, so dass mehrere Wellen meinen Kopf zierten. Ich hatte eine Kaltwelle bekommen. So nannte man das damals. Allerdings verflüchtigten sich die Wellen von Sonnabend, dem Frisörtag, auf Sonntag, dem der Konfirmation. Ich hätte gut auf den Friseurbesuch verzichten können. Mein Bubikopf hatte gewonnen.

Die Konfirmationsfeier in der Schwaaner Kirche war dann doch ein beeindruckendes Ereignis. Und zu Hause erwartete mich ein festliches Essen. Viele Familienangehörige waren erschienen. Oma und Mutti hatten viele Kuchen gebacken. Ein großer Teil davon wurde all den vielen Kindern gegeben, die Glückwunschkarten überbrachten. Unter uns Konfirmanden wetteten wir, wer wohl die meisten Glückwunschkarten bekommen würde. Und Geschenke gab es auch. Die meisten meiner Mitkonfirmanden erhielten als Geschenk einen Blumentopf. Aber ich, als Gärtnerstochter, war nun nicht gerade die beste Kandidatin für ein Blumengeschenk. Ich glaube, dass diejenigen, die mir ein Geschenk machen wollten, der Glückwunschkarte einen kleinen Geldschein hinzufügten, ich bin mir aber nicht sicher.

Der Abschluss der achten Klasse war der erste

Höhepunkt meiner Schulzeit. Mit diesem Abschluss hatten die Schüler die Befähigung erreicht, eine Lehre zu beginnen, bei weiterführenden Schulen die „Mittlere Reife" oder das Abitur zu machen. Die absolute Mehrheit meiner Klassenkameraden begann eine Lehre. Zur Oberschule wurden nur einige wenige Schüler zugelassen.

Zusammen mit meiner Freundin Christa bereitete ich mich sehr gründlich auf die Abschlussprüfungen vor. Immerhin war das Abschlusszeugnis eines der wichtigsten Kriterien für die Aufnahme an der Oberschule (Gymnasium) oder für die Aufnahmeverweigerung. Christa und ich waren die einzigen, die den Abschluss mit Auszeichnung bestanden, das heißt, mit einem Notendurchschnitt von 1,1. Am Tag der Zeugnisübergabe und Verabschiedung von unserer „Ossenschaul", der Zentralschule Schwaan, musste ich im Namen der Absolventen eine Dankesrede halten. Ich hatte ein furchtbares Lampenfieber, und ich glaube, dass meine Rede nicht einmal fünf Minuten dauerte. Ich habe sie runtergerasselt, als ob der Teufel hinter mir her wäre und war heilfroh, als die Veranstaltung endlich zu Ende war.

Die Aufnahme an der Oberschule ging reibungslos vonstatten. Das Prädikat „Mit Auszeichnung bestanden" und mein Status als „Arbeitertochter" (mein Opa, der Besitzer der Gärtnerei, war der Kapitalist und mein Vater, sein Vize, galt als Arbeiter! Ist das nicht verrückt?) garantierten mir einen Platz an einer Oberschule. Ich hatte also die Gewissheit, bis zum Abitur weiterzukommen. Ich war überglücklich. Oma meinte zwar, ich sollte doch Floristin werden, ich hätte doch recht geschickte Hände und auch einen guten Geschmack, und für diesen Beruf brauche man doch kein Abitur und, und, und. Aber ich hörte nicht auf sie.

Für die Schwaaner Absolventen der achten Klasse, die weiter zur Oberschule wollten, gab es im Allgemeinen nur eine Möglichkeit: die Internats-Oberschule in Bützow. Ich wollte nicht in die Internatsschule, ich wollte nach Rostock in die Goethe-Oberschule. Das war nicht einfach. Die Bewilligung musste die Bezirksleitung Rostock, Abteilung Volksbildung, erteilen. Und die wiederum hatte Instruktionen oder Richtlinien oder wie auch immer deren Vorschriften hießen. Denen zufolge hatten alle Schwaaner Anwärter auf einen Oberschulplatz nach Bützow ins Internat zu gehen. Ausgenommen von dieser Regulierung waren Arztkinder und Kinder von linientreuen Funktionären oder Angestellten.

Mein Onkel Karl-Heinz, Kikas Vater, half mir dabei, einen Platz in Rostock bewilligt zu bekommen. Ich weiß nicht, was und wie er es anstellte, überhaupt vorgelassen zu werden. Er bekam einen Termin und wir beide fuhren nach Rostock und stellten unser Anliegen bei der Bezirksverwaltung, Abteilung Volksbildung, vor. Bei der Unterredung hatte mein Onkel den Taktstock in die Hand genommen. Er redete wie ein Buch, wobei er begründete, dass ich an die Rostocker Oberschule und nicht an die Bützower gehörte. Das Hauptargument: in Rostock gab es einen Zweig mit Hauptgewicht Sprachen (Russisch, Französisch und Latein), während es in Bützow nur den für Naturwissenschaften gab. Und da der Berufswunsch meiner Nichte Lehramt für Fremdsprachen sei, käme ja nur die Rostocker Schule für sie in Betracht, so in etwa seine Rede. Ich bekam einen Platz an der Goethe-Oberschule Rostock und wurde Fahrschülerin.

Meine Oberschulzeit (1955 – 1959) war sehr anstrengend. Jeden Morgen fuhr ich mit der Bahn die 16 km lange Strecke von Schwaan nach Rostock und zurück. Der Fahrplan der Bahn war auf die Transportbedürfnisse der mehrere Hundert Werftarbeiter ausgerichtet, die in Schwaan wohnten und an der Neptun- oder an der Warnowwerft arbeiteten. Im Durchschnitt fuhren täglich vier oder fünf Züge von Schwaan nach Rostock und umgekehrt.

Der Wechsel von der Schwaaner Ossenschaul, an der ich den besten Abschluss erreicht hatte, zur Goethe-Oberschule Rostock bedeutete für mich einen Quantensprung. Die Anforderungen waren sehr hoch. Wir hatten vierzehn Fächer, von denen Deutsch, Russisch, Französisch, Mathematik, Physik, Chemie, Biologie, Geographie, Staatsbürgerkunde und Geschichte sowie Sport zu den Prüfungsfächern gehörten. Kunstgeschichte/Zeichnen und Musik wurden nicht geprüft, von ihren jeweiligen Lehrern aber auch als Hauptfächer betrachtet.

Sport war für mich ein Labsal, denn ich liebte Sport. Stress, Frust, Wut und Trübsal ließen sich beim Sport wunderbar verscheuchen. Schlimm erging es all denen, die für Sport keine guten Voraussetzungen mitbrachten. Schüler, die in diesem Fach eine Fünf bekamen, wurden nicht versetzt. Und für Sitzenbleiber gab es keine

Chance, ein Schuljahr zu wiederholen. Es war nicht erlaubt. Die einzige Möglichkeit für Sport-Nieten, zumindest eine Vier zu erreichen und damit dem Sitzenbleiben zu entkommen, war, Kenntnisse über Sporttheorie unter Beweis zu stellen. Dazu mussten sie beispielsweise die Regeln aller Mannschaftssportarten, Daten von Olympischen Spielen, die Namen herausragender Sportler der verschiedensten Disziplinen, unter anderem, kennen.

Regelmäßig fanden Prüfungen in den Disziplinen Leichtathletik, Geräteturnen und Schwimmen statt. Jede war für mich ein Freudentag. Nein, das stimmt nicht ganz, denn Leichtathletik mochte ich nicht so gerne, aber ich brauchte keine Prüfung in Leichtathletik zu bestehen, weil ich wegen einer schlimmen Knieverletzung bei Leichtathletik passen durfte. Aber Geräteturnen und Schwimmen hätte ich am liebsten jeden Tag stundenlang gehabt.

Der Rektor unserer Schule war ein Scheusal. Seine Lieblingsbeschäftigung – Schüler, die Mitglied der „Jungen Gemeinde" waren zu schikanieren. In meiner Klasse befanden sich mehrere seiner Opfer. In regelmäßigen Abständen hatten sie bei ihm im Rektorenzimmer zu erscheinen, um von ihm „bearbeitet" zu werden. Unsere Klassenlehrerin hatte von ihm sogar den Auftrag bekommen, Birkhild nach dem Unterricht in „Marxismus-Leninismus" zu schulen mit dem Ziel, sie von ihrem „Aberglauben" abzubringen und zum Sozialismus zu konvertieren. Das gelang nicht, und Birkhild wurde als Strafe nicht zum Studium zugelassen.

Wir hatten gute und schlechte Lehrer. Solche, die es verstanden, uns zu motivieren, denen ich heute noch dankbar bin, dass ich sie hatte. Leider waren die Guten in der Minderheit. Alle waren sehr gebildete, kluge Menschen, aber den wenigsten gelang es, uns ihr Wissen zu vermitteln. Ich denke an unseren Mathe-Lehrer, der sicherlich in seine Mathematik verliebt war, aber seinen Diskurs an die Decke richtete. Oder an die arme Lehrerin für Kunstgeschichte, die uns die langweiligsten DIA-Vorträge hielt über griechische und römische Kulturschätze. Säulen, Obelisken, Amphitheater, die Ruinen von Troja, Pergamon und Ephesos. Sie ließ die Rollos runter kurbeln, und im dunklen Klassenzimmer machten wir, also nicht alle, aber die meisten, nur Dummheiten, so dass wir am Ende nicht wussten, worüber sie ihre stundenlangen Vorträge gehalten hat. Erst viele, viele Jahre später, als ich die römischen und griechischen Kulturschätze mit eigenen Augen betrachten und bestaunen konnte, wusste ich, was ich während des Kunstunterrichts verpasst hatte.

Unser Physiklehrer, er kannte den Nobelpreisträger Niels Bohr, war tatsächlich ein guter Lehrer. Mein Hirn ist allerdings nicht auf Physik gepolt. Physik ist die Leidenschaft meines Bruders Harm. Er studierte Physik. Aber ich hatte mit Physik nicht viel oder gar nichts am Hut. Trotz meiner Aversion musste ich es schaffen, eine akzeptable Zensur in diesem Fach zu ergattern. Man mag es nicht glauben, aber ich bekam in Physik zum Abitur eine Eins. Das war ein Wunder. „Mehr Glück als Verstand" hätte mein Vater gesagt, wenn er die Hintergründe gekannt hätte. Ich habe mich für diese unverdiente Eins geschämt. Ich hatte bei den Prüfungen einfach alles gewusst und unmittelbar danach das Fach Physik in die entlegenste Schublade meines Gehirns geschoben.

Der Physiklehrer hatte mich von Anfang an, also während der vier Jahre bis zum Abitur, ausgewählt, seine Unterrichtsstunden vorzubereiten. Er sagte mir, welche Apparate und Zubehör rechtzeitig vor Stundenbeginn aufgebaut werden sollten. Ich lernte sehr schnell, all die Gerätschaften in den Vitrinen zu identifizieren und sie korrekt im Physikraum aufzustellen. Daraus zog der Lehrer die irrige Schlussfolgerung, dass ich nicht nur die Geräte, sondern auch deren Funktionsweise und alle technischen Daten kannte. Irrtum. Ich verstand recht wenig von den Geheimnissen dieser Teufelsapparate, oder zumindest nicht genug, um daraus Fachwissen abzuleiten, das eine hervorragende Zensur gerechtfertigt hätte.

Eine Physikstunde werde ich mein Leben lang nicht vergessen. Ich hatte die Influenzmaschine aufgebaut. Fragen Sie mich nicht, wozu man die braucht. Ich weiß es nicht mehr. Der Raum war verdunkelt. Die Maschine war ans Stromnetz angeschlossen. Her St. wollte sein Experiment vorführen. Plötzlich blitzte die Maschine. Grelle Funken, Tausende von Sternen erleuchteten den Physikraum und oh, Gott, all diese Funken, Blitze und Sterne kamen aus den Händen von Herrn St. Er zappelte, gestikulierte, seine Arme wedelten in der Luft umher, bis endlich ein Schüler, der der Steckdose am nächsten war, den Strom unterbrach. Totenstille im Raum! Derselbe Schüler, der das Kabel aus der Steckdose gezogen hatte, schaltete das Licht an. Wir saßen auf unseren Plätzen wie zu Salzsäulen erstarrt. Herr St. war kreidebleich. Er brauchte eine kurze Verschnaufpause, und dann …Ich dachte, er würde mich in den Boden stampfen, schließlich hatte ich die Maschine „gebrauchsfertig" an ihren Platz gestellt und ans Netz angeschlossen. Aber Herr St. sagte nur ganz langsam: „So, jetzt werden wir mal analysieren, was schief gegangen ist. Was haben wir falsch gemacht?" Er benutzte den Plural. Wir! Er erwähnte mit keinem Wort, dass ich es war, die etwas falsch gemacht haben musste, was ihn in Gefahr gebracht hatte. Keiner antwortete. Er führte seinen Monolog fort und erklärte jeden Schritt, bis er das Problem gefunden hatte. Ich wurde meiner Funktion als Vorbereiterin der Physikstunden nicht enthoben, und ich habe sie bis zum Abitur inne gehabt. Ich konnte glücklicherweise bis zum letzten Schultag eine fehlerfreie Arbeit liefern.

Unser Russischlehrer, er war Russlanddeutscher und sprach besser Russisch als Deutsch, war ein Griesgram von Mensch. Er war entsetzt über unsere dürftigen Russischkenntnisse. Er konnte uns nicht verantwortlich machen wegen dieses Defizits, schließlich hatten wir jahrelang Russischlehrer gehabt, die der russischen Sprache nicht mächtig waren. Aber er war des Öfteren am Rande des Zusammenbruchs. Geduld war für ihn ein Fremdwort, und didaktische Fähigkeiten fehlten ihm ganz und gar.

Ich weiß nicht, was der Grund ist, wie es kam, dass wir Schüler ganz besonders jene Lehrer ärgerten und mit ihnen Schabernack trieben, die offensichtlich Schwierigkeiten hatten, interessanten Unterricht zu gestalten, oder die irgendwelche Schwachstellen zeigten, die wir schamlos ausnutzten. Eigentlich waren wir doch groß genug, um keine Dummheiten mehr auszubrüten und den Lehrern das Leben schwer zu machen. War das unsere Art, die Pubertät auszuleben? Ich weiß es nicht. Wir Schüler, die von den Lehrern schon gesiezt wurden, verhielten uns bisweilen wie dumme, ungezogene Kinder.

Während der Grundschuljahre habe ich nie zu meinen Gunsten geschummelt. Ich brauchte keine unerlaubte Hilfe, und es kam mir auch nie in den Sinn, abzuschreiben oder „Souffleuse"-Dienste in Anspruch zu nehmen. Im Gegenteil! Ich war die Hilfe, die rettende Souffleuse für Klassenkameraden in Not. Aber in der Oberschule haben wir alle, selbst die besten Schüler, geschummelt wie die Weltmeister. Wir hatten dabei ein System mit besonderen Spielregeln entwickelt, das alle kannten und respektierten. Es wurde angewandt und funktionierte allerdings nur bei gewissen Lehrern, bei denen es uns nicht schwer fiel, sie auszunutzen.

Ich erinnere mich nur an einige wenige Situationen, in denen wir oder auch nur ich ein wohl zu Recht als ungehöriges Benehmen zu bezeichnendes Verhalten an den Tag legten. Diese Momente sind allerdings so klar und präzise in meinem Gedächtnis, dass es mir vorkommt, als sei alles erst gestern passiert.

Unser Russischlehrer hatte wahrscheinlich keine Lust, sich mit der vorgesehenen Lektion den Tag verderben zu lassen. Ohne jegliche Vorankündigung forderte er uns auf, unsere Hefte rauszuholen, wir sollten eine Kontrollarbeit schreiben. Verdammt noch mal, ich hatte mir nicht ein einziges Mal die Lektion angesehen. Ich wusste überhaupt nicht, worum es darin ging. Herr F. trieb uns zur Eile an, wir sollten nicht so lange rumbummeln, die Zeit würde uns fehlen zur Beantwortung seiner Fragen. Einige versuchten, ihn von seiner Idee abzubringen, aber er ließ nicht mit sich reden. Die Arbeit wird geschrieben! Jetzt sofort! Und schon ging`s los. Entweder handelte ich mir eine Fünf ein, denn ich konnte die Fragen nicht beantworten, oder ich riskierte, beim Schummeln erwischt zu werden und ebenfalls wegen Betrugs eine Fünf zu erhalten. Ich entschied mich fürs Schummeln. Ich setzte auf gut Glück, wobei die Möglichkeit bestand, eine anständige Zensur zu ergattern. Ich holte mein Lehrbuch aus der Mappe, schlug die Seite mit der Lektion auf, platzierte das aufgeschlagene Buch unter meinen Hintern und spreizte die Beine, um den Text lesen zu können. Das ging dank der langen Hosen, die ich anhatte, hervorragend. Ich wähnte mich schon auf der sicheren Seite, als Herr F. plötzlich neben mir stand. Er hatte das Buch nicht gesehen, aber er nahm eine Umverteilung der Plätze vor. Er forderte mich auf: „Krauusse, sähtzen sie sich auf diesen Stuhl!" Und er zeigte auf den Sitz neben mir. Ich wusste nicht, wie ich mich auf den anderen Stuhl setzen sollte, ohne dass Herr F. das Buch bemerkte und zögerte, seinem Befehl zu gehorchen. „Loss, auf den Stuhl hier, Krauusse!" rief er. Man mag es nicht glauben, aber ich schaffte es, das Buch von einem Stuhl auf den anderen mitzunehmen, ohne dass Herr F. Verdacht schöpfte. Mit der linken Hand nahm ich mein Heft vom Pult, und die rechte hielt das Buch unter meinem Achtersteven fest. Ich machte eine Vierteldrehung in Richtung Lehrer, so dass er mein Schummelmanöver nicht bemerkte. Mir zitterten die Knie. Ich habe meine Nerven bei dieser Betrugsaktion dermaßen strapaziert, dass ich beschloss, diese Methode nie wieder anzuwenden. Es war einfach viel zu anstrengend. Einfacher war es doch, die Lektion mit etwas Zeitaufwand zu lernen, als den Stress und die Angst, denen man beim Schummeln ausgesetzt ist, zu ertragen.

Für Herrn F., den ich gar nicht mochte, hatte ich mir noch etwas Besonderes ausgedacht, womit ich ihn ärgern konnte. Ich brachte eine alte Mandolinensaite mit in die Klasse, befestigte sie an einem Stuhlbein und wickelte das andere Ende um einen Bleistift. Ich nahm den Bleistift, mit dem Saitenteil in der Mitte, zwischen Zeigefinger und Mittelfinger, zog ein weinig daran, so dass die Saite sich spannte. Mit dem Zeigefinger der anderen Hand zupfte ich die Saite – wie ein Pizzicato - und zog sie gleichzeitig wieder ein Stück höher. Es entstand ein Jaulton von dunkel bis hoch, der einem auf die Nerven gehen konnte. Herr F. rief plötzlich: „Was iiß daas? Woher kommt Musiik?" Ich ließ die Saite los. Herr F. näherte sich meinem Platz, aber er konnte nichts Verdächtiges entdecken. Er schüttelte den Kopf und setzte seine Russisch-Predigt fort. Und wieder jaulte die Saite, und Herr F. begab sich erneut auf die Suche nach dem Störenfried. Ohne Erfolg. Ich gab meinem Störmanöver eine Auszeit und setzte die Mandolinensaite wieder einige Tage später mit dem gleichen Erfolg ein. So lange, bis ich keinen Spaß mehr daran hatte.

Herr F. gab gerne mal eine Fünf, und er war der einzige unserer Lehrer, der emsig von Tadel-Einträgen ins Klassenbuch Gebrauch machte. Wenn ein bedauernswürdiger Schüler das Pech gehabt hatte, eine Fünf wegen schlechter Leistung verpasst bekommen zu haben, tröstete ihn Herr F. mit seinem Standard-Spruch: „Schieler ohne Fünf sein wie Saldat ohne Gäwärr".

Einer von Herrn F.s Tadeln hat sich mir ins Gedächtnis eingeprägt. Barbara M. hatte all ihren Mut zusammen genommen und lauthals eine Schulkameradin, die von Herrn F. ungerechter Weise beschimpft wurde, verteidigt. Sie war empört und sagte: „Das ist gemein!" Herr F. wurde knallrot und schrie: „M., was haben sie gesagt?" Sie antwortete im gleichen Tonfall: „Das ist gemein, denn G. hat nichts getan, was Ihre Zurechtweisung verdient." „Das ist freches Benäähmen! Dafür gebe ich Tadel" Er lief zum Lehrerpult, setzte sich und schrieb ins Klassenbuch: „B.M. wegen wegen freches Benehmen getadelt!" Kaum war er aus dem Klassenzimmer verschwunden, holten wir uns das Klassenbuch, um uns seinen Eintrag anzuschauen. Er hatte tatsächlich zweimal „wegen" geschrieben. Er war wohl so in Rage geraten, dass er nicht merkte, was er schrieb.

Und noch eine Erinnerung an Herrn F.: Er hatte einen Elternabend einberufen, um über die Leistungen, Schwächen, Auffälligkeiten der Schüler zu berichten. Es muss nicht einfach für ihn gewesen sein, die Namen aller Schüler im Kopf gespeichert zu haben. Möglicherweise benutzte er dabei auch die eine oder andere Eselsbrücke. Eine unserer Mitschülerinnen hieß B. Hagedorf. Als B. Hagedorfs Mutter an der Reihe war, von Herrn F. Auskunft über ihre Tochter zu erfahren, fragte er sie: „Wie heißt Ihre Tochter?" „Sie heißt B. Hagedorf", antwortete die Mutter. Darauf Herr F.: „Ach so, ich weiß. Die Gage von Dorf."

Ich könnte mir vorstellen, dass die meisten Schüler der Goetheoberschule, die bei Herrn F. Russischunterricht hatten, sich an seine Macken und Sprüche erinnern.

Nicht nur Herr F., unser Russischlehrer, war Opfer meiner ungehörigen Störmanöver. Unser Französischlehrer, ein richtiger Gockel, ein Beau, der mit seiner Angeberei versuchte, uns zu beeindrucken, ging uns gewaltig auf die Nerven. Wir mochten ihn nicht. Mein Vorschlag, ihn mal so richtig in Rage zu bringen, fand die Zustimmung meiner Klasse. Ich brachte von Zuhause eine kleine Cremedose mit Schmalz und einen Wischlappen mit. Das Schmalz diente zum Einfetten der Tafel. Sorgfältig, damit auch kein Teilchen der Tafel verschont wurde, bestrich ich die schwarze Fläche mit Schmalz. Dann nahm ich den Kreidewischer, ein rechteckiges Stück Holz, das bestens in die Hand passt und an seiner Unterseite mit Filz beschichtet ist. Vom vielen Tafelabwischen war der Filzteil voller Kreidestaub. Damit puderte ich die Tafel, und sie sah aus wie immer. Mit Spannung warteten wir auf den Beau. Er kam reinstolziert und begann seine Lektion. Bald musste er die Tafel benutzen, damit wir Dösköppe uns die Konjugation irgendeines unregelmäßigen Verbes, das er an die Tafel schreiben wollte, gut einprägen konnten. Er begann zu schreiben, und die Kreide rutschte weg. Er sah sich die Kreide an, konnte aber keine Unreinheit erkennen. Er setzte erneut zu Schreiben an. Das Gleiche passierte. Die Kreide rutschte, machte dabei ein sehr unangenehmes quietschendes Geräusch, und das erklärende Beispiel ließ sich nicht an die Tafel schreiben.

Jetzt wurde er wütend. Er schmiss die Kreide in die Ecke und schimpfte wie ein Spieß auf dem Kasernenhof auf die miese Qualität der Tafelkreide. Er suchte die Kreideschachtel und holte sich ein nagelneues Stück heraus. Sein erneuter Versuch schlug wieder fehl. Das war uns ja klar. Die Kreide war nicht schuld. Nur, er fand den wirklichen Grund nicht heraus und widmete der miserablen Kreide, die ja voll winziger Steine sei und mit der man kein einziges Wort an die Tafel schreiben könne, einen guten Teil seiner Unterrichtsstunde. Auf die Tafel verzichten zu müssen, war für ihn ja fast eine Beleidigung. Wir waren begeistert, durften es ihn aber nicht merken lassen. Manchmal ist Schadenfreude wunderbar, um die Stimmung zu erhöhen. In der nachfolgenden großen Pause wurde die Tafel mit fettlösendem Spülmittel wieder benutzbar gemacht.

Für das Fach Latein wurde uns Fräulein M., eine schon ältere Dame zugeteilt, die kurz vor ihrer Pensionierung stand. Fräulein M. begann ihre erste Lateinstunde mit einer Rede, die dazu gedacht war, uns zu respektvollem Verhalten während ihres Unterrichts einzustimmen.

Als erste Mahnung erfuhren wir von ihr, wir sollten uns bloß nicht einbilden, Latein lerne man so im Fluge, nein, es erfordere Anstrengung, Disziplin und viel Fleiß.

Dann kam das Beste! Fräulein M. meinte: „Versuchen Sie es gar nicht erst, bei mir zu schummeln. Ich höre alles und ich habe Adleraugen. Mir entgeht nichts".

Von den Schülern der höheren Klasse hatten wir längst erfahren, dass ausgerechnet die von Fräulein M. beschriebenen Fähigkeiten gerade ihr Manko waren. Sie hörte schlecht und sie sah noch schlechter. Wenn wir anständige, gut erzogene Schüler gewesen wären, hätten wir Fräulein M. nicht so maßlos und unverschämt betrogen, wie wir es tatsächlich getan haben. Und wir haben uns dessen nicht einmal geschämt. Zwei oder drei Schüler unserer Klasse waren unsere Helfer in der Not. Sie soufflierten oder – je nach Bedarf – sagten vor und ließen uns von sich abschreiben, wenn wir eine schriftliche Kontrollarbeit überstehen mussten. Wir waren so etwas wie eine gut funktionierende Kooperative. Und wir alle hatten recht gute Noten in Latein.

Ich hatte leider wieder einmal nicht das Lehrbuch angeschaut, um zu wissen, welcher Text für die Lateinstunde an der Reihe war. Und es geschah das Dümmste, was mir passieren konnte: mündliche Prüfung zum Abfragen der Vokabeln der Lektion X.

Fräulein M. rief mich auf und begann, ihre Vokabelliste vorzulesen. Ich sollte jeweils die lateinische Entsprechung sagen. Meine Souffleuse reagierte auf der Stelle. Ich verstand sie aber nicht, weil ich die neuen Vokabeln noch nie gesehen oder gehört hatte. Ich hörte von meiner Helferin „Mors", aber das sollte wohl ein Witz sein. Wollte mich meine „Stütze" veräppeln? Nein, bestimmt nicht. Ich konnte mich immer auf sie verlassen. Sie sagte jetzt, lauter, erneut „Mors". Ich war total verunsichert, denn das plattdeutsche Wort für Hintern war sicherlich nicht die Vokabel, die Fräulein M. von mir hören wollte. Aber Fräulein M. nickte. Sie war mit „Mors" sichtlich zufrieden und jetzt fragte sie: „Was bedeutet, ich werde euch „mores" lehren"? Jetzt war aus „Mors" „Moritz" geworden, und ich kapierte überhaupt nichts mehr. Ich stammelte irgendetwas sehr leise, was phonetisch dem Zugeflüsterten ähnelte. Fräulein M. meinte: „Aber Monika, warum sind Sie heute so zögerlich? Sie sind doch sonst nicht so ängstlich. Es war schon richtig, was Sie gesagt haben. Nun, wiederholen Sie das Ganze noch einmal!" Ich konnte es nicht wiederholen, also soufflierte meine „Stütze" so laut, dass Fräulein M. es bestens verstand, ohne zu merken, dass nicht ich es war, die sprach, sondern die Schülerin hinter mir. Fräulein M. kommentierte: „Monika, Sie haben ja alles richtig gesagt, aber es kam nur sehr zögerlich, woraus ich schließe, dass Sie sich nicht so ganz sicher waren. Eine Eins gebe ich Ihnen nicht, sondern nur eine Zwei!" Ich war gerettet, aber es war mir peinlich, meine Lehrerin so schamlos betrogen zu haben. Die Scham verflüchtigte sich schnell, es gab noch viele Lateinprüfungen zu bestehen.

Während der Winterferien fuhr ein Großteil unserer Klasse nach Oberhof in Thüringen, wo wir Skilaufen lernen wollten. Harm war der Hahn im Korbe, der einzige Junge, den wir Mädchen als „Experten in Sachen Skisport" für unsere Wintertour engagierten. Ich glaube, dass ich den Tipp gegeben hatte, denn Harm hatte tatsächlich irgendwann mehrere Wochen einen intensiven Skikursus absolviert, galt also als Experte.

In unserer Unterkunft, der Oberhofer Jugendherberge, schliefen wir alle zusammen in einem großen Raum mit Doppelstockbetten. Um bei der Kälte – Heizung gab es nicht – schlafen zu können, trugen wir mehrere Schichten Klamotten, die wir dann auch zum Skilaufen anhatten. Wir haben sicher nicht nach Pariser Parfum gerochen.

Selbst der Waschraum war ungeheizt und so kalt, dass mir beim Händewaschen die Finger klamm wurden und lange Zeit brauchten, um wieder „aufzutauen".

Das Essen mussten wir uns selber kochen. Eine mickrige Kochplatte und zwei Kochtöpfe, Teller, Tassen und Löffel – das war die Küchenausstattung. Es gab Sauerkraut und Kartoffeln oder Kartoffeln und Kohl oder Kartoffeln mit Grünkohl aus der Dose. Ganz normales DDR-Jugendherbergsessen!

Ulrike und ich hatten herausgefunden, dass es in Oberhof ein öffentliches Badehaus gab, in dem man für fünfzig Pfennige ein Wannenbad nehmen konnte. Mit warmem Wasser! Das war ein Genuss! Unvorstellbar! Während unserer eine Woche dauernden Skilaufferien haben wir beide uns zweimal diesen Luxus gegönnt.

Die Skiausrüstung bekamen wir ausgeliehen. Dazu gehörten rechteckige, klobige und sehr schwere Skistiefel, hölzerne breite Skier, Stöcke und mehrere Sorten Wachs. Je nach Schneekonsistenz mussten wir unter Harms Anleitung die Bretter wachsen. Nach einer gewissen Zeit brauchten die Bretter eine neue Wachsschicht. Das war allerdings eine ganz blöde Beschäftigung. Umständlich, wie es umständlicher nicht sein konnte. Mit Bügeleisen und Vorsicht! Nicht zu viel und nicht zu wenig! Und immer schön gleichmäßig! Harm, der stets die Ruhe weg hatte, machte unsere Ungeduld überhaupt nichts aus. Zum Verrücktwerden!

Die ersten Tage hatten wir die Grundregeln des Skilaufens zu lernen und viel zu üben. Wir konnten tatsächlich nach vier Tagen recht gut Skilaufen. Am letzten Tag vor der Rückreise machten wir eine Tagestour durch den wunderschönen verschneiten Thüringer Winterwald. Wie im Märchen! Allerdings hatte unsere Route auch einige nicht ganz ungefährliche Abschnitte. Dichter Baumwuchs, Kurven, Hänge, Brombeergebüsch...Das erforderte schon ein wenig mehr Erfahrung und auch ein bisschen mehr Können. Ich weiß nicht mehr, ob andere aus unserer Gruppe gestürzt sind oder ein oder das andere Brett zu Bruch ging. Ich weiß nur, dass ich an einem Hang einem Baum immer schneller näher kam. Er zog mich an wie ein Magnet. Um ihn nicht zu umarmen, schmiss ich mich auf den Boden und landete mit dem rechten Ski aufwärts, dem anderen wie beim Spagat zur Seite in einem Dornenbusch. Ein paar Kratzer und eine etwas ramponierte Kluft nahm ich mit nach Hause.

Während unseres Skilauf-Abenteuers lernte ich den Sohn einer bekannten DDR-Schriftstellerin kennen, die in einem in der Nähe gelegenen Hotel ihren Winterurlaub verbrachten. Wie dieses Zusammentreffen zustande kam, ist mir schleierhaft. Ich erinnere mich nur an diesen etwas scheuen langen Lulatsch, mit dem ich Händchen haltend abends durch den Winterwald wanderte. Meine Klassenlehrerin musste ich um Erlaubnis bitten, mich für eine Stunde mit meinem Galan Spazieren gehen zu lassen. Wir waren ja schließlich noch nicht volljährig, und sie war für unser Wohl verantwortlich. Diese eine knappe Woche dauernde Verliebtheit hat meine ganze Klasse auf ihre Art genossen. Meinen Lieben (ich weiß nicht einmal mehr seinen Namen)habe ich danach nicht wiedergesehen und bald vergessen.

Fünf Monate vor Ende der elften, der Vorabiturklasse, geschah etwas Furchtbares: Die Goethe-Oberschule und die Wallschule (ebenfalls für Abiturienten) wurden zusammengewürfelt. Es blieb die Goetheoberschule. Alle Lehrer und Schüler der Wallschule zogen in die Goetheoberschule. Die Klassen blieben so wie sie in jeder Schule waren, aber fast alle Lehrer wurden ausgewechselt. Das war das größte pädagogische Desaster, das uns passieren konnte. Es hatte schon immer Rivalitäten zwischen Wall- und Goetheoberschule gegeben. Wir Schüler empfanden den Wechsel der Lehrer als ungerechte Strafe. Ein Jahr vor dem Abitur sich an neue Lehrer gewöhnen zu müssen, die uns und die wir nicht kannten, war eine Katastrophe. Und es war nicht verwunderlich, dass einige Schüler das Handtuch warfen.

Gravierende Folgen hatte der Wechsel des Mathe-Lehrers. Der Neue schrieb Formeln und immer wieder Formeln an die Tafel und analysierte mit der Tafel die Bedeutung seiner Formeln. Dazu sprach er sehr leise und machte große Gedankensprünge. Ich kam mir vor wie in einer Rätselstunde. Von da an hasste ich Mathematik.

Im Fach Latein ereilte uns ein schreckliches Schicksal. Der neue Lateinlehrer, Autor des Latein-Lehrbuches, kannte seine Pappenheimer. Es hatte sich sicherlich herumgesprochen, dass die ehemaligen Wallschullehrer die Stärken und Schwächen ihrer Kollegen der Goetheschule kannten. Herr Dowe begann seine erste Unterrichtsstunde mit einer Vokabel-Kontrollarbeit. Mit Sprinter-Geschwindigkeit las er seine Vokabelliste vor, und wir mussten, ohne nachdenken zu dürfen, wie aus der Pistole geschossen, die deutsche Übersetzung auf unseren Zettel schreiben. Wir riefen: „Bitte, nicht so schnell!" Er antwortete: „Ich kann auch noch schneller! Langsamer – kommt nicht in Frage. Dies ist keine Schönschriftarbeit. Sie brauchen nur so gut zu schreiben, wie es lesbar ist. Also – weiter!" und das Maschinengewehr ratterte, dass uns der Schädel dröhnte. Etwa 90 % der Klasse bekam eine Vier oder eine Fünf. Grauenhaft! Und das ganze Theater wiederholte sich etwa zehn Tage in Folge. Die Hälfte der Unterrichtsstunde dozierte Herr Dowe, und die zweite Hälfte mussten wir Kontrollarbeiten schreiben.

Herr Dowe hielt uns einen Vortrag über unsere Perspektiven in seinem Fach Latein. Er meinte, wir seien eine Gruppe unverschämter Schüler, die die Schwächen seiner Kollegin in krimineller Weise ausgenutzt hätten. Er wisse bestens Bescheid über die Hör- und Sehprobleme unseres Fräulein M. und er würde uns schon beibringen, was es heißt, ein ganzes Schuljahr lang in Latein geschummelt, betrogen und gelogen zu haben. Wir sollten uns darauf einstellen, dass die unglaublichen Defizite bezüglich der Lateinkenntnisse der Mehrheit der Klasse ausgebügelt werden müssten. Und er kündigte an, den gesamten Stoff bis zum Abitur in unsere Köpfe zu bringen, wobei seine brutalen Methoden leider in jeder Stunde angewendet würden. Schließlich seien sie die einzige Garantie, das verlorene Schuljahr aufzuholen und gleichzeitig das gesamte Pensum bis zum Abitur zu schaffen. So kam es, dass Latein auf einmal das Fach war, in das wir die meiste Zeit investieren mussten. Wir hatten Latein zu pauken, bis uns Hören und Sehen vergingen.

Herr Dross unterrichtete Staatsbürgerkunde. Er war schon sehr alt, wahrscheinlich würde er nach unserem Abitur das Rentenalter erreicht haben und dann endlich die Plage, uns unterrichten zu müssen, los sein. Herr Dross hatte einen sehr großen, langen Schmiss, der eine Gesichtshälfte von der Schläfe bis zum Kinn durchzog. Könnte er vielleicht Mitglied einer schlagenden Verbindung gewesen sein? Aber was hat er dann während der Nazizeit gemacht? Da waren doch die Burschenschaften verboten. Wir wussten nichts von seiner Vergangenheit. Es interessierte uns auch gar nicht. Nur der Schmiss, der ihm permanent eine schlimme Grimasse aufzwang, lenkte unsere Aufmerksamkeit auf ihn, oder besser gesagt, auf das verunstaltete Gesicht.

Herrn Dross' Staatsbürgerkunde war ein todlangweiliges Fach. Neben den Funktionen der Parteien, der Volkskammer, der Regierung, der Massenorganisationen, Bezirks- und Kreisleitungen, die er uns lang und breit erklärte und die wir natürlich aus dem Effeff herbeten mussten, war die Auswertung der Partei-Tagespresse immanenter Bestandteil seines Unterrichts. Regelmäßig prüfte er uns mit seinen Kontrollfragen zu den wichtigsten nationalen und internationalen Ereignissen. Schwerpunkte waren selbstverständlich SED-Parteitage und -beschlüsse, Nachrichten vom „großen Bruder", der Sowjetunion, Erfolge und Errungenschaften unserer DDR und der anderen sozialistischen Bruderländer und so weiter. Dafür hatten wir regelmäßig die Tageszeitung zu lesen und Nachrichten des DDR-Senders zu hören. In jeder seiner Stunden suchte Herr Dross sich einen Schüler aus, der über die wichtigsten Nachrichten berichten musste. Je nach Qualität der Berichterstattung verteilte er Zensuren. Wir nahmen uns nicht regelmäßig die Zeit, die Tageszeitung durchzufilzen oder mit Aufmerksamkeit die Nachrichten zu hören, immer in der Hoffnung, entweder nicht dranzukommen oder uns etwas einfallen zu lassen, falls wir doch geprüft würden.

Ich werde nie vergessen, wie Birkhild, unsere Ulknudel, berichten sollte, was es im Verlaufe der Woche in der Tageszeitung Wichtiges zu lesen gab. Birkhild hatte die Zeitung nicht gelesen und sah sich gezwungen, irgendetwas zu improvisieren. Sie machte ein todernstes Gesicht und begann ihren Bericht: „Der Rostocker Kaninchenzüchterverein hat gestern seine Jahresversammlung abgehalten, auf der die Züchter über ihre letzten Erfolge auf dem Gebiet der Rassenvielfalt und der Belieferung des Lebensmittelhandels mit Kaninchenfleisch berichteten. Zehn herausragende Züchter wurden ausgezeichnet für erstklassige Erfolge bei der Schaffung von neuen Rassen..." Herr Dross unterbrach Birkhild: „Also, Fräulein Birkhild, das nennen Sie wichtige politische Nachricht? Das kann doch wohl nicht wahr sein, dass Sie nichts Wichtigeres in der Parteizeitung gefunden haben!" „Herr Dross, ich finde, dass mein Bericht sehr wohl von politischer Bedeutung ist. Schließlich sind es die Kaninchenzüchter, die einen entscheidenden Beitrag leisten zur Versorgung unserer Bevölkerung mit frischem, erstklassigen Kaninchenfleisch!", war Birkhilds Erwiderung. Ich weiß nicht, wie wir es schafften, nicht lauthals loszubrüllen. Ich bin mir sicher, dass Herr Dross wusste, dass Birkhild ihn auf den Arm genommen hatte, aber er ließ es uns nicht merken. Er setzte seinen Unterricht fort, als wäre nichts geschehen. Wahrscheinlich war ihm sein Fach aufgezwungen worden und er spulte seine Arbeit routinemäßig runter.

Sport war eines meiner Lieblingsfächer. Wir hatten sechs Stunden Sport in der Woche, jeweils zwei Stunden nacheinander. Unsere Sportlehrerin, Fräulein Quant, war schon fast sechzig Jahre alt, schlank und rank und noch sehr gelenkig. Sie war die erste Frau, die den Mont Blanc bestiegen hat.

Jede Sportstunde begann mit einem dreifachen „Sport frei!, Sport frei!, Sport frei!". Das hatten wir Mädchen, die in einer Reihe antraten, laut zu schreien. Die Jungen hatten Sport getrennt von uns Mädchen unter der Leitung eines Sportlehrers.

Während der Spätherbst-, Winter- und Frühjahrszeit fand der Unterricht in der Turnhalle statt. Auf dem Programm stand hauptsächlich Turnen. Nach der Aufwärmgymnastik, die von Fräulein Quant mit Tamburin, rhythmischem Klatschen und „eins, zwei, drei, und eins zwei, drei, hopp, hopp, hopp!" dirigiert wurde, ging es an die verschiedenen Geräte – Reck, Barren, Stufenbarren, Schwebebalken, Bock oder Kasten oder Pferd und Boden. Schwebebalken war nicht mein Ding. Ich glaube, niemand hatte Gefallen an diesem Gerät. Alle anderen Geräte fand ich wunderbar. Einige meiner Klassenkameradinnen waren total unsportlich. Für sie war es fast immer eine Qual, die jeweils zwei Stunden an einem der bestimmten Geräte auszuhalten.

Ich war sechzehn Jahre alt, also in der 10. Klasse, als ich bei einer schnellen Bodenübung mit Drehsprüngen mit dem linken Fuß auf der Matte „kleben" blieb. Das linke Knie verdrehte sich, die Kniescheibe sprang aus ihrer normalen Position und war nach außen gerutscht. Menisken und Kreuzbänder waren beschädigt. Nie zuvor hatte ich einen so intensiven Schmerz erlebt. Instinktiv drückte ich die Kniescheibe wieder an ihre Stelle. Das gab dem Schmerz zwar noch einen deftigen Schub, aber in dem Augenblick, als die Kniescheibe wieder da saß, wo sie hingehört, hielt der intensive Schmerz auf. Ulrike kam mir zu Hilfe, als ich mit schmerzverzerrtem Gesicht auf der Matte lag. Sie rief den Sportlehrer, der nichts von allem gemerkt hatte. Aber bevor er kam, war das Schlimmste schon vorbei. Das Knie war inzwischen geschwollen und schmerzte noch, aber ich schenkte ihm wenig Beachtung. Was von allein kommt, geht auch von allein wieder weg!

Nach der Turnstunde hatten wir noch Französisch. Frau Nawro schickte mich in die Poliklinik, um das beschädigte Knie begutachten zu lassen. Der Orthopäde ließ das Knie mit einem festen Verband stabilisieren und verordnete absolute Ruhigstellung des Beines für eine Woche. Und als Hausaufgabe sollte ich das Knie mit kalten Umschlägen kühlen, um die enorme Schwellung zu reduzieren.

Eine Schulkameradin brachte mir täglich einen Bericht über die Themen und Lektionen, die in jedem Fach durchgenommen worden waren und gab mir einen Zettel mit der Auflistung der Hausaufgaben, die ich von zu Hause aus machen sollte. Ich habe mich während der schulfreien Woche auf die faule Haut gelegt, mein Knie gekühlt und mehrere Bücher gelesen. Diese meine Lieblingsbeschäftigung war wegen der vielen Hausaufgaben, die wir regelmäßig erledigen mussten, ins Hintertreffen geraten. Zu Hause hatte ich keine Prüfungen zu befürchten, und ich schob die Hausaufgaben einfach ins Hinterstübchen.

Nach Ablauf der Schonwoche stellte ich mich pflichtgemäß beim Rostocker Arzt zur Kontrolluntersuchung vor. Die Schwellung des Knies war nicht zurückgegangen. Das Bein wurde von der Hüfte bis zum Fußknöchel eingegipst. Einen ganzen Monat lang hatte ich die Qualen, die so ein Fremdkörper verursacht, zu ertragen. Ständig bröckelten Gipspartikel ab und rutschten von oben bis unten, wobei ein unerträgliches Jucken mich fast wahnsinnig machte. Ich versuchte, diese Qual abzustellen. Dazu besorgte ich mir einen langen dicken Draht, den ich am oberen Ende des Gipsverbandes einschob und alle juckenden Stellen aufkratzte. Das schaffte Erleichterung, obwohl die nur von kurzer Dauer war. Als weiteres Hilfsmittel gegen Juckreiz probierte ich es mit Wasser. Ich füllte eine Wasserkanne mit Wasser und goss beachtliche Mengen am oberen Gipsrand ins Innere dieser lästigen Schale. Als nach einem Monat der Plagegeist entfernt wurde, hatte ich vom Fuß bis zur Hüfte unzählige Kratzwunden. Der Arzt meinte: „Na? Da hat ja jemand gekratzt bis zum Verrücktwerden. Stimmt's?". So ein blöder Kommentar. Den hätte er sich sparen können.

Volleyball und Basketball wurden selten gespielt. Diese Gruppenspiele gehörten zum Pensum, aber sie waren nicht von Bedeutung für die Bewertung. Wir hatten genauestens die Spielregeln zu kennen. Das war für die total unsportlichen Mädchen die Chance, ihre miesen Zensuren in Schwimmen, Turnen und Leichtathletik aufzubessern, was unbedingt notwendig war, denn eine Fünf in Sport bedeutete: Nicht versetzt! Und noch schlimmer fürs Abitur: eine Fünf im Fach Sport hieß: nicht bestanden! Glücklicherweise hat keine meiner Mitschülerinnen in Sport eine Fünf bekommen.

Während der wärmeren Jahreszeit fand der Sportunterricht auf dem Schulhof statt. Kugelstoßen, Hochsprung, Weitsprung, Laufen, Keulenwurf waren die Disziplinen.

Mehrere Male im Jahr zogen wir in die Schwimmhalle. Hundert Meter Schwimmen und Springen vom Ein-Meter oder Drei-Meter-Brett waren angesagt. Die Zensuren richteten sich nach der Zeit, die Jede von uns brauchte, um die 100 Meter zu schwimmen. Und die Sprünge vom Ein-Meter oder Drei-Meter-Brett wurden je nach Qualität und Höhe bewertet. Ein Kopfsprung vom Drei-Meter-Brett war eine Eins wert, ein „Damensprung" vom Einer ergab nur eine Drei. Ich war die schnellste Schwimmerin und die Einzige, die einen Kopfsprung vom Dreier-Brett erstklassig fertig brachte.

Das Fach Sport gehörte zu den Prüfungsfächern fürs Abitur. Turnen, Leichtathletik und Schwimmen wurden getrennt bewertet und am Ende die jeweilige Zensur addiert, um die Gesamtnote zu berechnen.

Für die Turnprüfung bekamen alle Oberschulen des Landes vom Ministerium für Volksbildung ein einheitliches Prüfungsprogramm. Bodenturnen, Reck und Barren – jede Übung war vorgegeben, detailliert beschrieben und musste exakt ohne jegliche „Zugabe" oder Veränderung geturnt werden. Etwa einen Monat vor der Prüfung begannen wir, uns darauf vorzubereiten.

Die Leichtathletikprüfung fand in einem Rostocker Stadion statt. 100 Meter-Sprint, Kugelstoßen, Weitsprung und Hochsprung waren die vorgegebenen Disziplinen. Glücklicherweise brauchte ich für die Sport-Abiturprüfung keine Leichtathletikprüfung mitzumachen. Wegen der schweren Knieverletzung, die nachhaltige, damals irreparable Folgen hatte, sollte ich weder am Hoch- und Weitsprung, noch an Laufwettbewerben teilnehmen. Ich war froh darüber, denn meine Eins im Sportabitur war mir sicher durch beste Bewertung beim Turnen und beim Schwimmen. Leichtathletik war nicht meine Stärke.

Im Laufe der vier Oberschuljahre in Rostock verschwanden mehrere Lehrer. Sie waren in den Westen „abgehauen". Wir Schüler erfuhren davon postwendend über Lautsprecher, die in jedem Klassenraum angebracht waren. Der Rektor übernahm ausnahmslos die Rolle des Anklägers. Er bezichtigte die Flüchtlinge des Verrats und sie seien es nicht würdig, an einer sozialistischen Oberschule zu unterrichten. Klassenfeinde und Betrüger seien sie, die jahrelang vorgaben, die neuen Generationen im Geiste des Sozialismus zu erziehen. Zum Anhören dieser sich immer wiederholenden Reden hatten wir aufzustehen, mucksmäuschenstill zu sein und andächtig zuzuhören. Des Öfteren wurden wir aufgerufen, Stellung zu nehmen zu dem Ereignis. Wir sollten natürlich den geflohenen Lehrer ebenfalls verdammen.

Für außerschulische Aktivitäten hatte ich ständig Probleme wegen der ungünstigen Zugverbindungen. Ich war Mitglied des Chores und des Schulorchesters. Vom Chor musste ich mich verabschieden, denn die Probezeiten überschnitten sich mit denen des Orchesters. Wir hatten unzählige Auftritte. Bisweilen musste ich bei Schulkameradinnen übernachten, denn ich konnte nach dem Ende einer Vorstellung keinen Zug mehr erwischen, der nach Schwaan fuhr.

Zu den Orchesterproben gesellten sich die Trainingszeiten in der Schwimmhalle. Ich nahm an der Rettungsschwimmerausbildung teil. Das Training fand immer abends statt, und mehr als einmal verpasste ich den letzten Zug nach Hause. Dann wurde ich wieder bei einer Schulkameradin einquartiert.

Die Rettungsschwimmerausbildung machte mir großen Spaß. Vor dem Langstrecken- und Tieftauchen hatte ich anfangs einen richtigen Bammel. Aber je länger und häufiger ich trainierte, umso besser waren die Ergebnisse. Mit 14 Jahren durfte ich den Titel "Rettungsschwimmerin" tragen. Ich bekam einen blauen Sportbadeanzug mit dem Rettungsschwimmeremblem und den Buchstaben DRK (Deutsches Rotes Kreuz) darunter. Als vollwertige Rettungsschwimmerin durfte ich aber erst eingesetzt werden, als ich 18 Jahre alt war. Dann galt ich als Volljährige, als Erwachsene.

Mit fünfzehn Jahren durfte ich zum ersten Mal in einem Kinderferienlager an der Ostsee als Gruppenleiterin meinen Dienst tun. Zur Vorbereitung hierfür hatte ich an einem mehrere Wochen dauernden Seminar teilzunehmen. Schwerpunkte waren Gruppenspiele für draußen oder drinnen – je nach Wetterlage -, Singen, Kartenlesen und Benutzung eines Kompasses. Letztere waren besonders erforderlich für Nachtwanderungen, und wir lernten, diese Instrumente aus dem Eff-Eff besonders bei Dunkelheit zu benutzen. Das Vorbereitungsseminar erwies sich als sehr hilfreich.

Eine Nachtwanderung war der Höhepunkt des Lagerlebens. Geradezu närrisch verhielten sich die abenteuerlustigen Jungen und Mädchen, wenn die Nachtwanderung stattfand. Dunkelheit, die gespenstische Landschaft, unheimliche Geräusche und die dabei erzählten Gruselgeschichten, die einige Gruppenleiter extra zu der Gelegenheit zum Besten gaben, erregten die Gemüter. Viele Teilnehmer werden so eine Nachtwanderung nie vergessen haben.

Ich hatte mit „meiner Gruppe" keinerlei Schwierigkeiten, jeden Tag ein abwechslungsreiches Programm zu gestalten. Langeweile kam nie auf.

Die Verantwortung für „meine Jungen" trug eine erwachsene Lehrerin oder Studentin. Ich hatte aber den ganzen Tag über die Kinder zu beschäftigen. Bei den allabendlich stattfindenden Versammlungen der Lagerleitung mit den Betreuern hatten wir über besondere Vorkommnisse, Probleme und Schwierigkeiten zu berichten, und wir bekamen auch

Hinweise über die am kommenden Tag vorgesehenen Aktivitäten. Jeder Betreuer musste seine Methode finden, die Vorgaben so gut wie möglich zu erfüllen.

Meine Gruppe bestand aus zwölf vierzehnjährigen Jungen, auf die der Begriff Flegeljahre haargenau passte. Sie waren permanent damit beschäftigt, Störmanöver auszuhecken. Tagsüber tobte ich mit ihnen im Wasser wie auf dem Trockenen. Wir spielten Reiterkampf im Wasser und auf dem Rasen, spielten Völkerball, machten Wettkämpfe in Laufen, Springen, Schlagballwerfen. Alles Maßnahmen, die zum Verschleiß der überschüssigen Energien meiner Teenager beitragen sollten. Aber sowie es dunkel wurde, begannen die Banausen wieder so richtig aktiv zu werden. Während der ersten Woche im Ferienlager schaffte es meine Rasselbande, jeden Abend gegen Mitternacht das benachbarte Zelt der Mädchen zum Einstürzen zu bringen. Für die Jungen war das der Höhepunkt ihres Ferienlagerlebens. Die Mädchen veranstalteten ein Gekreische, ein Trara, dass das ganze Lager in Aufruhr geriet. Es dauerte immer lange Zeit, bis endlich wieder Ruhe herrschte. Und die Jungen fühlten sich wie die souveränen Herren der Situation. Keiner hatte es geschafft, sie von ihrem dämlichen Tatendrang abzuhalten. Jeden Abend das gleiche Theater! Ich wollte mir das nicht mehr bieten lassen. Ich hatte es satt, dass bei jeder Versammlung zur Berichterstattung über den Tagesablauf meine Gruppe wegen des Angriffs auf das Mädchenzelt gerügt wurde. Es musste etwas sehr Wirksames geschehen, das den Jungen die Lust an dieser ihrer Lieblingsaktion nahm. Wenn sie jeden Abend noch so viele Energien hatten, um das Zelt zum Einsturz zu bringen, dann musste ich sie dazu bringen, diese

Energien abzubauen.

Mit der Lagerleitung besprach ich mein Vorhaben und bekam die Genehmigung. Ich kündigte meiner Gruppe Halbstarker an, am nächsten Tag nach dem Frühstück eine Tageswanderung durchführen zu wollen. Die Jungen waren einverstanden. Ich hatte ihnen nur von der Tageswanderung gesprochen, nicht aber wie viele Kilometer wir schaffen müssten.

Nach dem Frühstück holten sich die zwölf Draufgänger ein Stullenpaket ab, unseren Proviant für den Tag. Und die Wanderung begann. Sie ahnten nicht, dass wir fünfzig Kilometer vor uns hatten. Wir starteten am Strand und wanderten 25 Kilometer direkt am Ufer, im Sand, bis wir an dem angekündigten Ziel ankamen. Zu diesem Zeitpunkt waren die Burschen schon recht müde. Aber wir konnten ja nicht an dem Ort bleiben. Wir mussten die 25 Kilometer bis zurück zum Zeltlager auch noch hinter uns bringen. Es gab keine Bus- oder Bahnverbindung, die wir eventuell hätten zu Hilfe nehmen können. Das war von mir auch so gewollt. Die Jungen sollten bis zur Erschöpfung laufen. Ja, wir mussten den Heimweg aus eigener Kraft schaffen. Kaum hatten wir die Rückkehr begonnen, da meldeten sich die ersten, die Schlappmachen wollten. Sie könnten nicht weiterlaufen. Die Füße täten weh. Eine Blase am Fuß schmerze. Man könne nicht mehr und ähnliche Argumente. Die Mehrzahl war noch nicht so erschöpft um aufzugeben. Ich schlug vor, nicht am Ufer im tiefen Sand weiter zu laufen, sondern den parallelen, festen Kiesweg zu nehmen. Ich gesellte mich zu den jammernden Jungen, die nicht weiter wollten. „Alle zehn Minuten legen wir eine kurze

Verschnaufpause ein. Wir massieren uns gegenseitig die Beine, und dann geht's weiter!" war meine Anordnung. Die letzten zehn Kilometer waren für fast alle eine Qual. Einige meiner Kraftprotze weinten und jammerten vor sich hin. Wir waren kurz nach acht Uhr früh losgegangen und kamen nach neun Uhr am Abend zurück. Nicht einer der Jungen wollte noch Abendbrot essen. Sie wuschen sich nicht, sie putzten sich nicht die Zähne, sie fielen einfach wie schwere Säcke auf ihre Luftmatratzen und schliefen einen komatösen Schlaf, aus dem ich sie am nächsten Morgen wecken musste. Alle – ich eingeschlossen – hatten Muskelkater in den Beinen. Der verschwand spätestens am dritten Tag nach der Gewaltkur. Nicht ein einziges Mal danach wurde das Mädchenzelt zum Einstürzen gebracht. Meine Jungen hatten die Lektion gelernt.

Die darauf kommenden Sommerferien, als ich sechzehn Jahre alt war, wurde ich als Schwimmlehrerin für acht bis vierzehn jährige Rostocker Schüler verpflichtet. Jeder Schwimmkurs dauerte zwei Wochen. Er fand in der Rostocker Badeanstalt an der Warnow statt. Der Chef des „Schwimmlagers" war der ältere Bruder meiner Klassenkameradin Birkhild, ein herausragender Sportlehrer, in den nicht nur ich verknallt war. Es war wunderbar, mit ihm an der Seite den vielen Kindern das Schwimmen beizubringen.

Jeder Schwimmlehrer bekam eine kleine Gruppe zugeteilt. Bevor die Knirpse ins Wasser durften, wurden sie von einer Kinderärztin untersucht, um mögliche Gehörschäden festzustellen. Die meisten Kinder durften am gesamten Programm teilnehmen. Einige mussten

„Ohrwatte" in die Ohren stecken, um sie möglichst vor Feuchtigkeit zu schützen. Ob das viel genutzt hat, weiß ich nicht, aber wir alle taten, als ob die Maßnahme effektiv war.

Fast alle Kursteilnehmer konnten nach einer Woche Schwimmunterricht schwimmen. Bis kurz vor Ende des Kurses legten die meisten die Freischwimmerprüfung ab. Sie mussten dafür 15 Minuten ununterbrochen im tiefen Wasser schwimmen und vom Ein-Meter-Brett springen. Sie platzten fast vor Stolz und Freude, wenn sie ihr Freischwimmer-Zeugnis feierlich überreicht bekamen.

Zu Beginn des zweiten Kurses bekam ich eine ganz spezielle Aufgabe: ein vierzehnjähriger Junge sollte unbedingt als Schwimmer den Kurs beenden. Dieser Junge hatte schreckliche Angst davor, ins Wasser zu müssen. Als Kleinkind war er in tiefes Waser gefallen und mit Müh und Not gerettet worden. Dieses Trauma hatte er nicht verarbeiten können. Niemand hatte sich damit befasst. Aber jetzt war es höchste Eisenbahn. Er musste schwimmen lernen, ob er es wollte oder nicht.

Meine „Kollegen" übernahmen die zahlreichen Gruppen. Ich sollte mich einzig und allein mit dem „schwierigen" Jungen beschäftigen. Als erstes ging ich mit Jürgen an der Hand ins flache Wasser. Ich musste ihn hinter mir herziehen, und je tiefer das Wasser wurde, desto energischer war sein Widerstand. Als ob er in den Boden gerammt war! Zureden half nicht. Ich stellte mich vor ihn, gab ihm beide Hände, die er grabschte und ganz eng an sich heranzog. Ich redete sanft auf ihn ein und versuchte dabei, ihn etwas weiter ins ganz wenig tiefere Wasser zu locken. Erfolglos. Jürgen zitterte und war steif wie ein Brett. Mir taten die Hände weh, weil er sie krampfhaft an sich drückte. Ich ging mit ihm wieder ins flache Wasser. Da war er etwas entspannter und er lockerte seinen festen Griff an meinen Händen. Jetzt versuchte ich, ihn dazu zu bewegen, im knietiefen Wasser Kniebeugen zu machen. Das klappte nur so lange, wie ich ihm meine beiden Hände gab, die er in die Mangel nahm und fast zerquetschte. Wenn das Wasser bis an seine Brust kam, machte er sich wieder steif wie ein Eisblock, und sein Gesichtsausdruck bedeutete Panik, Angst, Entsetzen. Kein sanftes Zureden half.

Ich musste eine andere Methode erfinden. Man muss bedenken dass es zur damaligen Zeit – 1957 – weder Schwimmwesten noch Schwimmflügel noch Nudeln oder schwimmende Kunststoffbretter gab. Wir hatten gar nichts, das unsere Bemühungen hätte erleichtern können.

Mein Schüler war nicht dazu zu bewegen, im Wasser die Schwimmbewegungen zu üben. Selbst wenn ich ihn im flachen Wasser festhielt, strampelte er verzweifelt mit Armen und Beinen, wobei es spritzte und seine Angst nur noch größer wurde.

Ich baute einen Sandhügel. Jürgen half mir dabei. In wenigen Minuten war der kleine Berg entstanden. Ich setzte mich erstmal mit ihm neben den Hügel. Im Sitzen probten wir die Beinbewegungen. Immer und immer nochmal. Dann bewegten wir die Arme im Brustschwimmstil. Als Arm- und Beinbewegungen korrekt waren, blieben wir noch sitzen und übten sie aus der

Sitzhaltung heraus. Als die Bewegungen gut koordiniert klappten, musste Jürgen auf den Hügel steigen und sich dort auf den Bauch legen. Ich wiederholte mit ihm die Arm- und Beinbewegungen zuerst separat, dann beide zusammen. Das musste mein Lehrling so lange üben, bis es sozusagen automatisch funktionierte.

Jürgen schwamm im Trocknen wunderbar. Aber das gleiche hatte jetzt im Wasser zu geschehen. Wiederum ging ich mit ihm ins flache Wasser. "Geh' in die Hocke!", orderte ich an. Sobald das Wasser in Hockstellung bis an seine Brust kam, geriet er wieder in Panik. Seine flehentlichen Blicke, ihn aus dieser Stellung zu befreien, fruchteten nicht. Er musste im Wasser hocken bleiben. Ich stellte mich hinter ihn, hielt ihn am Brustkorb fest und befahl ihm, die Armbewegungen, die wir so intensiv auf dem Hügel geübt hatten, durchzuführen. Anfangs ruderte er in der Luft. Ich führte dann seine Arme, wobei ich hinter ihm blieb. Als die Bewegungen ruhiger wurden, ließ ich die Arme los, und ich hielt ihn auch nicht mehr fest. Er konzentrierte sich dermaßen auf die korrekten Armbewegungen, dass er vergaß, Angst zu haben. Das war ein wichtiger Schritt, ein toller Erfolg. Ich ließ ihn die Übung zwanzig Mal wiederholen, wobei er laut zählen musste. Das klappte hervorragend. Ich lobte ihn und pries seine Leistung, als ob er ein Wunder vollbracht hätte. Hatte er ja! Damit beendete ich das Tages-Übungsprogramm.

Am nächsten Vormittag schickte ich Jürgen erneut auf den Hügel. Im Trocknen sollte er gleichzeitig die Arm- und Beinbewegungen wiederholen. Genauso, wie wir es am Vortag geübt hatten. So lange, bis er nicht mehr nachdenken musste, ob sie richtig waren oder nicht. Dann ging's wieder ins flache Wasser. Wiederholung der Armbewegungen aus der Hockstellung, ohne meine Hilfe. Es klappte perfekt.

Nun begann ich, Jürgen auf die Beinbewegungen vorzubereiten. Ich hockte mich hinter ihn. Er blieb ebenfalls in Hockstellung, mit den Armen nach vorn, auf dem Boden aufgestützt. „Ich nehme jetzt deine Beine und strecke sie aus. Du brauchst jetzt nichts zu machen. Bleib einfach mit den Händen auf dem Boden". Ich fasste seine Beine, um sie nach hinten auszustrecken. Ich bekam einen Stoß vor den Bauch, und mein Schüler sprang in die aufrechte Position, schneller, als ich denken konnte. Das war also nicht die richtige Taktik. Ich versuchte es anders.

Der schwierigste Teil beim Schwimmen-Lernen – wenn man wie wir damals keinerlei Hilfsmittel hat und der Lernende in Panik gerät, wenn das Wasser ihm bis zum Hals reicht – war, die Beinbewegungen zu üben.

Erneut sagte ich Jürgen, er solle sich mit den Händen auf dem Boden abstützen und knien. Dann sollte erst das rechte Bein, dann das linke Bein nach hinten ausgestreckt werden. Obwohl wir in sehr flachem Wasser waren, reichte ihm das Wasser bei dieser Stellung fast bis an die Lippen. Verkrampft reckte er den Hals in die Höhe. Ich gab ihm die Hände, womit ich erreichen wollte, dass er sich sicherer fühlte. Weit gefehlt. Der Junge krallte sich an meinen Armen fest und sprang wieder hoch. Jetzt stand er im Wasser und schaute mich verzweifelt an. „Das kann ich nicht, das kann ich wirklich nicht!" meinte er. „Oh doch, das kannst du, das kannst du wirklich!" war meine Antwort.

Ich brachte ihn wieder in die Hockstellung und hockte mich vor ihm hin. Ich nahm seine Arme und hielt sie ganz fest. Nun sollte er ganz langsam ein Bein nach hinten ausstrecken, das andere blieb kniend auf dem Boden. Ich ließ ihn einige Male die Schwimmbewegung mit nur einem Bein machen. Anfangs peitsche er mit seinem Bein aufs Wasser los, völlig chaotisch. Ich beruhigte ihn und gab den Rhythmus an. Er musste mitzählen; ganz langsam: Bein anziehen, grätschen, strecken und nochmal: Bein anziehen, grätschen, strecken. Das Ganze zwanzig Mal. Anschließend sollte er auch das andere Bein ausstrecken. Ich kniete weiterhin vor ihm und legte seine Hände auf meine Schultern. Er streckte ein Bein aus, aber beim zweiten überkam ihn wieder die Angst, ertrinken zu müssen. Er riss mir fast den Badeanzug kaputt bei seinem panischen Versuch, sich ganz und gar an mir festzuklammern. Ich stand auf, löste seine Hände von meinem Badeanzug und bleib eine Weile mit ihm stehen.

„Komm, knie dich hin. Strecke deine Arme aus und bewege sie wie beim Brustschwimmen. Zehnmal!" Das funktionierte einwandfrei. „So, nun bleib in der Hocke, strecke deine Arme aus. Ich werde dich ganz, ganz festhalten. Jetzt strecke beide Beine nach hinten aus. Langsam, immer mit der Ruhe! Keine Angst! Ich halte dich fest. Erst das rechte, dann das linke Bein!"

Jürgen begann wieder in Panik zu geraten. Es war eine sehr anstrengende Geduldsprobe. Es wollte und wollte nicht klappen. Seine Beine waren im Boden eingestampft. „So, mein Lieber, ich werde dich jetzt an den Armen ziehen. Du brauchst nichts zu tun, du wirst sehen, dass nichts Böses passiert. Ich halte dich ganz sicher und fest".

Ich stand auf, nahm seine Hände in meine, umschloss sie kräftig und zog ihn. Jürgen konnte nicht am Boden „festsitzen", durch meinen Zug trennten sich beide Beine vom Boden. Er strampelte wie verrückt und versuchte, wieder in den Stand zu kommen. Aber das ging nicht, denn ich zog ihn weiter, immer weiter, bis er merkte, dass er nicht abgluckerte, dass ich ihn fest hielt. Ich zog ihn eine lange Strecke, bis er aufhörte, wie irrsinnig mit den Beinen um sich zu schlagen. Während der ganzen Zeit redete ich sanft auf ihn ein. Als er einige Minuten schon von mir abgeschleppt worden war, forderte ich ihn auf, die Beinbewegungen zu üben. Die ersten sahen noch nicht gut aus, er machte sie viel zu hastig und schlug Haken in der Luft. „Macht nichts! Du schaffst es bald, die Bewegungen richtig zu machen. Nicht vergessen: Beine anziehen, grätschen, strecken! Und noch einmal: anziehen, grätschen, strecken! Jetzt machst du es perfekt! Und nochmal: Beine anziehen, grätschen, strecken... Zwanzig Mal!" Und ich zählte laut und forderte ihn auf, mit mir zu zählen. Endlich hatten wir es geschafft! An diesem Tag hatte er genug geleistet. Die letzte Etappe, nämlich das Schwimmen, stand auf meinem Programm des folgenden Tages.

Um neun Uhr vormittags begann ich mit Jürgen die schwere Arbeit. Unser Sandhügel war noch immer an der Stelle, an der wir ihn aufgeschüttet hatten. Dort hatte er ja die Arm- und Beinbewegungen gut koordiniert fertig gebracht. Ich forderte ihn auf, sich noch einmal auf den Hügel zu legen und zehnmal Arme und Beine simultan zu bewegen. Im Trockenen schwamm mein Schüler wunderbar. Er brauchte nicht mehr nachzudenken, wie welche Bewegung korrekt auszuführen war. Es klappte sozusagen automatisch. Aber eine Sache ist das Schwimmen im Trockenen und eine ganz andere ist es, im Wasser, ohne Halt, ohne sich irgendwo festhalten zu können, die gleichen Bewegungen zu machen.

Zur Eingewöhnung ließ ich ihn zehnmal die Armbewegungen machen – aus der Hocke. Das geschafft, folgten die Beinbewegungen, wobei ich ihn genauso abschleppte wie am Vortag. Auch zehnmal. Als das recht gut funktionierte, meinte ich, es sei genug mit dem Abschleppen. Ich gab ihm meine Hände zum Festhalten. Er stand im brusthohen Wasser. Um zu erreichen, dass er die Beine ausstreckte, musste ich erstmal ziehen, denn freiwillig streckte er nicht die Beine nach hinten. Nun lag er etwa in Schwimmposition und bewegte korrekt die Beine. Nach und nach hörte ich auf, ihn zu ziehen. Ich hielt nur seine Hände, und, oh Wunder, er blieb in dieser Position. Er schlug nicht mehr wild um sich. Mit meinen Händen, die er fest umschlungen hielt, fühlte er sich sicher. Ich bewegte mich langsam vorwärts, mit dem Gesicht zu ihm. „Zähle die Beinbewegungen bis zwanzig, dann machen wir eine kurze Pause und arbeiten weiter". Zweimal nacheinander zählten wir je zwanzig Beinschläge. Es ging wie geölt. Kein Strampeln, keine Hast und kein angstverzerrtes Gesicht mehr! Ich lobte ihn immer wieder, und er war glücklich.

Jetzt waren wir an dem Punkt angekommen, an dem Jürgen vom Boden losgelöst, ohne meine Hände, ohne Stütze, ohne feste Hilfe schwimmen sollte. Ich hatte einen breiten Gürtel und ein Springseil von zu Hause mitgebracht. Das Seil knotete ich am Gürtel fest. Ich schnallte ihm den Gürtel um den Bauch. Das Seil in der Mitte am Rücken nahm ich in die rechte Hand. „Knie dich ins Wasser und bewege die Arme". Wunderbar! Ich umgriff seinen Bauch und hob ihn an, so dass er den Grund nicht mehr berühren konnte. Ein, zwei Strampelbewegungen und dann bewegte er die Beine korrekt. Mit den Armen plantschte er, als ob er Mückenschwärme verscheuchen wollte. Ich ließ ihn so einige Sekunden unkoordinierte Bewegungen machen, redete erneut ganz langsam und leise auf ihn ein: „Arme vorwärts strecken, zu den Seiten, anziehen und vorwärts strecken... Und jetzt gleichzeitig Arme und Beine bewegen, genauso wie wir es auf dem Sandhügel geübt haben. Und nochmal, und nochmal...". Zwanzigmal zählten wir beide die Schwimmbewegungen. Es gelang immer besser. Langsam nahm ich meinen Arm von seinem Bauch und hielt ihn nur am Seil. Jürgen schwamm! Mein Gott, er schwamm! Was für ein wunderbares Erlebnis! Mein wasserscheuer, ängstlicher, verunsicherter, das Wasser für seinen größten Feind haltender Schüler schwamm.

Ich ging an Jürgens Seite und hielt ihn nur ganz leicht am Gurt mit dem Springseil. Allmählich ließ ich das Seil immer etwas lockerer, bis ich es gar nicht mehr hielt. Der Junge schwamm tatsächlich ohne Hilfe. „Das machst du prächtig, wunderbar! Ich bin stolz auf dich und du kannst stolz auf dich sein!" sagte ich ganz leise, als ob wir eine sehr intime Angelegenheit besprachen. Er strahlte vor Glück.

Noch fünf Minuten weiter schwimmen, dann durfte Jürgen eine Verschnaufpause einlegen. „Halt! Wir gehen jetzt ans Ufer, ins Trockene. Anschließend rufe ich alle Lehrer und Kinder, damit sie an deinem Erfolg teilhaben. Du schwimmst dann wieder ganz alleine. Und ich werde nur an deiner Seite bleiben. Einverstanden?" „Ja, das mache ich!"

Ich umarmte ihn und liebkoste ihn wie eine Mutter es mit ihrem Kind machen würde. Ich ließ ihn sich am Ufer von den Anstrengungen etwas erholen und rief die Lehrer und alle Kinder des „Schwimmlagers".

„Kommt alle mit ans Ufer und schaut zu, wie Jürgen schwimmt! Er kann tatsächlich schwimmen!"

Jürgen und ich gingen wieder ins Wasser – von flacheren zu immer etwas tieferen Stellen. Ich blieb an seiner Seite. Er schwamm ohne Hast. Er konzentrierte sich auf die Koordinierung der Arm- und Beinbewegungen und merkte gar nicht, dass auch ich schwimmen musste, weil wir im tiefen Wasser waren. Und er veranstaltete die schönste Show, die wir alle je gesehen hatten. Kaum jemand hatte geglaubt, dass Jürgen jemals Schwimmen lernen würde. Sowohl die Schüler wie auch die Lehrer hatten unsere wenig Erfolg versprechenden Anfangsübungen beobachtet. Sie wussten von seiner krankhaften Angst vor tiefem Wasser und konnten sich wohl kaum vorstellen, dass der Junge gegen sich selber gewinnen würde. Als sie aber das Wunder sahen, begannen sie alle zu applaudieren und „Hoch soll er leben, hoch soll er leben, dreimal hoch!" zu schreien. Jürgen war einfach glücklich und ich auch.

Jürgen blieb noch bis zum letzten Durchgang im Schwimmlager. Er wollte unbedingt das Freischwimmer-Zeugnis bekommen. Dazu brauchte er die zwei restlichen Wochen, die das Lager noch geöffnet war.

Fünfzehn Minuten ununterbrochen im tiefen Wasser zu

schwimmen, bedeutete für einen Vierzehnjährigen, der sich nie zuvor auch nur im Entferntesten vorgestellt hatte, Schwimmen zu lernen, der nach fast übermenschlichen Anstrengungen in zwei Wochen intensiver Arbeit etwa zehn Meter weit schwimmen konnte, eine enorme Anstrengung, eine große Herausforderung.

Innerhalb einer Woche akzeptierte er es, ins tiefe Wasser zu steigen. Ich blieb aber noch an seiner Seite, um eingreifen zu können, falls er Wasser schlucken sollte oder wieder eine Angstattacke bekam.

Ich begann mit zwei Minuten. Das scheint ein Klacks zu sein, ist es aber nicht. Jürgen verausgabte sich immer noch viel zu schnell. Er schwamm hastig, wenn ein Wassertropfen an seine Lippen gekommen war und es schien, als ob er wieder in Panik geraten würde.

Im Laufe der Woche erhöhte ich das Pensum, und ich begann, nicht mehr ganz in seiner Nähe mit zu schwimmen.

Jürgen „boxte sich durch". Er arbeitete wie besessen. Vier Tage vor der Prüfung konnte er schon 15 Minuten auf einen Schlag schwimmen.

Wir arbeiteten weiter, denn ich musste ihn noch auf den Sprung vom Ein-Meter-Brett vorbereiten. Da gab es wieder ein großes Hindernis. Jürgen hatte noch nie den Kopf einige Sekunden lang ganz und gar unter Wasser gehalten. Das musste er aber können, denn beim Schwimmen konnte es immer passieren, dass das Wasser unruhig war und deshalb Wasser in den Mund kam oder sogar über den Kopf schwappte. Jürgen durfte nicht wieder Angst bekommen und dabei die Kontrolle verlieren.

Wiederum ging ich mit Jürgen ins bauchtiefe Wasser.

„Jetzt üben wir, den Kopf unter Wasser zu halten. Du kannst, wenn du willst, die Nase zuhalten, und dann steckst du deinen Kopf ins Wasser. Schau mal, genau wie ich es dir vormache". Ich tauchte mit dem Kopf unter, blieb einen Moment unten und tauchte wieder auf. Jürgen starrte mich an und schüttelte nur mit dem Kopf.

„Mo-Mo-Monika, das kann ich nicht. Das geht überhaupt nicht", stammelte er. „Jürgen, wie oft hast du nun schon behauptet das ginge nicht? Und es ging immer. Immer! Hörst du mich?"

„Senke den Kopf und berühre das Wasser mit deinem Kinn. Nur bis zum Kinn. Kopf hoch! Und wieder runter. Fünf Mal! Und jetzt schließ deinen Mund und lass das Wasser bis an deine Lippen kommen. Ich zähle bis fünf, so lange bleibst du mit dem Mund im Wasser". Jürgen gehorchte. „Eins, zwei, drei, vier, fünf, Kopf hoch!" Jürgen riss den Kopf hoch, als ob er fast erstickt wäre. Er musste mehrere Male ganz tief ein- und ausatmen, bis er wieder ansprechbar war.

Zur Abwechslung übte ich mit dem Jungen, im Trockenen die Luft anzuhalten. „Atme ganz tief ein und halte die Luft an!" Ich machte es ihm vor, anschließend war er an der Reihe. „Zehn Mal nacheinander Luftanhalten!" Wiederum zeigte ich ihm, wie ich es machte.

Anschließend gingen wir wieder ins Wasser. „Nochmal mit dem Kopf bis zum Kinn ins Wasser! Fünf Sekunden anhalten! Zehnmal! Jetzt mit dem Kopf bis zum Mund ins Wasser! Wieder Zehnmal!"

„Und nun atme tief ein, halte die Luft an und halte dir die Nase zu. Kopf runter bis zur Nase! So lange, bis du es nicht mehr aushalten kannst, nicht zu atmen." So ging das wiederholte Unterdückern bis zur Nase etwa zehn Minuten lang. Jede Übung nochmal und immer wieder nochmal, bis ich Jürgen so weit hatte, dass er zum ersten Mal in seinem Leben den Kopf ganz und gar unter Wasser hielt.

Das letzte Ziel war, dass Jürgen so lange mit dem Kopf unter Wasser blieb, wie er brauchen würde, um vom Einmeterbrett zu springen und allein, ohne Hilfe, wieder aus dem Wasser zu kommen. Den ersten Sprung machten Jürgen und ich zusammen noch nicht vom Brett, sondern vom Uferrand. Er hielt meine rechte Hand ganz fest, mit der linken hielt er sich die Nase zu. Das übten wir zehn Mal, die letzten drei Mal ohne meine Hand zu grapschen.

Der Höhepunkt kam näher! Ich ging mit Jürgen zum Sprungturm. Mit ihm an der Hand zog ich ihn auf das Einmeterbrett. Da standen wir eine Weile. Ich glaube, Jürgen fühlte sich, als ob er von einem Wolkenkratzer runterspringen sollte. Sein Gesicht sprach Bände. „Halt dir die Nase zu. Und jetzt rein!" ich zog ihn mit aller Kraft hinter mir her, sprang ins Wasser, ließ seine Hand nicht locker, so dass er ebenfalls ins Wasser plumpste. Jürgen strampelte, als ob er das Wasser totschlagen wollte. Als er auftauchte, schnaufte er und schnappte nach Luft. Seine Augen waren tellergroß. Ich glaube, er konnte es noch nicht fassen, dass er tatsächlich vom Einer ins Wasser gesprungen war. Dem ersten Sprung ließ ich viele weitere folgen. Zuerst noch sprang ich zusammen mit Jürgen, und dann ging's allein, so oft, bis er nicht mehr wild strampelte, um an die Leiter zu kommen. Alles lief wie am Schnürchen. Jürgen war bereit, die Anforderungen fürs Freischwimmen zu erfüllen. Am vorletzten Schwimmlagertag bestand er die Prüfung. Für Jürgen und auch für mich war es ein Festtag.

Während der Sommerferien 1958 – da war ich 17 Jahre alt - bekam ich wiederum eine Jungengruppe aus derselben Rostocker Schule, ähnlich der Gruppe, mit der ich schon 1956 als Gruppenleiterin vier Wochen an der Ostsee verbracht hatte. Ich kannte schon einige der Lehrer und hatte bereits einige Erfahrung im Umgang mit „schwierigen Halbstarken". Die Bengel waren 13 bis 14 Jahre alt. Frech, vorlaut, selbstbewusst bis zum Überkandideltsein, aber auch manchmal sympathisch. Wir verbrachten eine tolle Zeit. Das Wetter war wunderbar. Jeden Tag schwammen wir in der Ostsee. Wir veranstalteten eine Nachtwanderung, „Sportfeste" und „Kulturabende". Bei den Sportfesten ergatterten meine Jungen einen großen Teil der zu vergebenden Auszeichnungen. Stolz wie echte Helden nahmen sie ihre Urkunden während der Siegerehrung auf dem Appellplatz vor versammelter Lagerbelegung entgegen. Bei den Kulturabenden konnte ich mit meiner Gruppe keine Lorbeeren ernten. Singen war nicht ihre Stärke, Gedichte aufsagen oder gar bei einem Sketch mitspielen kam für sie nicht infrage. Ausgeschlossen. Nach vier Wochen mit dieser Gruppe ging der erste Durchgang zu Ende. Es kamen ebenfalls für weitere vier Wochen andere Kinder. Die Zeit verging viel zu schnell, und Ende August spürten wir schon den beginnenden Herbst.

Dieser zweite Durchgang war etwas eintönig. Ich betreute elf- bis zwölfjährige Kinder. Sie interessierten sich kaum für sportliche Veranstaltungen. Schwimmen in der Ostsee liebten sie alle. Einige bewiesen Talent fürs Singen und Theaterspielen. Meine Aufgabe war es, sie auf die Kulturabende vorzubereiten. Ihre Darbietungen wurden mit viel Applaus belohnt.

Das Ende des Ferienlagers bedeutete auch immer wieder Neubeginn des Schuljahres. Darauf freute sich wohl kaum ein Schüler.

Bis zu den nächsten Sommerferien stand das letzte Schuljahr mit den gefürchteten Abiturprüfungen wie ein schlimmer, endlos scheinender Albtraum vor uns. Wir hatten uns nie an die neuen Lehrer gewöhnt, die uns nach der Fusion der Wallschule mit der Goethe-Oberschule zugeteilt worden waren. Ein völlig verkorkstes pädagogisches „Experiment" wurde an uns erprobt. Wir waren die Versuchskaninchen. Auch für die Lehrer dürfte es nicht einfach gewesen sein, uns so gut wie möglich bis zum Ende unseres Schülerdaseins zu unterrichten. Wenn ich mich recht erinnere, behielten wir nur unsere Klassenlehrerin, sie unterrichtete Deutsch, und unseren Griesgram von Russischlehrer. Auch unser Physiklehrer war und blieb der „Alte". Alle anderen plagten sich seit Ende der elften, der Vorabiturklasse, mit uns und wir uns mit ihnen.

Ab Mitte Juni begannen die Abiturprüfungen. Wir Schüler der Klasse mit dem Schwerpunkt Fremdsprachen, mussten schriftliche Prüfungen in den Fächern Deutsch, Russisch, Französisch und Mathematik bestehen. Nach den schriftlichen erfolgten mündliche Prüfungen. Jeder Schüler meiner Klasse wurde in mindestens drei verschiedenen Fächern geprüft. Die Auswahl der Fächer oblag den Lehrern. Wie diese Auswahl getroffen wurde, weiß ich nicht mehr. Sicher erinnere ich mich, dass weder Musik noch Kunsterziehung für die mündliche Prüfung in Betracht kamen.

In der DDR wurden absolut alle Prüfungsinhalte von der Zentrale, also vom Ministerium für Volksbildung, erstellt. In versiegelten Umschlägen wurden sie den Fachlehrern am Prüfungstag ausgehändigt. Erst zu Beginn einer schriftlichen Prüfung durften die Lehrer ihren Umschlag vor unseren Augen öffnen. Das verhängnisvolle Blatt Papier wurde aus dem Briefumschlag geholt, der/die Lehrer/in las es erst einmal für sich allein. Dann erfuhren wir, was uns blühte.

Für jede der schriftlichen Prüfungen bekamen wir fünf

Stunden Zeit. Um Abschreiben, Zuflüstern oder andere Schummeleien erst gar nicht zu ermöglichen, kam die ganze Klasse in die Aula, in der die Stühle so aufgestellt waren, dass der Abstand zum „Nachbarn" so groß war, dass jegliche Verständigung ausgeschlossen war. Außerdem waren mehrere Lehrer als Aufpasser verpflichtet, die sich nach einer oder zwei Aufsichtsstunden ablösten.

Die Deutschklausur war für mich die leichteste Übung. Wir konnten uns aus drei verschiedenen Themen eins aussuchen. Die ersten beiden beinhalteten theoretische Problemstellungen, die ich mir gar nicht erst länger anschaute. Ich schrieb eine „Novelle" über den Roman „Die Mutter" von Maxim Gorki! Ja, da kann man nur staunen. Das Deutsch-Abitur über einen russischen Roman! Das ist die reine Wahrheit. Ich habe es nicht erfunden. Aber es muss mich wohl doch so erstaunt haben, dass ich mich genau daran erinnere: „Die Mutter" von Maxim Gorki! Mein „Werk" wurde mit einer Eins zensiert.

Die Mathematikklausur konnte ich erstaunlicherweise ohne Schwierigkeiten beenden. Für die fehlerfreie Arbeit bekam ich ebenfalls eine Eins, musste anschließend allerdings in die mündliche Prüfung, denn meine Gesamtnote bis dahin war eine Drei. In der mündlichen Prüfung ging es darum, ob ich am Ende eine Zwei oder eine Drei bekam.

An die Russischklausur erinnere ich mich nicht mehr. Teil dieser Prüfung war eine Nacherzählung eines vorgelesenen Textes. Ich denke, dass es dabei um einen Artikel aus der „Prawda", dem „Zentralorgan der KPDSU" ging, denn das Vokabular war uns sehr geläufig. Einen Text von Puschkin, Dostojewski oder Tolstoi hätten wir nie nacherzählen können, weil wir ihn überhaupt nicht verstanden hätten. Das wussten sicherlich auch die

Ministerialen in Berlin, für die die damaligen Unzulänglichkeiten fast aller DDR-Schüler im Fach Russisch nichts Neues bedeutete.

Ähnlich wie bei der Russischklausur ging es bei der schriftlichen Französischprüfung um eine Nacherzählung. Unsere Französischlehrerin las uns zweimal einen Text – eine Anekdote – vor, und wir sollten die Geschichte mit eigenen Worten wiedergeben. Ein Großteil unserer Klasse verhagelte diese Prüfung. Es ging um Pablo Picasso und dessen Bild „Guernica". Ein Nazioffizier soll sich das abstrakte Werk angeschaut und Picasso, mit dem Finger auf das Bild zeigend, gefragt haben: „Haben Sie das gemacht?", worauf Picasso geantwortet haben soll: „Nicht ich, sondern sie haben das gemacht".

Die Schwierigkeit für uns bestand darin, dass kaum jemand je von dem berühmten Bild „Guernica" von Picasso, das die Zerstörung der Stadt und die Ermordung Hunderter von Einwohnern Guernicas durch die Nazis darstellt, gehört hatte. Wie sollte dann eine Anekdote nacherzählt werden, ohne dass die Pointe verloren ging? Ulrike, eine gute Schülerin, hatte den Text nicht verstanden. Sie saß mit in die Leere gerichtetem Blick auf ihrem Platz, dann schrieb sie ihren Namen auf das Blatt Papier, auf dem die Nacherzählung stehen sollte, erhob sich und legte den leeren Bogen auf den Lehrertisch. Ulrike sagte keinen Ton, drehte sich um und ging. Frau Naw. war einer Ohnmacht nahe. Sie durfte keine Hilfestellung geben, sie durfte nichts sagen, absolut nichts. Ihr Blick drückte pures Entsetzen aus.

Nach der mündlichen Prüfung in Mathematik und Französisch war meine letzte Hürde die Geschichtsprüfung.

Ich hatte mich intensiv vorbereitet und war guter Dinge. Mir konnte nichts passieren. Die Mitschülerin, die vor mir an der Reihe war, kam aus dem Folterzimmer geschwankt wie ein Gespenst. Sie stammelte, sie habe nicht einmal das Thema verstanden, geschweige denn eine kohärente Antwort gewusst. Nichts. Absolut nichts! Alles wie weggeblasen. Und das peinliche war, sie habe vor der Prüfungskommission ihr Taschentuch vor Verzweiflung in Tausend Fetzen zerfleddert, die wie Schneeflocken auf den Fußboden fielen. Und sie musste die Fetzen auch noch aufsammeln, bevor sie, vor Scham fast gestorben, den Raum verlassen durfte. Sie tat mir leid, und ich dachte, es müsse furchtbar sein, wenn einem das Gehirn in so einer Situation einen Streich spielt, einen im Stich lässt. Ich war mir sicher, dass mir so etwas nicht passieren könnte.

Als ich ins Prüfungszimmer trat, forderte mich der Vorsitzende auf, einen der Zettel, die auf dem Tisch lagen zu nehmen und den Text laut vorzulesen.

Ich dachte, mich trifft der Schlag. Ich war mir sicher, alle Themen gründlich gepaukt zu haben. Aber das, was auf dem vermaledeiten Zettel stand, war aus meinem Vorbereitungskatalog verschwunden. Die verdammte Novemberrevolution von 1918/19! Wie konnte das geschehen? Und diese Revolution war mein Prüfungsthema. Ich hätte mich am liebsten davon gemacht. Das durfte nicht wahr sein. Dieses verdammte Thema. Alle anderen hätte ich von vorn bis hinten, von oben nach unten im Galopp herunterbeten können. Aber dieses eine war völlig aus meinem Kopf gelöscht. Es erging mir nicht ganz so schlimm wie meiner Vorgängerin. Ich hatte kein Taschentuch bei mir, um es zerstückeln zu können, aber ich habe nie zuvor so viel dummes Zeug geredet. Ich erinnerte mich nur an eine einzige Szene eines DEFA-Films über die Novemberrevolution. In dieser Szene verstecken sich Kämpfer mitsamt ihren Waffen in der Kanalisation und bleiben vor Verfolgung verschont. Ich habe diese Szene nach meiner Art ausgesponnen und der Prüfungskommission so vorgesetzt und dazu noch irgendetwas von den tapferen Kieler Matrosen gefaselt. Ich habe mich unglaublich geschämt.

Die Prüfungskommission war über meinen absurden Vortrag ziemlich erstaunt. Aber keiner wagte es zu lachen. Sie müssen sich arg am Riemen gerissen haben, das nicht zu tun. In meiner Darstellung war das wohl die sonderbarste Revolution, die es je in Deutschland gegeben hat.

Sommer 1959. Hurrraaa! Die Abiturprüfungen waren bestanden. Ende Juni war damit mein letztes Schuljahr zu Ende. Was für eine Erleichterung! So viel Stress, Angst und Zweifel habe ich nie zuvor erlebt. Umso glücklicher war ich über das Ergebnis und über das Ende der Quälerei. Die letzten zwei Oberschuljahre waren in der Tat eine andauernde Qual. Nie wieder!

Vor Beginn der Ferienlagersaison musste ich noch die alljährlich zu wiederholende Rettungsschwimmerprüfung bestehen. Zum ersten Mal machten Bruder Harm und ich sie zusammen in der Warnow. Fünfundzwanzig Meter Langtauchen zwischen teerschwarzem Moorwasser und Hunderten von Seerosenstängeln. Das war sehr unangenehm, ekelig, denn ich konnte absolut nichts sehen, und die glitschigen Seerosenstängel kringelten sich um Bauch und Beine.

Anschließend fünf Meter Tieftauchen und vom Boden einen Klappstuhl hochholen. Dann dreihundert Meter Abschleppen einer ertrinkenden Person. Für diese Pflichtübung hatte man mir ein sechzehnjähriges Mädchen, das tatsächlich nicht schwimmen konnte, ins Wasser gestoßen. Und ich musste das "Opfer" nicht nur vor dem Abgluckern bewahren und mich aus ihrer Umklammerung befreien, sondern auch tatsächlich noch sechsmal ununterbrochen die fünfzig Meter-Strecke mit ihr im Schlepptau in einer vorgeschriebenen Zeit schwimmen. Das Mädchen beruhigte sich allmählich, und ich konnte diese Übung vorschriftsmäßig bestehen. Dann waren noch alle Befreiungsgriffe vorzuführen – diesmal mit einem Halbstarken, der allerdings im Besitz vollster Kraft war und mich gewaltig drangsalierte. Er klammerte sich an mir fest, so dass ich kaum noch Luft bekam, zerrte an meinem Badeanzug und stieß mich mit seinen kräftigen Beinen, als ob ich sein deklarierter Feind wäre. Ich reagierte mit ähnlicher Brutalität mit den immer wieder einstudierten und geübten Befreiungsgriffen und hielt ihn in Schach. So konnte ich auch diese Disziplin erfolgreich beenden. Die „Erste Hilfe"-Prüfungsaufgaben waren ein Leichtes, und die Wiederholungsprüfung war geschafft – bis zum nächsten Jahr.

Froh, diese Hürde wieder einmal bewältigt zu haben, fuhren wir beide wie die Wilden mit geliehenen Fahrrädern auf der Chaussee in Richtung Waldeck und dann die Böschung vor der Badeanstalt runter in Richtung Warnow-Weg. Wir fuhren sehr schnell, obwohl wir keine Eile hatten. Ganz einfach, weil wir glücklich waren. Und da passierte das Malheur. Irgendjemand hatte am Böschungsrand vor dem Warnow-Weg eine Sperre angebracht. Mit dem Rad konnte man nicht mehr auf den Weg gelangen. Harm fuhr vor mir, sah das Hindernis, schrie „Halt!!!" und bremste so scharf, dass sein Rad schleuderte. Für mich war es zu spät. Ich schaffte es nicht, das Fahrrad zu stoppen und fuhr gegen die Sperre. Das Rad flog zur Seite und ich im hohen Bogen auf den Schotterweg. Das Rad war arg beschädigt. Das vierte und damit letzte Mal, dass ich ein geliehenes Fahrrad beschädigt an den Besitzer zurückgeben musste. An den Handflächen, Ellbogen und Knien hatte ich Prellungen und großflächige Abschürfungen. Unter der lädierten Haut waren Hunderte von kleinen schwarzen Schottersteinen, die noch monatelang, als die Hautverletzungen schon längst abgeheilt waren, unter der Haut durchschimmerten und an meine rasante Fahrt erinnerten.

In den Sommerferien 1959, nur einige Tage nach der Abiturabschlussfeier, durfte ich erstmalig als volljährige Rettungsschwimmerin im Kinderferienlager Prerow an der Ostsee Mitglied der sechsköpfigen Rettungsschwimmer-Mannschaft sein. Fünf Männer, eine Frau.

Am Tag vor der feierlichen Einweihung des Lagers bereiteten wir Rettungsschwimmer den zum Lager gehörenden Strand vor. Dazu gehörte die Erkundung des Meeresbodens auf Untiefen, Sandbänke und eventuelle Gefahrenbereiche. Der Strand wurde eingeteilt in Nichtschwimmerzone und Schwimmerzone. Jeden Morgen hatten wir nach Abhören des Seewetterberichtes die Kontrolle erneut durchzuführen und die Abgrenzungsbojen entsprechend umzuplatzieren. Erst ab dem Tag nach der Lagereröffnung durften die Kinder in der Ostsee baden. Alle Gruppenleiter bekamen ein Programm, demzufolge ihre Gruppen täglich zu einer festgelegten Zeit die Erlaubnis bekamen, ins Wasser zu gehen. Die Gruppenleiter waren verpflichtet, bei uns ihre Gruppe an- und abzumelden. Das mag vielleicht nach übertriebener Reglementierung klingen, aber die Sicherheit der Kinder erforderte diese Maßnahmen. Schließlich waren mehrere Hundert Kinder im Ferienlager.

Nach der Eröffnung des Ferienlagers Prerow, im Sommer 1959, begann unser offizieller Einsatz als Rettungsschwimmer. Wir hatten einen Wachturm, ein Ruderboot und Bojen zur Markierung des bewachten Strandteils, die jeden Morgen von neuem gesetzt wurden - je nachdem, wie der Boden sich während der Nacht verändert hatte. Dort, wo gestern eine Sandbank war, fand man sie heute nicht wieder und umgekehrt.

Vom Wachturm aus hatte man einen kompletten Überblick über das Geschehen am Strand und im Wasser. Ferngläser, die wahrscheinlich von der NVA (Nationale Volksarmee) stammten, erleichterten uns den Wachdienst.

Jeden Tag wechselten wir uns ab zur Erledigung der verschiedenen Aufgaben. Jeweils zwei Rettungsschwimmer hatten Dienst auf dem Wachturm. Im Turm selbst befand sich eine Minimalausrüstung für erste Hilfe, dazu Wolldecken, um unterkühlte Kinder, die wir aus dem Wasser gezogen hatten, aufzuwärmen.

Am Strandufer machten ebenfalls zwei „Kollegen" Dienst. Sie kontrollierten unter anderem, dass jede angemeldete Gruppe rechtzeitig zur angemeldeten Zeit ins Wasser ging und auch nach der erlaubten Badezeit wieder aus dem Wasser kam.

Zwei Rettungsschwimmer unseres Teams benutzten das Boot, um in Gefahr geratene Kinder schnellstmöglich aus dem Wasser zu holen. Das Boot setzten wir auch jeden Morgen ein, um die Bojen für Nichtschwimmer und für Schwimmer den Wassertiefen und Bodenveränderungen entsprechend zu versetzen.

Ein Durchgang dauerte drei Wochen – von Beginn der zweiten Juliwoche bis Ende Juli. Die folgende Woche war der Vorbereitung des zweiten Durchgangs gewidmet. Notwendige Reparaturen und viele organisatorische Aufgaben mussten erledigt werden. Der zweite Durchgang begann in der ersten Augustwoche und endete einige Tage vor Monatsende. Während eines jeden Durchgangs veranstalteten wir je einen Tag „Freischwimmen" und einen anderen Tag „Fahrtenschwimmen".

Alle Kinder, die sich zu einer der beiden Prüfungen anmeldeten, trugen sich in eine extra dafür bestimmte Liste ein. Die Freischwimmerkandidaten waren am ersten Prüfungstag an der Reihe. Sie wurden ins Boot geladen. Wir fuhren mit ihnen ins tiefe Wasser. Dort angekommen verließen sie das Boot und begannen ihr fünfzehn Minuten dauerndes Programm. Sie mussten immer im Kreis um das Boot herum schwimmen.

Einige quälten sich ganz furchtbar, und jedes Mal, wenn sie etwas Wasser geschluckt hatten, gerieten sie in Panik. Dann hieß es, ihnen ganz schnell zu Hilfe zu eilen, sie abzuschleppen und sie ins Boot zu ziehen. Damit war ihr Vorhaben, als beurkundete Freischwimmer nach Hause reisen zu können, leider missglückt. Diese Kinder waren zumeist nie im Meer geschwommen. Wellengang und Strömungen überforderten sie. Wir mussten oft die enttäuschten Kinder trösten. Sie hatten sich alles viel einfacher vorgestellt. Diejenigen, die eine Viertelstunde schwimmend im tiefen Wasser geschafft hatten, mussten nur noch vom Boot ins Wasser springen, und damit waren sie bestätigte Freischwimmer. Am Abend zum Appell, vor versammelter Kinderschar und Betreuern, händigten wir ihnen ihre Urkunden aus. Die Kleinen waren stolz wie Könige.

Am Tag nach der Abnahme der Freischwimmerprüfung veranstalteten wir die Fahrtenschwimmerprüfung. Da hieß es, 45 Minuten durchgängig zu schwimmen und ebenfalls vom Boot einen Kopfsprung ins Wasser zu machen. Die Liste der Kandidaten in der Hand, rief einer von uns die Kinder auf. Sie bestiegen zusammen mit zwei Rettungsschwimmern das Boot und ab ging's ins tiefe Wasser. Wie die kleineren mussten auch die größeren Kandidaten in einem großen Kreis um das Boot herum schwimmen. Nach zwanzig Minuten musste der erste Junge aus dem Wasser geholt werden. Er hatte einen bösen Krampf und konnte nicht weiter schwimmen.

Kurz darauf folgte ein weiterer Zwischenfall. Ein Mädchen hatte sich aus dem Kreis entfernt und schwamm in Richtung Ufer. Wir riefen sie, aber sie reagierte nicht. Ich sah, wie ihre Bewegungen hastig wurden. Offensichtlich hatte sie sich überschätzt. Sie hatte keine Kraft mehr und kam kaum noch vorwärts. Ich übergab die Aufsicht über die im Kreis schwimmenden Kandidaten meinem Kollegen und sprang ins Wasser, um dem Mädchen zu Hilfe zu kommen. Es war knapp, sehr knapp, denn als ich sie erreichte, war sie völlig erschöpft und apathisch. Ich schleppte sie ab und brachte sie ins flache Wasser. Meine „Turmwachmänner" erwarteten uns schon, um das Mädchen schnellstens ins Trockene zu bringen, wo sie sich in eine dicke Wolldecke eingehüllt auf der Trage liegend erholen konnte. Sie hatte blaue Lippen, ihre Zähne klapperten und sie zitterte, als ob sie im Eismeer geschwommen wäre.

Bei jeder Freischwimmer- und Fahrtenschwimmerprüfung mussten wir mehrere „Schlappmacher" in Sicherheit bringen. Aber glücklicherweise gab es dabei keine fatalen Zwischenfälle.

Ein furchtbares Unglück ereignete sich außerhalb des Lagerstrandes.

Eine junge Lehrerin gab den Wünschen ihrer Gruppe nach, mit ihnen an einen nahe gelegenen Strand zu wandern und dort zu baden. Am Lagerstrand durften sie nicht ins Wasser, weil wegen der „Prüfung" der Anwärter auf das Fahrtenschwimmerzeugnis alle Rettungsschwimmer im Einsatz waren. Am nächsten Vormittag sollte das normale Badeleben wieder losgehen. Diese Kinder wollten nicht warten. Es war sehr heiß, und der wunderbare Strand in der Nähe war menschenleer und lockte zum Baden. Die zwölf bis vierzehn Jährigen drängelten, quengelten, ließen ihrer Gruppenleiterin keine Ruhe. Bis sie endlich nachgab.

Die Kinder stürmten ins Wasser und waren glücklich. Sie plantschten, bespritzten sich gegenseitig, kreischten, schwammen, die Jungen trieben Schabernack mit den Mädchen und umgekehrt.

Nach etwa einer Stunde Badegenuss rief die Lehrerin die Gruppe zum Aufbruch. Sie ließ sie sich aufstellen und zählte sie ab. Es fehlten drei Kinder. Keiner hatte etwas bemerkt. Sie waren wie vom Erdboden verschluckt.

Wir Rettungsschwimmer des Kinderferienlagers wurden benachrichtigt und schnellstmöglich an den Ort des Geschehens gebracht. Zwei meiner Kollegen tauchten den Meeresboden ab auf der Suche nach den vermissten Kindern. Sie fanden alle drei Kinder in einem langgezogenen Graben, der sich an einer Stelle gebildet hatte, an der das Wasser nur einen Meter tief war. Es ging steil runter, zwar nur einen halben Meter, aber die Kinder müssen in Panik geraten sein, als sie unter den Füßen plötzlich keinen Boden mehr spürten. Angeblich konnten sie schwimmen. Aber eine Sache ist, in der Schwimmhalle zu schwimmen und eine ganz andere in der Ostsee, wo Strömungen, Wellengang oder – wie in diesem Falle – Untiefen tödlich sein können.

Der Form halber wurden Wiederbelebungsversuche gemacht. Die Kinder waren tot. Sie waren schon kalt, als sie gefunden wurden.

Gerade mal zwei Stunden zuvor waren es drei glückliche, ausgelassene, sich im Wasser tummelnde Kinder. Und jetzt tot! Unwiderruflich tot! Unfassbar und doch wahr!

Nie zuvor in meinem Leben hatte ich ertrunkene Kinder gesehen, geschweige denn geholfen, sie wegzutragen. Zu zweit trugen wir je ein totes Kind. Noch heute sehe ich das bläuliche Gesicht des Mädchens, das ich zusammen mit einem Kollegen wegbrachte. Sie hatte weißen

Schaum vor dem Mund, ihre Augen starrten ins Leere. Die Zöpfe streiften über den Sand. Wir brachten die Drei in die Friedhofskapelle eines in der Nähe gelegenen Dorfes. Die Einwohner haben nichts davon mitbekommen. Auch am Strand des Unglücks befand sich niemand. Wir alle, die dieses furchtbare Ereignis miterlebten, waren zutiefst erschüttert. Keiner von uns wird das je vergessen haben. Es war grauenhaft.

Zu Beginn des zweiten Durchganges bat mich eine unserer Lager-Krankenschwestern, mit mir allein, unter vier Augen sprechen zu dürfen. Ihr Anliegen: sie konnte nicht schwimmen und schämte sich, zusammen mit Freunden in der Ostsee zu baden. Sie war als Schulkind von einem Mitschüler ins tiefe Wasser gestoßen worden und fast ertrunken. Seit diesem schrecklichen Ereignis mied sie Strände. Für sie waren diese Stätten angsteinflößende gefährliche Orte. Jetzt war sie aber vier Wochen lang als Krankenschwester in einem Ferienlager direkt an der Ostsee, und ihre Kolleginnen verbrachten ihre Freizeit beim Baden im Meer. Sie wollte niemandem von ihrer „Schwäche" – wie sie sich ausdrückte – etwas sagen. Ihre Bitte, ihr das Schwimmen beizubringen, war eine beachtliche Herausforderung für mich. Erwachsene Nichtschwimmer, die schwimmen lernen wollen, sind meist „schwere Fälle". Trotz meiner Vorbehalte stimmte ich ihrem Wunsch zu. Wir begannen noch am selben Tag nach meinem Dienst. Im Unterschied zu dem vierzehnjährigen Jungen, dem ich im Rostocker Schwimmlager nach geduldigster, zeitaufwändiger und anstrengender Arbeit das Schwimmen beibringen konnte, verlief die Arbeit mit der erwachsenen Krankenschwester viel leichter und schneller. Sie war unglaublich tapfer, ja geradezu zäh und ausdauernd bei der Sache. Wir übten zuerst im Trockenen. Arm- und Beinbewegungen mussten ohne nachdenken zu müssen, also automatisch, beherrscht werden. Erst dann sollte das Programm im Wasser weiter erfolgen. In weniger als einer Woche konnte meine bis dahin älteste Schülerin schwimmen. Wir waren beide sehr glücklich darüber. Sie konnte jetzt ohne die Angst, sich vor ihren Kolleginnen zu blamieren, mit ihnen zusammen den Feierabend im Meer verbringen und brauchte sich nie wieder davor zu fürchten, beim Baden zu ertrinken.

Mit dem Abiturzeugnis in der Tasche und dem Bescheid der Universität Rostock, zum Studium der Romanistik (Lateinamerikanistik) zugelassen zu sein, war ich Achtzehnjährige endgültig eine volljährige, eine erwachsene Person.

Ende meiner Kindheit!

Just zu diesem Zeitpunkt bekam ich von Vater die letzte Ohrfeige. Die letzte!

Ich hatte mir eine Ruhepause gegönnt, um nach all dem Stress der Abiturprüfungen ein spannendes Buch zu lesen. Ich wollte von niemandem gestört werden und saß in einer Ecke im Schlafzimmer. Vater kam ins Zimmer, sah mich und fragte in barschem Feldwebelton: „Was liest du da?" Ich hatte keine Lust, ihn an meiner Lektürepräferenz teilhaben zu lassen und antwortete kurz angebunden: „Ein Buch!" Ich hatte kaum das Wort „Buch" ausgesprochen, als Vater vor mir stand, mit seiner rechten Hand Schwung holte und mir eine so kräftige Ohrfeige verpasste, dass mir tausende von Sternen aus den Augen sprangen und ich wie benebelt taumelte. Sein Ehering hatte um ein, zwei Millimeter mein Auge verpasst. Ein großes blaues Veilchen dekorierte meine Schläfe für länger als eine Woche. Ich sagte kein Wort, würdigte ihn keines Blickes und verließ das Zimmer. Tagelang wich ich ihm aus. Ich redete nicht mit ihm, tat, als ob er Luft wäre. Wenn er in meine Nähe kam, ging ich ihm aus dem Weg. Er hat sichtlich versucht, mich umzustimmen. Aber er konnte nicht klein beigeben. Sich zu entschuldigen kam für ihn nicht in Frage. Es hat lange gedauert, bis ich ihm verzieh. Vater hat mich danach nie wieder angeschrien, nie wieder die Hand gegen mich erhoben.

Hatte ich eine schöne Kindheit? Ich weiß es nicht. Alle erlebbaren Situationen – Kriegsjahre, Fliegeralarm, Kriegsende und Ankunft der Russen; Hungerjahre, Kälte; Entbehrungen jeglicher Art - habe ich erfahren. Von glücklich bis todtraurig, von Angst um mein Leben bis Panik vor den cholerischen Ausbrüchen meines Vaters; von Hunger bis seliger Zufriedenheit über ein Sonntagsessen; von Lachen bis Weinen – alles war dabei. Ein ganz normales Leben in damaliger Zeit. Und doch war es außergewöhnlich. Trotz zahlreicher Gefahren und traumatischer Erlebnisse haben die frohen, glücklichen bei weitem überwogen. Ich bin eine optimistische Frau geworden. Hat meine „schöne" Kindheit dafür vielleicht die Grundlage geschaffen?

Monika Krause-Fuchs

Geboren am 08. 04. 1941 in Schwaan bei Rostock.

Die ersten drei Lebensjahre verbringt sie in Arnswalde, Pommern. Im Sommer 1944 reist ihre Mutter mit den drei Kindern nach Schwaan zu Monikas Großeltern. Eine Rückkehr nach Arnswalde ist ausgeschlossen, die Sowjetarmee ist schon zu weit vorgerückt. In Schwaan wohnte sie bis zu ihrer Ausreise nach Cuba im Frühjahr 1962.

Sie besucht die Goethe-Oberschule in Rostock und beginnt nach dem Abitur 1959 das Studium der Lateinamerikanistik an der Universität Rostock.

Sie heiratet 1962 einen in Cuba lebenden Spanier. 1963 wird ihr erster Sohn Dictys und 1966 der zweite Sohn Julián Daniel geboren.

1970 beendet sie ihr Studium an der Universität von Havanna.

Von der „Ersten Dame" Cubas, der Ehefrau Raúl Castros, wird sie beauftragt, ein Programm für Sexualerziehung auszuarbeiten, an dessen Verwirklichung sie maßgeblich beteiligt ist.

Über ihr Leben, ihre Familie, ihre Berufstätigkeit in Cuba schreibt sie „Monika y la Revolución" (die deutsche Version : „Cuba – Meine Hölle, mein Paradies") und „Machismo? No, gracias" (die deutsche Version: „Machismo ist noch lange nicht tot").

In „Eine schöne Kindheit?" schildert sie ihre Kindheits- und Jugenderlebnisse von 1941 bis 1959.